华中科技大学2015年教材建设项目

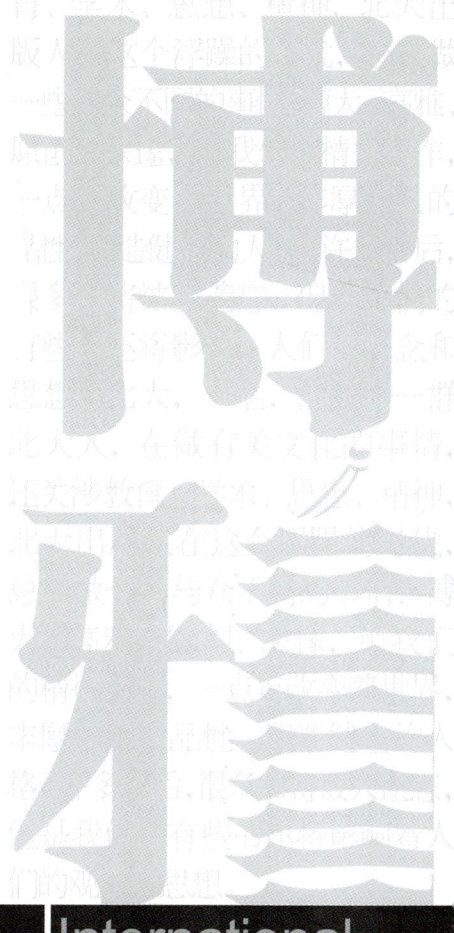

国际结算（第二版）

International Settlement

李昭华　潘小春　编著

北京大学出版社
PEKING UNIVERSITY PRESS

图书在版编目(CIP)数据

国际结算/李昭华,潘小春编著. —北京:北京大学出版社,2015.9
(21 世纪经济与管理规划教材·金融学系列)
ISBN 978-7-301-26251-1

Ⅰ. ①国… Ⅱ. ①李… ②潘… Ⅲ. ①国际结算—高等学校—教材 Ⅳ. ①F830.73

中国版本图书馆 CIP 数据核字(2015)第 201377 号

书 名	国际结算(第二版)
著作责任者	李昭华　潘小春　编著
责 任 编 辑	周　玮
标 准 书 号	ISBN 978-7-301-26251-1
出 版 发 行	北京大学出版社
地　　　址	北京市海淀区成府路 205 号　100871
网　　　址	http://www.pup.cn
电 子 信 箱	em@pup.cn　　QQ:552063295
新 浪 微 博	@北京大学出版社　@北京大学出版社经管图书
电　　　话	邮购部 62752015　发行部 62750672　编辑部 62752926
印 刷 者	北京大学印刷厂
经 销 者	新华书店
	787 毫米×1092 毫米　16 开本　13 印张　293 千字
	2015 年 9 月第 1 版　2015 年 9 月第 1 次印刷
印　　　数	0001—4000 册
定　　　价	32.00 元

未经许可,不得以任何方式复制或抄袭本书之部分或全部内容。
版权所有,侵权必究
举报电话:010-62752024　电子信箱:fd@pup.pku.edu.cn
图书如有印装质量问题,请与出版部联系,电话:010-62756370

第二版前言

基于本书第一版出版以来国际结算业务的新发展及课程讲授中所遇到的新问题,本书第二版作出了修改和增补。

修改内容主要包括:

(1) 第二章标题"国际结算票据"、第三章标题"国际贸易结算的商业单据",分别改为"金融票据""商业单据"。

(2) 除第一版前言外,所有"流通票据"均改为"金融票据"。

(3) 本书第一版涉及 INCOTERMS 2000 的所有内容,均按 INCOTERMS 2010 更新。

(4) 第二章中"票据的汇兑功能消除了金银支付的空间障碍"改为"票据的汇兑功能弥补了金银的汇兑功能的空间移动缺陷"。对票据的其他三项功能的表述,也作了类似修改。

(5) 国际小额本票的主要用途,由"旅行携款"改为"支付小额货款";旅行支票的主要用途,由"支付旅途费用"改为"旅行携款防盗、防遗失"。这两项修改会使这两种本票的用途及区别更加符合国际贸易的实际情况。

(6) 客户 SWIFT 汇款示例中,将原来的只有结算的流程和报文改为结算与清算相结合的流程和报文。

(7) 关于"结算方式的演变"的 Q&A 模块,从第五章第一节末尾移至第五章第六节末尾,使该 Q&A 模块对结算方式演变的阐述从"预示"改为"总结"。

增补内容主要包括:

(1) 在第二章第三节"支票和本票"中增补贷记卡和借记卡,主要阐述贷记卡。该项增补为阐述留学各种开支的结算方式作铺垫。

(2) 鉴于近年来出国留学人数不断增长,在第五章第一节"汇款"中增补留学各种开支的结算方式。

(3) 在第一章第二节"国际结算的产生和发展"中增补 Q&A"兑换证书对金银的最大突破",在第二章第一节"票据概述"中增补 Q&A"金融票据的缺陷",在第二章第三节"支票和本票"中增补 Q&A"国际小额本票 vs. 进口商签发的支票",在第五章第一节"汇款"中增补 Q&A "汇款方式的缺陷",在第五章第二节"托收"中增补 Q&A "D/P 远期存在的问题"、"托收方式中钱货制约的有效性"。

  本书第二版的撰写分工如下:李昭华负责上述修改和增补,潘小春负责校对全书,最后由李昭华统稿和定稿。

  北京大学出版社徐冰老师对本书第二版选题申报给予了大力帮助,周玮老师对本书第二版初稿进行了细致的审读和字斟句酌的修改,特此表示感谢。

  感谢华中科技大学教务处及相关评审专家批准本书第二版为"华中科技大学 2015 年教材建设项目"。

  由于作者学识所限,本书缺点和谬误在所难免,敬请读者不吝赐教、批评指正。

李昭华

2015 年 7 月 25 日

于华中科技大学经济学院

前 言

1998年11月，我从湖北省国际贸易公司调入母校华中科技大学讲授"国际贸易实务"课程。一年之后，当时的国际经济与贸易系本科教学负责人嘱我为经济学院本科生开一门新课"国际结算"，主要原因有：(1) 我对国际支付有实际工作经验，(2) 我主讲"国际贸易实务"课程。从"国际结算"备课伊始，我就在思考一个问题：国际结算中的结算工具、结算方式与国际贸易实务中的支付工具、支付方式完全相同吗？我过去的工作经历告诉我，在处理同一笔汇款、托收或信用证业务时，外贸业务员与银行国际业务部工作人员所做的工作有着很大的差异。在授课过程中，我逐步明确了两门课程的"交集"，找出它们之间的差异，最终将"国际结算"和"国际贸易实务"两门课程分别定位于商业银行国际业务部的实务和外贸公司的实务。

我从2004年年底开始萌动整理出版自己授课讲义的想法，我对自己编写的教材有这样一些设想：(1) 强调"国际结算"与"国际贸易实务"两门课程的差异；(2) 揭示国际结算中的流通票据、商业单据、银行网络、结算方式之间的逻辑关系，并按它们之间的逻辑关系来安排教材各章顺序；(3) 教材的编写尽量仿真我的课堂讲授，要让读者在阅读教材时仿佛置身于课堂之中。2009年下半年，我有幸收到对外经济贸易大学出版社乔亚老师的稿约，我的想法很快得到乔老师的赞同。

本书的撰写分工如下：李昭华提供第一至五章的全套讲义，冯莉扩充该讲义，并编写本书英语词汇和术语索引，再由李昭华改稿和定稿。

对外经济贸易大学出版社编辑乔亚老师对本书的体例、行文等方面提出了有益的建议，谨此致以衷心的感谢。

华中科技大学经济学院10级硕士研究生祝平梅校读本书全稿，提出了许多细致和中肯的修改意见，特此致以感谢。

感谢华中科技大学经济学院98级及其后的各届本科学生。在国际结算课程学习过程中，历届学生提出了许多问题，在现有教材中难以找到这些问题的现成答案,对这些问题的思考和解答却成为我授课的生动内容。历届学生的作业答题和考试答卷也成为我授课内容的有益补充。

感谢多年以来对我的科研和教学给予关心和支持的历届学院领导,他们是:邓世兰书记、祝欣书记、邓华和书记、徐长生院长、李焜文副院长、唐齐鸣副院长、刘海云副院长、徐彩云副书记、刘雅然副书记。感谢给我关心、帮助和支持的同系全体老师,他们是:刘海云教授、李焜文教授、李成能教授、黄芳泉教授、卫平教授、韩民春教授、姜太平副教授、范红忠副教授、刘丽明副教授、许小平副教授、邱慧芳副教授、周云副教授、卫迎春副教授、钟熙维副教授、李晓梅博士、罗勇博士、邢斐博士。

我还要将感谢献给爱妻潘小春副教授(湖北第二师范学院),在我从外贸业务员转变为高校教师的充满挑战的十二年中,她对我的教学和科研给予了至关重要的指引和帮助。

由于作者学识所限,本书缺点和谬误在所难免,敬请读者不吝赐教、批评指正。

李昭华

2010 年 7 月 25 日

于华中科技大学经济学院

目 录

第一章　导论	1
第一节　国际结算的基本问题	2
第二节　国际结算的产生和发展	7
本章小结	11
复习思考题	12
第二章　金融票据	13
第一节　票据概述	14
第二节　汇票	25
第三节　支票和本票	43
本章小结	53
复习思考题	54
第三章　商业单据	55
第一节　海运提单	56
第二节　空运单	76
第三节　其他运输单据	80
第四节　保险单据	83
第五节　杂项单据	89
本章小结	108
复习思考题	108
第四章　国际结算中的往来银行和支付系统	109
第一节　国际结算中的往来银行	110
第二节　SWIFT：环球银行间金融通信协会	116
第三节　国际结算中的支付系统	121
本章小结	130
复习思考题	130

第五章　国际贸易结算方式 …… 131
第一节　汇款 …… 132
第二节　托收 …… 144
第三节　信用证 …… 157
第四节　议付行索偿和开证行偿付 …… 175
第五节　银行保函 …… 180
第六节　备用信用证 …… 183
第七节　审核单据的一般问题 …… 185
本章小结 …… 188
复习思考题 …… 188

参考文献 …… 193

附录　专业词汇及术语中英文对照表 …… 195

第一章

导　论

【学习目标】

- 掌握国际结算的含义
- 理解国际结算业务的分类、特征
- 理解国际结算课程的主要内容及其与国际贸易实务课程的异同
- 掌握票据演变的四个历史时期及各个时期所产生的票据功能
- 了解现代国际结算的特点及发展趋势

本章将阐述国际结算的下列基本问题：国际结算的含义、国际结算业务的分类及特征、国际结算课程的内容及其与国际贸易实务课程的对比、国际结算教材的流派及本书的特点。对这些基本问题的讨论，旨在使读者在课程学习伊始就对国际结算课程有一个整体的把握。

本章还要探讨国际结算的产生、历史演变及现代国际结算的特点和发展趋势。本书不是国际结算史教材，对国际结算历史演变过程的探讨，旨在使读者掌握票据的功能究竟是如何产生的。

第一节 国际结算的基本问题

处于不同国家的经济主体，其经济行为会涉及货币的跨国流动。当你向国外某大学交纳报名申请费 50 美元，这笔钱会通过何种方式到达申请院校？中粮集团采购 1 亿美元阿根廷大豆，它该如何向对方付款？中国政府对其他国家的捐赠款，款项的收付如何进行？除了这些国际教育服务、国际贸易货款、国际馈赠，还有国际运输、旅游、通信等，都能引起资金的跨国转移，需要当事人通过银行办理，这便涉及国际结算。

一、国际结算的含义

国际结算是指为实现债权债务的清偿和/或资金的单方面转移而进行的货币跨国收付活动。其中，为实现债权债务的清偿所进行的货币跨国收付活动主要对应于货物贸易和服务贸易的结算，为实现资金的单方面转移所进行的货币跨国收付活动主要对应于侨民汇款、国际援助、捐助、赠款及外交使馆经费。

国际结算活动的主要内容包括：

（一）金融票据的选择和运用

当今的国际结算以银行为中介，在采用非现金结算的过程中，必然会利用到一些金融票据，比如汇票、支票和本票，它们作为国际结算的工具，具有汇兑功能、支付功能、信用功能和流通功能。正是依赖了这些金融票据，国际结算才更加安全、更有效率。

（二）商业单据的处理与交接

国际结算往往伴随着商业单据的转移。所谓商业单据，就是反映实际货物情况的证明文件。比如：商业发票反映货物基本状况，海运提单反映货物所有权的归属，保险单反映货物受保障程度，装箱单反映货物数量，原产地证反映货物原产国，等等。当代国际贸易，已经用交单代替交货，用单据的转移作为收付款的依据。而且，银行参与国际结算，处理的是商业单据，而不是货物本身。

（三）往来银行的选择及国际支付系统的运行

往来银行是出口商所在地（货物流动起点、金钱流动终点）银行与进口商所在地（货物流动终点、金钱流动起点）银行形成的银行网络，包括本行的注资机构和代理行两大类,注资机构由派出机构、完全联行和半联行组成。

国际支付系统则是在国际结算货币发行国的清算中心(金钱流动中枢)的银行形成的银行网络,例如美元的国际支付系统CHIPS,欧元的国际支付系统TARGET,英镑的国际支付系统CHAPS等。国际支付系统的发展为国际结算奠定了低成本、准确和快捷的基础。

(四) 结算方式的选择和运用

货币跨国收付的程序和步骤称为国际结算方式。由国际货物贸易引起的结算,有汇款、托收、信用证、银行保函和备用信用证等方式。一笔具体的国际贸易业务该使用哪种结算方式,主要取决于合同的标的物、合同金额的大小、买卖双方之间的信任程度、资金周转情况、银行的服务范围等因素。

国际结算的直接目的为:(1)实现国际债权债务的清偿,如货物和劳务的价款收付;(2)实现国际资金的单方面转移与调拨,如侨民汇款、国际援助、捐助、赠款及外交使馆经费。

二、国际结算业务的分类

按引起货币跨国收付活动的原因区分,国际结算业务可以分为国际贸易结算和国际非贸易结算两大类。

(一) 国际贸易结算

国际贸易结算的货币跨国收付活动由货物贸易所引起。货物贸易也称有形贸易,指有形的、实物形态的、可以看见的货物的贸易。例如:深圳某公司向阿尔及利亚出口200台冰淇淋机,中国从巴西进口10万吨小麦都属于货物贸易,由此引起的跨国收付就是国际贸易结算。显而易见,国际贸易结算又可进一步区分为进口结算和出口结算,其货币跨国收付活动分别由有形货物的进口和出口所引起。

(二) 国际非贸易结算

国际非贸易结算,也可称为非贸易结算,其货币跨国收付活动由除有形货物进出口以外的其他国际经济活动所引起。简单来说,建立在非货物贸易基础之上的结算就是非贸易结算。非贸易结算又可进一步区分为无形贸易结算、资产交易结算、资金单方面转移结算。

1. 无形贸易结算

无形贸易结算的货币跨国收付活动由无形贸易所引起。无形贸易结算包括:

(1)运输、旅游、通信服务、建筑服务、保险服务、金融服务、计算机和信息服务、专有权利使用费和特许费、咨询、广告和宣传、电影和音像等服务贸易的收入与支出。此类结算也可称为服务报酬结算。[①]

(2)资本借贷或国际直接投资与间接投资产生的利息、股息、利润等的收入与支出。此类结算也可称为资本报酬结算。

---

① 这里的服务贸易项目参照中国的国际收支平衡表中"经常项目"的"服务"项目所列写。笔者认为,该"服务"项目所含有的专有权利使用费和特许费,实际上对应于技术贸易。

2. 资产交易结算

资产交易结算的货币跨国收付活动由金融资产买卖所引起。资产交易结算包括：外汇买卖、金融工具与衍生金融工具买卖的收入与支出。

3. 资金单方面转移结算

资金单方面转移结算的货币跨国收付活动由无对价资金划拨所引起。资金单方面转移结算包括：侨民汇款、援助、赠款、外交使馆经费。

三、国际结算业务的特征

相对于国内结算业务而言，国际结算业务具有如下特征：

（一）按照国际结算惯例进行结算

全球的国际结算从业人员，在业务操作上缺乏共同的语言，国际贸易的各个环节也没有统一的标准，因而，国际结算惯例就成为国际结算业务开展的前提（沈瑞年等，1999，p.13）。国际结算所遵循的规则是国际结算惯例，与此形成对照的是，国内结算所遵循的规则是国内法律及相关规定。

从广义上讲，国际结算惯例是指国际结算中的习惯做法。从狭义上讲，国际结算惯例是指国际组织或机构对国际结算中所采用的术语和习惯做法以书面形式制定的定义、解释和规则。

本课程主要涉及的国际结算惯例为 URC522、UCP600、URCB524、URDG758、ISP98 等。①

形成国际结算惯例应具备以下条件：（1）来源于国际贸易和结算的长期实践；（2）由国际组织或机构以书面形式制定，内容明确、规范、统一；（3）被国际社会广泛接受和普遍采用。

国际结算惯例本身不是法律，对各方当事人不具备强制管辖权，其约束力体现在：

第一，如果当事人明确采用某项惯例，该惯例就对当事人产生约束力。

第二，如果当事人明确排除某项惯例，该惯例就对当事人没有约束力。

第三，如果当事人没有明确排除某项惯例，发生纠纷时，法院或仲裁机构可以引用该惯例判决或裁决。

（二）使用国际结算货币进行结算

国际结算使用多种国际结算货币，与此形成对照的是，国内结算使用单一的本国货币。

按照一国货币与其他货币自由兑换的程度，世界各国的货币可划分为三类：（1）完全可自由兑换的货币；（2）有限自由兑换的货币；（3）完全不能自由兑换的货币。完全可自由兑换的货币须具备的条件是：（1）货币发行国国际收支的经常项目收支不受限制；（2）货币发行国国际收支的资本和金融项目收支不受限制；（3）货币发行国的外汇管理当局不采用或不实行差别汇率制度。迄今为止，由于中国国际收支的资本和金融项目收支仍然受到限制，故人民币尚未成为完全可自由兑换的货币。

---

① 这些国际结算惯例在本书第五章中将予以阐述。本书正文中英文专业词汇及术语的中文译名及英文全称请见附录。

在完全可自由兑换的货币中,有若干货币在全球范围的国际经济与贸易活动中被集中使用,因而被称为全球结算货币,例如,美元、欧元、英镑、瑞士法郎、日元等。有一些完全可自由兑换的货币和有限自由兑换的货币在有限区域的国际经济与贸易活动中使用,因而被称为区域结算货币,例如,完全可自由兑换的港币、有限自由兑换的人民币等。全球结算货币和区域结算货币统称为国际结算货币。

(三)采用推定交货原则

推定交货原则的实质就是物权单据化,以货物单据代表货物所有权,交单视同交货。货运单据可以买卖、抵押、转让、流通,在一定程度上成为流通证券。在国际结算业务中,银行只处理单据,通常不涉及货物(庞红等,2007,p.14)。

国际结算普遍采用推定交货原则,与此形成对照的是,在国内结算中,实际货物的各种问题与结算之间的相互掣肘却是司空见惯。

(四)结算方式与融资方式融合

国际结算的一些结算方式,如 D/A、D/P·T/R、L/C 等方式,既有结算的功能,也有融资的作用。参与国际结算的商业银行,既收付货款,也为买方和卖方提供融资,发挥了结算与融资双重作用。与此形成对照的是,在国内结算中,结算与融资是相互分离的。

四、国际结算课程的内容

国际结算课程是一门主要研究国际贸易结算的具体过程及相关活动内容与商业银行国际业务部运作规范的学科。通过本课程的学习,学生可初步掌握有关国际贸易结算的基本理论、基本知识和基本技能,因此,凡国际金融类专业都把本课程作为一门必修的专业基础课程。

国际结算业务的主要内容是国际贸易结算,因此,国际结算课程主要是从商业银行国际业务部的角度揭示国际结算货币与货物的对流过程,故国际结算课程主要涉及如下内容:

(一)国际结算工具

国际结算工具包括:(1)金融票据,即汇票、支票和本票;(2)通信手段。其中,金融票据是以实现金钱流通为目的的工具。

(二)商业单据

商业单据包括运输单据、保险单据、发票、装箱单等单据。商业单据是以实现货物流通为目的的工具。

金融票据和商业单据构成国际结算货币与货物的对流的客体或对象。

(三)往来银行和国际支付系统

无论是国际结算还是国内结算,货币的收付都不可能仅由一家银行独自完成,因此,必须由多家银行形成银行网络来共同完成货币收付。

往来银行、国际支付系统、国际贸易的买卖双方构成国际贸易结算即国际结算货币与货物对流的主体。

(四)国际贸易结算方式

国际贸易结算方式探讨国际贸易结算的主体实现国际结算货币与货物的对流的程

序和步骤,诸如汇款、托收、信用证、银行保函和备用信用证。金融票据、商业单据、往来银行和国际支付系统这三个方面的知识是国际贸易结算方式知识的基础,国际贸易结算方式知识则是这三个方面的知识的融汇和贯通。

本书各章的顺序安排不墨守现有主流教材的成规,而是基于国际结算课程各部分内容之间的上述关系。本书后续各章安排如下:第二章金融票据,第三章商业单据,第四章国际结算中的往来银行和支付系统,第五章国际贸易结算方式。

五、国际结算课程与国际贸易实务课程的比较

国际结算与国际贸易实务这两门课程都涉及汇票、支票、本票,以及汇款、托收、信用证、银行保函和备用信用证,有一些国际结算教材对结算工具和结算方式的阐述与国际贸易实务教材的阐述几乎没有差异,尤其是在现有国际结算的主流教材中,鲜见明确指出国际结算课程与国际贸易实务课程的异同。这极易造成误导,使教和学两个方面都陷入对国际结算与国际贸易实务这两门课程的混淆。

国际结算课程与国际贸易实务课程的异同如下:

(一)国际结算与国际贸易实务之间的关系

国际结算是国际货物买卖的一个环节。国际货物买卖的其他环节还有标的物的确定、国际货物运输、保险、价格条件及作价、争议的预防和处理,等等。反过来,国际货物买卖中买卖双方之间的货款收付也只是国际结算的一个部分,为实现买卖双方之间的货款收付,国际结算还要涉及银行之间的偿付以及国际支付系统的运作。

(二)考察问题的角度

国际结算课程从商业银行国际业务部的角度考察结算工具和结算方式,国际贸易实务课程则是从进出口企业的角度考察支付工具和支付方式。买卖双方先在合同中规定结算方式,再通过银行来执行所规定的结算方式。银行的任务是利用相应的结算工具,通过银行网络与支付系统,实现货款的转移。

(三)考察问题的侧重点

国际结算课程侧重于银行之间的偿付以及国际支付系统的运作,国际贸易实务课程则侧重于买卖双方之间的款项收付。通常情况下,银行之间的偿付以及国际支付系统的运作不属于国际贸易实务课程的范畴。

(四)课程的讨论对象

国际结算课程的讨论对象是商业银行国际业务部的实务,国际贸易实务课程的讨论对象则是进出口企业的实务。银行与进出口企业做的业务仅仅在"国际贸易货款的收付"这一环节有所联系。银行向进出口企业提供结算服务,而该服务仅仅是银行业务的一部分。

(五)课程的专业属性

国际结算课程是国际金融专业的专业基础课,国际贸易实务课程则是国际经济与贸易专业、国际商务专业的专业基础课。通常情况下,国际结算课程应作为国际金融专业的必修课,而作为国际经济与贸易专业、国际商务专业的选修课;国际贸易实务课程应作

为国际经济与贸易专业、国际商务专业的必修课,而作为国际金融专业的选修课。

六、国际结算教材的流派及本书的特点

虽然现有国际结算教材都未明确阐述国际结算课程与国际贸易实务课程的异同,但从教材内容上看,仍可将现有国际结算教材分为两类:一类是具有鲜明的商业银行国际业务实务特色的教材,此类教材以苏宗祥教授所著各个版本的国际结算教材为代表,如苏宗祥(1999)、苏宗祥等(2004)、苏宗祥和徐捷(2008,2009)等。苏宗祥、景乃权、徐捷等人具有多年在银行从事国际结算业务的实践经验。另一类教材对结算工具和结算方式的阐述与国际贸易实务教材的内容没有显著差异,没有突出商业银行国际业务实务的特点。

在继承和吸收已有教材主体内容的基础上,本书进行了如下拓展和创新:

(1)在课程内容的阐述中,尽量揭示重要知识点的逻辑规律,包括:

第一,阐述金融票据、商业单据、往来银行和国际支付系统与国际贸易结算方式之间的逻辑关系。

第二,通过图解,使票据的产生和演变与相应过程中票据功能的形成有机地融合起来。

第三,揭示原始票据汇票的演变路径:① 基本当事人的特定化:汇票演变为支票,票据载体电子化,支票又演变为借记卡。② 票据性质的改变:汇票演变为本票,票据载体电子化,本票又演变为贷记卡。③ 票据目的改变:汇票演变为提单。

结算工具的演变主要是为了弥补使用金银结算在汇兑、支付、信用、流通等功能上的缺陷。

第四,揭示原始结算方式的四个演变路径:① 从付款与交单互不制约演变为付款与交单相互制约;② 从单纯的结算方式演变为结算方式与融资方式相结合;③ 付款人的信用基础从商业信用演变为银行信用;其四,从适用于必然事件的结算方式演变为适用于或然事件的结算方式。

结算方式的演变,首先是为了逐渐降低卖方不能收回货款的风险,其次是为了向买方提供融资。

(2)基于笔者多年讲授国际结算课程与国际贸易实务课程的体会,强调国际结算课程与国际贸易实务课程的差异性。

(3)在教材的编写形式上,引入Q&A(提问与回答)模块。本书的Q&A模块,集成和凝练了笔者2000年以来在华中科技大学经济学院授课中教、学双方的提问与解答。在教材中采用Q&A模块,改变了国内传统教材编写常用的平铺直叙方式,使读者仿佛置身于"学与问"的课堂之中。

第二节 国际结算的产生和发展

一、国际结算的产生

国际结算与国际贸易是一对孪生兄弟,两者相伴而生、相伴发展。"国际结算产生于何时",这一问题几乎等同于"国际贸易产生于何时"。

至于国际贸易产生于何时,现有教材的说法莫衷一是。现举两例:徐秀琼(1997,

p.2)认为,国际贸易产生于公元前 5 世纪,即约 2500 年前,此时为中国的春秋战国时期,国际结算也产生于此时。海闻等(2003,p.1)认为,国际贸易产生于公元 100 年前后,即约 2000 年前,此时为中国的汉朝,国际结算也产生于此时。

笔者认为,区域性国际贸易要先于全球性国际贸易产生。如果把中国开始与欧洲进行经济与贸易交往的时期视为全球性国际贸易发端的标志,那么全球性国际贸易产生于中国的秦朝(公元前 221—前 207 年)。这一推测可以从"china"一词的产生得到佐证。"china"的词根是"cin",也就是汉语"秦"的音译,"china"最初是指秦国。也就是说,中国与欧洲的经济与贸易交往始于秦朝。国际结算也产生于中国的秦朝。

二、国际结算的历史演变过程

可以从三个视角考察国际结算的历史演变过程:结算工具、结算凭据和结算当事人。这三个视角在时间上并行,针对的是相同的历史跨度,并无先后之分,本书重点阐述以结算工具为视角的考察内容,简述其余两个视角的考察内容。

(一) 以结算工具为视角,国际结算从金银结算演变为票据结算

自国际贸易产生至公元 10 世纪,国际贸易以金银作为结算工具,这一过程持续了 1200 多年。11 世纪开始出现票据,并取代金银成为结算工具。自 11 世纪至今,以票据作为结算工具的过程持续了 900 多年,这 900 多年的票据演变经历了四个时期。

1. 兑换商票据时期

如上所述,11 世纪以前,以金银作为结算工具。金银输送风险大、费用高、难以清点、难辨真伪,不能适应国际贸易大规模发展的需要。

11—12 世纪,在地中海沿岸以海上贸易为主的城邦国家①,如威尼斯(Venice)、都灵(Turin)、热那亚(Genoa),出现了专门从事货币兑换业务的兑换商。进口商在进口地用金银换取兑换证书,将兑换证书携带到出口地再换取当地金银,然后与出口商进行交易。这就避免了运送金银的风险和费用。由兑换商签发的兑换证书(Bill of Exchange),就是早期的票据(周继忠,1997,p.3;张东祥,1996,p.7)。这一时期称为兑换商票据时期。进口商用兑换证书替代运送金银的流程如图 1.1 所示。

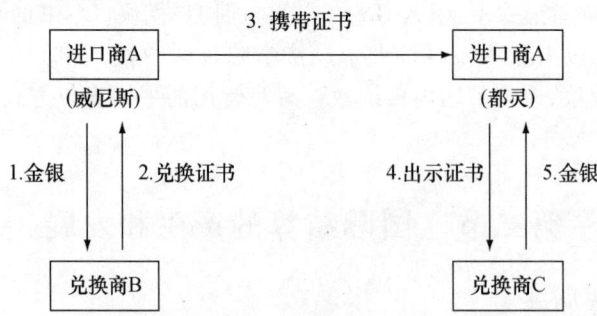

图 1.1 用兑换证书替代运送金银的流程

---

① 按照顾准(1994,pp.66、70)的定义,所谓城邦国家,就是一个城市连同其周围不大的一片乡村区域所形成的独立的主权国家。领土国家是指领土广阔,包含多个城市的国家。

从图1.1不难看出,兑换证书起到了两个作用:(1)将金银从一地转移到另一地;(2)将一地的金币或银币兑换成另一地的金币或银币。这就是票据的汇兑功能。汇兑功能是最先出现的票据功能,因而是票据的原始功能,该功能产生于兑换商票据时期。

Q&A 1.1 兑换证书对金银的最大突破

Q:兑换证书对金银的最大突破是什么?

A:在兑换证书出现之前,人们对金钱的权利和对金银的占有是不可分离的,换句话说,只有占有金银才能拥有对金钱的权利。兑换证书对金银的最大突破在于,兑换证书使得人们对金钱的权利和对金银的占有可以分离,也就是说,人们可以在不占有金银的情况下拥有金钱权利。

2. 市场票据时期

13—15世纪,出现了最初的定期票据交易市场。进口商用以票据市场交易日为到期日的兑换证书代替金银支付给出口商,出口商将兑换证书在票据交易市场出售从而换取金银。用兑换证书代替金银支付的流程如图1.2所示。

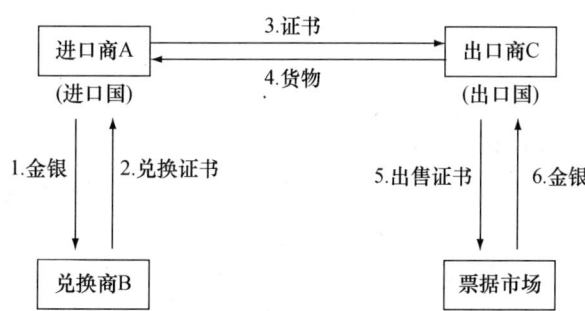

图1.2 用兑换证书代替金银支付的流程

从图1.2不难看出,兑换证书起到了支付货币的作用。这就是票据的支付功能。该功能产生于市场票据时期。

3. 流通票据时期

16—17世纪,欧洲的票据使用已相当普遍,票据制度也渐趋完善,特别是最初背书制度的出现,使票据能够以简便的方法实现转让,票据从先前的证据性证券演变成流动性证券(张东祥,1996,p.8)。票据的流通过程如图1.3所示。

从图1.3不难看出,汇票起到了背书转让的作用。这就是票据的流通功能。该功能产生于流通票据时期。

4. 现代票据时期

18世纪以后,商人们已不再亲自驾船出海,而是委托船东运送货物,船东为了减少海运风险,又向保险商投保,这样,商业、航运业、保险业就分化成为三个独立的行业(张东祥,1996,p.8)。18世纪至今是现代票据时期,这一时期产生了充当货物所有权凭证的票据——海运提单。这标志着以转移和支付金钱为目的狭义票据演变成为以转让货物

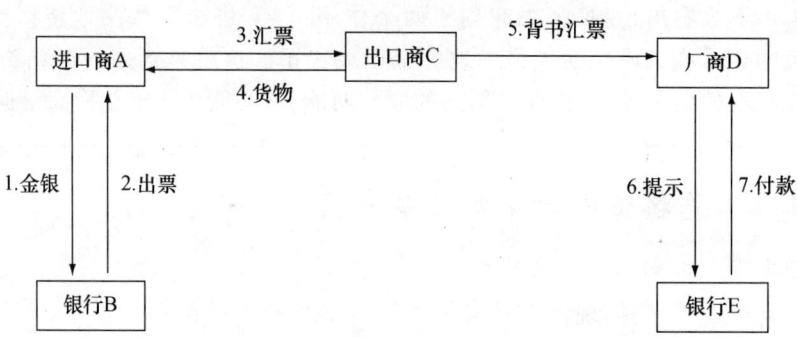

图 1.3　票据的流通过程

所有权为目的的广义票据。

（二）以结算凭据为视角，国际结算从凭货物结算演变为凭单据结算

18 世纪以前，商人从事海上贸易时大部分采用 FOB① 条件成交。商人本人或其代理人自始至终监督着交货和海运的冒险过程。商人当场看货，如认为合适，商人当即指示卖主将货物交到他的船上，同时向卖主偿付金银或票据（刘舒年、严思忆，1996，p.4；沈瑞年等，1999，p.8）。这就是所谓凭货物结算。

随着国际贸易的发展，商业、船运、保险分化成为三个独立的行业，相应出现了提单、保险单。这些单据可以转让，成为买卖和抵押的凭证。买卖双方之间凭货物结算发展成为凭单据结算。

（三）以结算当事人为视角，国际结算从买卖双方直接结算演变为凭单据结算

国际贸易发展初期，买卖双方采用直接结算的方式。银行的主要业务是发放高利贷。

18 世纪 60 年代，在主要资本主义国家相继完成产业革命的同时，银行业发生了深刻的变化，由高利贷性质的封建银行转变为担任信用和支付中介的资本主义银行（张东祥，1996，p.9）。

三、国际结算的现状及发展趋势

20 世纪 90 年代以来，国际结算呈现如下状态及发展趋势：

1. 结算方式两极化

在全球范围内，国际结算方式日趋多样化。这是因为，随着发展中国家和新兴经济体的对外贸易不断增加，国际结算方式势必呈现多样化。与此同时，发达国家之间，国际结算方式日趋简便化，这主要是因为发达国家的国际支付系统及国际结算的制度安排日趋完善，贸易伙伴之间的信任程度不断提升。

---

① FOB 全称为 Free on Board，是国际商会在《2010 年国际贸易术语解释通则》（INCOTERMS 2010）中所规定的 11 种价格术语之一。FOB 以货物在装运港装上船只为界来划分买卖双方之间的风险、工作和费用。该术语的详细解释可见李昭华、潘小春（2012，pp.106—107）及国际商会中国国家委员会（2011）。

2. 国际结算与贸易融资相结合

为了促进本国与世界各国之间的经济贸易往来,扩大本国商品、技术、服务的出口,有效地吸引外资、引进技术和设备,将国际结算与贸易融资结合起来已经成为世界各国银行的普遍做法(刘舒年、严思忆,1996,p.9)。银行根据每笔国际结算业务的具体特点,可能为贸易商提供某些融通服务,比如出口押汇、远期付款交单凭信托收据借单(D/P·T/R)等,既增加了银行的业务,又利于贸易商周转资金。值得注意的是,提供融资,对于银行而言是有风险的。

3. 国际结算技术趋向现代化和网络化

从国际结算的通信手段上看,环球银行间金融通信协会(SWIFT)的网络已遍布全球200多个国家和地区的10 800多家银行机构、证券机构和企业客户,使国际结算的效率和安全性大幅度提升,成本和风险显著降低。

从国际结算的支付系统上看,全球国际结算货币的国际支付系统已趋于成熟和完善,例如美元的国际支付系统CHIPS,欧元的国际支付系统TARGET,英镑的国际支付系统CHAPS等。区域性国际结算货币的国际支付系统正在建立和发展之中,例如人民币的国际支付系统。

4. 国际惯例在国际结算中的作用增强

国际惯例在国际结算中的作用增强,主要表现在,原本由发达国家主导的相关国际惯例,从得到发展中国家和新兴经济体的采用逐步发展到得到这些国家的国内立法支持,乃至得到这些国家参与修订版本的制定。例如,中国自20世纪80年代开始采用UCP400;自2006年1月1日起施行的最高人民法院法释[2005]13号《关于审理信用证纠纷案件若干问题的规定》,支持UCP500的审单标准;2006年,中国银行派团参与了UCP600的制定和表决投票(中国银行股份有限公司国际结算部,2007)。

5. 国际结算货币的重新整合

第二次世界大战结束至20世纪80年代,国际结算货币持续沿用几个主要工业化国家的货币,诸如美元、英镑、联邦德国马克①、法国法郎、瑞士法郎、日元等。欧元的出现使得国际结算货币出现战后的首次调整。随着中国的经济崛起,尤其是2008—2009年爆发世界经济危机,人民币开始成为区域结算货币,并将逐步发展成为全球结算货币,这将成为国际结算货币的又一次重要调整。

 本章小结

国际结算是指为实现债权债务的清偿和/或资金的单方面转移而进行的货币跨国收付活动。本章从引起货币收付的原因来划分国际结算业务的类别,从国际结算惯例、国际结算货币、推定交货原则、结算方式与融资方式融合四个方面阐述了国际结算业务的特征。

---

① 第二次世界大战结束时,德国分裂成联邦德国和民主德国。1990年10月,两德统一,统一后的德国采用联邦德国的国号。

国际结算课程的主要内容包括:(1) 以实现金钱流动为目的的金融票据;(2) 以实现货物流动为目的的商业单据;(3) 国际结算货币与货物的对流的主体,即往来银行、国际支付系统、国际贸易的买卖双方;(4) 国际贸易结算主体实现国际结算货币与货物的对流的程序和步骤,即国际贸易结算方式。本章从以下层面阐述了国际结算课程与国际贸易实务课程的异同:国际结算与国际贸易实务之间的关系、考察问题的角度和侧重点、课程的讨论对象及专业属性。

本章从三个视角考察了国际结算的历史演变过程:结算工具、结算凭据和结算当事人,着重阐述了票据演变的四个历史时期及各个时期所产生的票据功能。

复习思考题

一、名词解释

国际结算　国际结算惯例

二、简答

1. 国际结算业务如何分类?
2. 如何理解国际结算惯例的约束力?
3. 国际结算业务有哪些特征?
4. 简述国际结算课程与国际贸易实务课程的区别。
5. 简述国际结算的历史演变过程。

21世纪经济与管理规划教材
金融学系列

第二章

金融票据

【学习目标】

- 了解票据和金融票据的含义
- 了解票据的三种转让方式及其异同
- 理解金融票据的性质、功能和基本当事人
- 掌握票据的演变规律
- 了解汇票、本票、支票的含义、必要项目、基本当事人、分类及票据行为
- 理解汇票、本票、支票的联系与区别

随着国际贸易的发展,金融票据逐渐取代金银,成为国际结算的主要工具。如本书第一章所述,欧洲国家于11世纪开始出现票据。到15世纪,西欧各国的商品买卖多以市场票据授受。18世纪以后,西方主要国家的票据制度逐步健全。在当今国际结算中,金融票据作为结算工具,发挥着重大作用。本章第一节首先阐述票据的含义以及票据的三种转让方式,由此引出以流通方式转让的金融票据,再阐述金融票据的性质、功能及当事人的权利和义务。本章第二节、第三节分别详细讨论三种重要的金融票据:汇票、支票和本票。

第一节 票据概述

11世纪在欧洲国家所出现的早期票据,以转移和支付金钱为目的。直到18世纪,由于商业、航运、保险的相互分离,才出现以转让货物所有权为目的的票据。可见,广义票据由狭义票据衍生而出。

一、票据的含义

在货币和商品的让渡过程中,金钱的索偿权与金钱的占有相分离,或者商品的所有权与商品的占有相分离,就产生了票据。票据使得人们在不占有金银或商品的情况下仍能拥有对金钱的索偿权或对商品的所有权。票据有狭义和广义之分。狭义的票据是指某人对并未实际占有的金钱的索偿权凭证,这种凭证的权利可以流通转让,如汇票、支票、本票。广义的票据是指某人对并未实际占有的商品的所有权或金钱的索偿权凭证,这种凭证的权利可以转让,如提单、仓单、发票、股票、汇票、支票、本票等。其中,支票、本票、提单、股票等权利凭证皆由汇票衍生而出,因此,汇票被誉为"有价证券之父"。本章主要讨论狭义的票据,即汇票、支票与本票。

二、票据的转让

转让,也就是权利的让渡。转让票据的行为,意味着票据的受益人,将该票据所代表的金钱索偿权或货物所有权授权或转让给他人。广义的票据,大致有三种转让方式:

(一) 过户转让

过户转让(Transfer by Assignment)是指权利的让渡需要得到原债务人同意,受让人被让渡的权利受转让人权利缺陷的影响。如果转让人是非法获得票据,不能享有票据的所有权利的话,受让人权利便随之受到影响。

采用过户转让的票据有股票、人寿保险单、政府证券、债券等,它们不是完全可流通的证券(苏宗祥、徐捷,2008,p.13)。

(二) 交付转让

交付转让(Transfer by Delivery)是指是指权利的让渡不需要得到原债务人同意,受让人被让渡的权利受转让人权利缺陷的影响。票据的交付转让可以通过两种方式进行:单纯交付转让和背书转让。单纯交付是持票人以转让票据权利为目的而将票据交付于他人的一种票据行为。背书交付即作成背书后并将票据交付于受让人。在交付转让下,票据的权利让渡不需要得到原债务人同意。受让人受转让人权利缺陷的影响的权利包括向票据的前手请求付款,受拒绝还可行使追索权等。

采用交付转让的票据有提单、仓单、栈单、写明"不可流通"字样的划线支票或银行即期汇票等,它们是准流通证券或半流通证券。

(三) 流通转让

流通转让(Transfer by Negotiation)是指权利的让渡不需要得到原债务人同意,并且受让人被让渡的权利不受转让人权利缺陷的影响。流通转让也采取单纯交付或背书交付的手续,此外,受让人必须支付对价、善意地取得票据。

采用流通转让的票据有汇票、本票、支票、国库券、不记名债券等,它们是完全可流通证券。

上述三种转让方式的对比如表2.1所示。

表2.1 三种转让方式对比

转让方式	转让手续	是否需要原债务人同意	转让的当事人	受让人权利是否优于转让人权利	举例
过户转让	签发转让文书+交付票据	需要	转让人、受让人、原债务人三方	否	股票、人寿保险单
交付转让	单纯交付或背书交付票据	不需要	转让人、受让人双方	否	提单、仓单
流通转让	单纯交付或背书交付票据,受让人支付对价、善意地取得票据	不需要	转让人、受让人双方	是	汇票、本票、支票

Q&A 2.1 转让与让渡、过户转让与流通转让

Q:"让渡"的含义是什么?过户转让和流通转让的区别是什么?

A:"让渡"的本义是让出并转移的意思。在经济学中,让渡是指将某项权利授予或转让给他人。转让泛指权利的让渡,是一切权利让渡行为的统称。

具体地考察转让的方式以及由此带来的权利让渡的完整性,我们发现两种转让方式值得研究,即过户转让与流通转让。过户转让简称为过户,流通转让简称为流通,也有人称之为议让、议付等。过户与流通都是转让的方式,其相同之处在于目的一样,即为了实现权利从转让人到受让人的让渡。

但两者亦有明显的区别。过户必须通知原债务人,否则这项转让对原债务人无约束力,原债务人可以不承认这项转让,而坚持对原债权人负责。另外,过户转让的一项基本

原则(同样适用于流通转让以外的其他转让方式)是转让人只能将其拥有的权利让渡给受让人。因此受让人的权利不可能超过其转让人。如果转让人本人对欲转让之权力凭证没有拥有充分权利,甚至根本无权,那么这种权力缺陷同样会影响其后手受让人。但是对流通转让这种方式来说,转让人只要在凭证上签字背书并交付给受让人,或者将来人抬头的凭证不经过背书直接交付受让人,即可构成权利之有效转让,根本不需要对债务人发出通知。债务人不能因不了解这项转让而拒绝受让人。

案例2.1 转让人的权利缺陷对受让人的影响

某装修工程队为一家庭装修房屋,房东因此欠工程队长装修费2 000元,而工程队长欠工人工资2 000元。工人买了一台价值2 000元的彩电,欠销售彩电的老王2 000元。此外,在装修期间,工人向房东借了50元零花钱,各当事人债权、债务关系如图2.1所示:

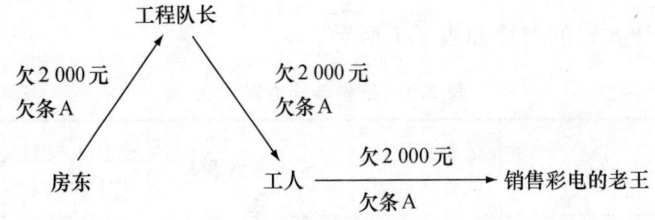

图2.1 房东、队长、工人之间的债权、债务关系

队长将对房东的债权(欠条A)转让给工人,工人又将债权(欠条A)转让给销售彩电的老王,老王凭欠条A向房东索款,房东的反应有两个可能:

(1) 我欠工程队长2 000元,并不等于欠你老王2 000元,你无权找我要2 000元;

(2) 即使我同意工程队长(通过工人)把债权转让给你,我也只能还你1 950元,我要扣除工人欠我的50元。

说明:

(1) 债权转让必须得到原债务人房东的同意;

(2) 老王受让的债权,受到转让人(工人)权利缺陷的影响。

现在如果队长签发一份汇票:

汇票金额RMB 2 000,武汉,2015年　月　日

　　见此第一张汇票即付工人或其指定人人民币贰仟圆整(第二张相同金额及期限之汇票不付)

　　此致　　房东

　　　　　　　　　　　　　　　　　　　　　　　　　　　　　　队长

工人向房东提示汇票时,房东可以只付1 950元。

工人将此汇票转让给老王,老王向房东提示汇票时,房东要么支付2 000元,要么拒付,但拒付的理由不得是工人欠房东50元。

说明：
（1）权利的转让不需要房东同意；
（2）老王受让的权利优于工人的权利。

三、金融票据

金融票据是指可以通过流通转让方式进行转让的票据。金融票据主要包括汇票、支票、本票三种。作为一种特殊的权利凭证，金融票据必须满足下列四个方面的要求（徐秀琼，1997，p.12）：

（1）以支付一定金额的货币为目的。金融票据所表示的是关于支付一定金额货币的权利。债权人要求债务人以支付货币的形式清偿债务，而不是提供其他形式的资产。

（2）权利可以转让。金融票据所代表的资金支付请求权是可以转让的。该项转让受有关法律的认可与保护。受让人可以其自身的名义对有关债务人起诉，因他对票据有全部的权利。

（3）转让无须通知债务人。债务人始终对持票人承担责任，无论债务人对持票人是否知情。

（4）受让人可以获得完整的权利，即票面文义所载明的十足的权利，只要受让人善意地取得完整有效的票据并支付了对价。这是金融票据最为突出的一个特点。

四、金融票据的性质

汇票、支票与本票在使用中具备一些特性，这使得它们能够作为结算工具在国际结算中使用。这些特性大体可以归纳为以下十种，其中流通性、无因性和要式性是三种主要特性。

（一）流通性

流通性指票据可以按流通转让方式进行转让。流通性是金融票据最为重要的性质，它集中体现在金融票据的转让这一环节上。金融票据作为一种特殊的权利财产，票据上的权利得以背书、交付而流通并且不需要通知原债务人。只要受让人善意地支付对价以取得合格的票据，他就可以获得票据的全部权利，而不管前手的权利如何，亦不受前手在权利上有所缺陷的约束。流通转让有两个特点：转让手续简便；让渡权利完整。

正因为这一性质，使得受让人权益得到最大限度的保护，从而使金融票据能被广为接受和流通。

（二）无因性

"因"的本义是原因，在这里指产生票据权利和义务关系的原因。票据的无因性告诉我们，票据是一种不过问原因的证券（贺瑛，2006，p.49）。票据权利和义务的发生，不论有无原因或是否合法，都不影响票据的效力。

事实上，任何票据关系的产生总是有一定原因的。例如，甲为出票人发出以乙为受票人的票据，乙绝不会无缘无故同意付款。这其中必有原因：也许是甲在乙处有存款，或是乙同意贷款给甲等,这种关系就是资金关系。又比如,当甲开出以乙为收款人的票据,而乙又以背书的方式将票据转让给丙时,其中也必有原因:可能甲购买了乙的货物,而乙又欠了丙的债。这种关系就是所谓的对价关系。票据当事人的权利、义务以这样的基本关系为原因,统称为票据原因。但是,票据是否成立,不受票据原因的影响,票据的权利和义务也不受票据原因的约束。对于票据受让人来说,无须调查这些原因,只要票据记载合格,他就取得了票据文义载明的权利(贺瑛,2006,p.49)。这就使票据本身成为一种独立的权利凭证,不受基础合约或票据原因的制约,从而维护了票据的流通性。

票据的各种原因如图2.2所示。

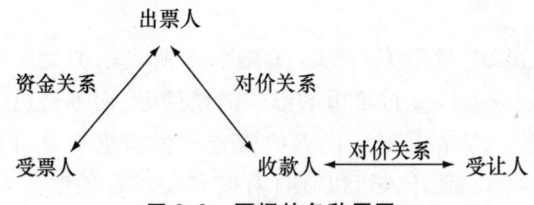

图2.2 票据的各种原因

简言之,票据的无因性是指,无论出票人与受票人之间的资金关系是否有缺陷,无论出票人与收款人、收款人与受让人之间的对价关系是否有缺陷,只要票据在形式上合法,票据就具有效力。

(三)要式性

要式是指法定的必要形式和程序。要式性是指票据的内容与行为应当符合有关票据法的规定,否则票据无效。换句话说,只要签发的票据符合法定条件,票据就有效。即应以要式而非原因作为判定票据有效性的依据。中国《票据法》分别对汇票、本票和支票规定了必要的形式要件,即必须记载的事项,《日内瓦统一汇票本票法公约》也规定了汇票、本票和支票必须包含的内容,但英国《1882年票据法》没有规定必要的记载事项(王学惠、王可畏,2009,p.15)。

在金融票据的各项性质中,最为重要的是流通性、无因性和要式性。这三种性质是互相联系的。其中,流通性是核心;无因性与要式性是必要补充,它们取决于流通性亦服务于流通性。票据受让人无从了解票据的其他当事人之间的原因关系,但对票据是否符合法定要式却一目了然。因此,重视票据要式而不考察票据原因,其目的是使票据的转让易于进行,为票据的流通提供保障。

(四)文义性

票据上的权利与义务完全取决于票据文字所记载的内容,不受票据记载以外任何约定、协议的约束。这个性质决定了即使票据的记载事项与实际情况不一致,甚至出现错误,也不允许票据当事人以票据之外的其他证明方法变更或补充票据的权利义务关系。

(五)提示性

金融票据是一种权利财产,票据权利由票据本身所证明。因此票据上的债权人在要求票据债务人履行票据义务时,必须向付款人出示该票据,以证明他确有权利。不能出示票据者,无权享受票据权利。

(六) 返还性

持票人在获得票款时必须将票据返还给付款人,并应在付款人要求下签字证明款项收讫。因为该票据一经正当付款,付款人即被解除责任。由于票据的返还性特点,所以它不能无限期流通,而是在到期日付款后就完成使命。

(七) 设权性

金融票据的签发,不是为了证明已经存在的权利,而是为了创设一种权利,即支付一定金额的请求权。这种权利一旦创设,即与创设该权利的背景相分离,成为一种独立的、以票据为载体的权利。票据权利是随着票据的做成同时发生的。没有票据,就没有票据权利。这就是票据的设权性。

(八) 金钱性

金融票据的给付标的物是金钱。票据以支付一定金额为目的。若以金钱以外的其他财产支付,都不属于金融票据。金融票据的金钱性意味着,金融票据权利只能是金钱权利,不同于普通债权。普通债权的标的既可以是财物,也可以是行为,还可以是智力成果,而且还可发生标的转换现象。而金融票据权利的标的只能是金钱,而且只能以票面金额之给付为标的,不能有任何变通。

(九) 债权性

金融票据是一种债权凭证,持票人拥有债权,在票据上签字者(所有前手)是债务人。此处所指之债,并非狭义的借贷之债,而是指根据票据确立的债务人对债权人的应尽义务,主要是保证受票人承兑或付款的义务,以及必要时由债务人自行清偿的义务。享受权利者为债权人,承担义务者为债务人。持票人享有债权,而在票据上签字的各当事人则承担保证付款及承兑的义务,是债务人。

(十) 可追索性

票据的付款人或承兑人如果对合格票据拒绝承兑或拒绝付款,正当持票人为维护其票据权利,有权通过法定程序向所有票据债务人起诉、追索,要求得到票据权利。

案例 2.2 票据的无因性和文义性[①]

甲企业与乙企业签订了货物买卖合同,合同中约定,甲企业签发一张以乙企业为收款人的银行承兑汇票,金额为 20 万元,作为预付款,汇票不得转让,如果合同解除,则汇票作废。但是甲企业未在汇票上记载"不得转让"字样。乙企业取得汇票后,将汇票背书转让给丙企业,抵作工程款。丙企业向承兑行提示付款时,承兑行称甲企业与乙企业之间的买卖合同已经解除,甲企业告知承兑行不得付款,并且汇票不得转让,所以不能向丙企业付款。请分析承兑行的拒付理由是否成立。

分析:票据的功能在于流通,所以票据具有无因性、文义性等特征。无因性是指票

---

① 引自佚名(2008)。

行为不因票据的基础关系无效或有瑕疵而受影响。出票人签发票据,只要形式上符合《票据法》规定的要件,即为有效出票行为,出票行为成立后不受基础关系的影响。本案中甲企业与乙企业之间的买卖合同关系是票据基础关系,买卖合同被解除,不影响汇票的效力。文义性是指票据行为完全以票据上金融记载的文义为准。即使票据上记载的文字与实际情况不符,仍应以文字记载为准,不允许票据当事人以票据文字以外的事实或证据来对票据上的文字记载作变更或者补充。本题中甲企业虽然与乙企业约定汇票不得转让,但是甲企业并未在汇票上记载"不得转让"字样,所以乙企业转让汇票给丙企业,丙企业取得票据权利,承兑行已经对汇票作出了承兑,丙企业提示付款时,承兑行应当付款。

五、金融票据的功能

金银具有汇兑、支付、信用及流通四项功能。金融票据之所以能够取代金银,是因为金融票据在模仿金银四项功能的同时,还弥补了金银各项功能的固有缺陷。

(一) 汇兑功能

汇,即转移,是指资金在不同国家或地区之间的转移;兑,即兑换,原指票据与金银之间的兑换,现指不同货币之间的兑换。汇兑功能是指金融票据可以起到对货币进行空间转移、对不同货币进行兑换的作用。金融票据的汇兑功能弥补了金银的汇兑功能的空间移动缺陷。如本书第一章所述,汇兑功能是在票据的历史演变中最初产生的票据功能,故汇兑功能是金融票据的原始功能。

(二) 支付功能

支付功能是指金融票据不仅充当商品交换的媒介,而且充当银行清算的交换和抵消凭证,它弥补了金银的支付功能的介质缺陷和效率缺陷。

作为支付手段,各种金融票据都可以使用。例如,进口商向出口商支付货款,可以签发支票,也可以签发本票,还可以委托银行签发汇票。金融票据的使用,极大地简化了支付的手续,既可以节约现金的使用,又可以加速全社会的资金周转,提高资金的使用效率。由此可见,金融票据因其支付功能而成为非现金结算支柱。

(三) 信用功能

信用功能是指金融票据充当远期支付和信贷凭证,它弥补了金银的信用功能的时间移动缺陷。这个功能主要体现在远期汇票和远期本票上。例如,当出口商签发给进口商一张60天的远期汇票,即允许进口商在见到汇票后60天再支付货款,这体现了一种信用,为进口商提供了60天的贷款,这也是一种融资。另外,背书制度又客观上增强了票据的信用功能。因为背书人对其出让的后手持票人负有保证票据会被付款的义务。背书人越多,票据的信用就越高(王学惠、王可畏,2009,p.16)。

金银与金融票据的信用功能对比如表 2.2 所示。

表 2.2　金银与金融票据的信用功能对比

	金银	金融票据
实现信用功能的方式	借据	远期票据
保障程度	低	高
债权能否流通转让	否	能
资金能否提前收回	否	能（可贴现）

（四）流通功能

流通功能是指金融票据的权利可以用流通转让方式让渡，即金融票据模仿金钱，发挥流通作用。

通过中央银行本票（纸币）的形式，票据可以达到金钱的循环往复的流通性；通过指示性抬头汇票的多种背书方式，票据流通性可视需要加以改变，它弥补了金银的流通功能的流通性不能改变的缺陷。

金融票据与金银在汇兑、支付、信用、流通四个功能上的对比如表 2.3 所示。

表 2.3　金融票据与金银的优劣对比

	汇兑	支付	信用	流通
金银	空间移动性差（大批量金银的转移成本高、风险大）	充当交换媒介的介质昂贵	时间移动性差（采用赊账、借据）	流通性恒定，不能按需设定
金融票据	空间移动性好	充当交换媒介的介质廉价，可充当银行清算的交换和抵消凭证	时间移动性好（采用远期票据）	流通性可按需设定

Q&A 2.2　金融票据的缺陷

Q：与金银相比，金融票据的缺陷是什么？

A：与金银相比，金融票据的缺陷在于发行中央银行本票（即纸币）存在通货膨胀的风险。由于中央银行本票的发放可以与黄金储备脱钩，因而易于过度供给中央银行本票，从而导致通货膨胀。

六、金融票据的当事人及其权利与义务

票据当事人是指票据在开立、交付、流通直至最后票据款项得以给付，完成其债权债务清偿的整个过程中，各自承担票据责任或取得票据权利的各种关系人。

（一）基本当事人

所谓基本当事人是指签发票据时就在票据上载明的当事人，主要有三个：出票人、受票人、收款人。

1. 出票人

出票人(Drawer)是指签发汇票或支票的当事人;如果签发的是本票,则也可称为"签票人"(Maker)。出票人对票据承担保证兑付之责,如果付款人退票(拒绝付款或拒绝承兑),则由出票人本人负责支付票款。由于票据是一项简单的契约,而出票人承担契约规定的责任,因而他是一个债务人。

对于即期汇票与支票,以及没有承兑的远期汇票,出票人不仅第一个承担责任,而且承担主要的付款责任。对于远期汇票,若未获承兑或尚未获得承兑,则出票人同样承担主要付款责任,一旦获得承兑(受票人表态愿意付款),则由承兑人承担直接付款责任,因而承兑人成为主债务人,出票人成为次债务人。

2. 受票人

受票人(Drawee)是接受票据提示之人,也是被出票人指定付款的当事人。但受票人是否付款,既取决于他与出票人之间的资金关系,也取决于他本人的付款意愿。受票人不一定会付款,因此将受票人称为付款人(Payer)并不十分恰当,不过在实践中,受票人被约定俗成地称作付款人。按照此习惯,受票人和付款人这两种名称可以并用。

受票人并不因为出票人的指令而承担责任,只要他不愿意付款,他就不对收款人负有债务。如果受票人拒付票据,他不能因此被起诉,因为他有拒付的权利。即使由于受票人退票而未能清偿他对出票人的债务,也不能以退票为由对其提起诉讼,可以诉讼的唯一理由是一笔未清偿的债务,而不是遭到拒付的票据。

但是,如果受票人对汇票进行了承兑,就成了票据的主债务人,必须承担到期付款的责任。

3. 收款人

收款人(Payee)是票据上载明有权收款或有权指定他人收款的当事人,也叫受款人。在票据的三个基本当事人中,收款人是唯一的债权人。

收款人具有三项权利:

(1) 有权提示付款人,要求获得付款或承兑;

(2) 若遭拒绝,可向出票人追索票款;

(3) 票据到期前,收款人可以背书转让票据,转让后收款人就成为背书人。

在票据中,收款人的填写方式有三种:

(1) 记名收款人;

(2) 凭某人指定的收款人;

(3) 不记名收款人,也称执票来人收款人,在此情况下,任何持有票据的人都可以是收款人。

(二) 其他当事人

签发票据之后,票据在流通过程中会引出一系列附属当事人,比如:承兑人、背书人、被背书人、持票人、保证人等。在一定情况下,同一主体可能具备多重当事人的身份(王学惠、王可畏,2009,p.42)。

1. 承兑人

如果远期汇票的受票人在汇票上签字表示同意按照出票人的指示在一约定时间

对收款人或其指定人或执票来人支付一定金额的货币,他就是作出了"承兑",因而成为一个承兑人。简单来说,承兑人(Acceptor)是指在远期汇票上签字承诺到期付款的受票人。

金融票据中只有远期汇票需要承兑,即期汇票、支票、本票都没有承兑人。因为即期汇票与支票都是即期付款票据,受票人要么拒付,要么见票即付,无须承兑。而本票是签票人作出的付款承诺,无论远期或即期,不需再次承兑。

受票人可以拒绝承兑,正如他可以拒绝付款一样。但是只要他作出了承兑,就要在法律上受该项承兑的约束。承兑人对汇票承担主要的、第一位的付款责任。他必须在到期日作出付款,否则就会受到持票人的起诉。而且承兑人的责任并不因出票行为的要式欠缺而解除,换言之,即使汇票本身不合格,比如出票人的签字是伪造的,但一经受票人承兑,就相当于承认汇票的有效性,事后不能再以此为由否认票据的有效性。

2. 背书人

收款人或持票人在票据背面签字,称作"背书",表示将票据权利转让给他人。转让票据之人称作"背书人"(Endorser),受让者称为"被背书人"。一张票据可经多次背书,可以有多个背书人。对于某个背书人而言,他之前的背书人是"前手"(Prior Parties),之后的背书人是"后手"(Subsequent Parties)(庞红等,2007,p.43)。由此看来,背书人可以是收款人,也可以是前一个被背书人,背书人实际上是票据权利的转让人。

由于他的签字,他承担一个背书人应承担的责任,即他向被背书人及所有后手保证:受票人将承兑和/或支付该票据,否则,出票人将保证付款;该票据在背书人转让时一直是有效合格的,而且他本人对票据拥有权利。

若受票人退票,被背书人进行追索,则背书人首先要向被背书人清偿,然后以持票人身份向前手追索。由此可见,背书人同出票人一样,承担保证付款人兑付票据的连带责任,因此就其对于受让人及其后手的关系来看,背书人是一个债务人。

3. 被背书人

被背书人(Endorsee)是指票据权利转让中的受让人,可以被明确记名,也可以不被记名。作为一个被背书人,他获得与收款人同样的权利,包括要求受票人付款/承兑的权利、遭到退票时向前手追索的权利、向他人转让票据的权利。

被背书人可以在背书后继续转让该票据给另一受让人,此时他就成为第二背书人,同样承担背书人的责任。经过一系列连续背书转让的票据,因为它有一系列的票据债务人保证其兑付,因此信用程度较高。

4. 持票人

持票人(Holder)是指占有票据、享有票据权利的当事人。任何人以任何方式获得票据,便成为持票人。持票人一般是下列三种当事人:

(1) 收款人。收款人在票据上由出票人记名指定,直接从出票人处获得票据。无论两人之间的对价关系如何,只要票据授受的程序、票据的形式合格,收款人就成为持票人,享有持票人的权利。

(2) 被背书人。被背书人通过背书而获得票据,并获得票据权利。

(3) 执票来人(Bearer)。如票据注明付款给执票来人,任何人都可以以持票人身份出现,只要他拥有票据。只要出票人签字真实,执票来人就可以充当持票人。

持票人是票据债权人,他的权利取决于票据文义的规定。通常来说持票人的权利有三个方面:第一,向付款人请求付款及承兑的权利;第二,在遭到退票时向背书人及出票人追索的权利;第三,如果票据不禁止转让,那么持票人拥有转让票据的权利。

英国《1882年票据法》专门把持票人分为两类:对价持票人和正当持票人。中国《票据法》中关于对价的解释是:应当给付票据双方当事人认可的相对应的代价。

对价持票人,包括下列三种情况:
(1) 持票人本人支付了对价,如商品、劳务、钱款;
(2) 持票人依法对票据有留置权;
(3) 持票人自己未付对价,但对价在先前已被付过,则对付过对价之前的当事人而言,现持票人也视为对价持票人。在图2.3中,队长签发汇票给工人,由房东承兑,工人转让给老王并收取对价,老王背书赠送给儿子。对老王而言,儿子不是对价持票人,但对队长、房东、工人而言,老王的儿子是对价持票人。

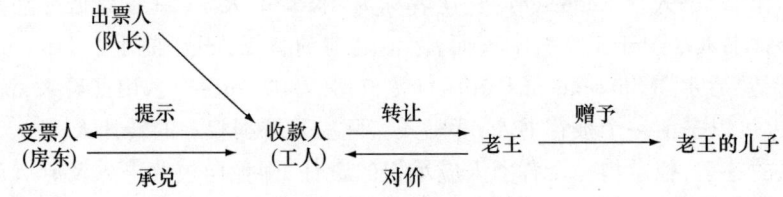

图2.3 未付对价的对价持票人

满足下列两项条件,即构成正当持票人:
(1) 票据形式完整、合格,没有过期,也没有被退票的记录;
(2) 转让程序上,持票人是善意的并支付了对价,且未获悉转让人对该票据的权利有任何缺陷。

对价持票人与正当持票人的对比如表2.4所示。

表2.4 对价持票人与正当持票人

	对价持票人	正当持票人
对价支付	① 本人支付了对价,或 ② 对票据拥有留置权,或 ③ 前手支付了对价	善意地取得票据并支付了对价
票据权利与前手相比	一切权利只能继承,不能优于前手	一切权利可优于前手
两者关系	对价持票人不一定是正当持票人	正当持票人同时又是对价持票人

资料来源:沈锦昶等(1997, p.15)

5. 保证人

保证人(Guarantor)是指对票据债务人的债务给予担保的当事人,一般由非票据债务人担任。

保证人必须指明被保证人,出票人、承兑人、背书人均可成为被保证人。若未指明被保证人,则被保证人要视票据种类而定:如果是支票、本票以及未经承兑的汇票,则以出

（签）票人为被保证人；如果是承兑汇票，则以承兑人为被保证人。

保证人承担与被保证人相同的责任。如果保证人受到持票人追索，那么在其清偿票款之后，可凭票向被保证人及其前手追索。

第二节 汇　　票

在所有票据中，汇票（Bill of Exchange，Draft）是在国际结算中使用最广泛、内容最全面的票据。下面先给出汇票的定义，然后以案例 2.3 给读者一个直观的印象。

一、汇票定义

英国《1882 年票据法》对汇票的定义如下[①]：

A bill of exchange is an unconditional order in writing, addressed by one person to another, signed by the person giving it, requiring the person to whom it is addressed to pay on demand, or at a fixed or determinable future time a sum certain in money to or to the order of a specified person, or to bearer.

上述定义的中文译文如下：

汇票是一人[②]以另一人[③]作为受票对象的无条件书面命令，由发出命令的人[④]签字，要求受票人[⑤]见票时或者在将来的固定时间或可以确定的时间，将确定数额的钱款支付给某人[⑥]或其指定的人或持票人。

案例 2.3　汇票的基本当事人和使用程序

吴先生向海尔公司订购 100 台空调，每台 2 000 元，合计 20 万元。为了支付货款，吴先生从李先生处获得 20 万元的借款，并向海尔公司出具 20 万元汇票。

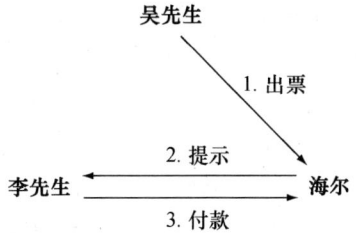

[①] 英国《1882 年票据法》（Bills of Exchange Act 1882）全文可在英国政府公共部门信息办公室（Office of Public Sector Information）网站查阅，网址：http://www.opsi.gov.uk。该法对汇票的定义载于 http://www.opsi.gov.uk/RevisedStatutes/Acts/ukpga/1882/cukpga_18820061_en_2#pt2-pb1-l1g3

[②] 例如，案例 2.3 中的吴先生。

[③] 例如，案例 2.3 中的李先生。

[④] 例如，案例 2.3 中的吴先生。

[⑤] 例如，案例 2.3 中的李先生。

[⑥] 例如，案例 2.3 中的海尔公司。

分析:吴先生开具以李先生为受票人,海尔公司为收款人的汇票,票面金额为20万元,之后,海尔公司向李先生提示汇票,李先生按照汇票指示支付20万元给海尔公司。

海尔公司与李先生之间本无关系,而吴先生出具的汇票创设了海尔公司对李先生的资金索偿权。通过这一权利的创设,吴先生把他对李先生的资金权利转让给了海尔公司。

英国《1882年票据法》对汇票的定义包含了三个方面的内容:

1. 基本当事人

(1) 出票人,指签发汇票的人,如案例2.3中的吴先生;

(2) 受票人,又称付款人,指接受支付命令付款的人,如案例2.3中的李先生;

(3) 收款人,又称受款人,指受领汇票所规定金额的人,如案例2.3中的海尔公司。

2. 付款期限

(1) 见票时(即期);

(2) 固定的将来时间(如,2018年10月1日);

(3) 可以确定(推算)的将来时间(如,见票后30天)。

3. 收款人(即汇票的抬头)的填写方式

(1) 某人(如,海尔公司);

(2) 某人指定的人(如,海尔公司所指定的人);

(3) 持票人。

Q&A 2.3 汇票英文名称所体现的票据历史

Q:在英语中,汇票既称为"Bill of Exchange",也称为"Draft",为什么会有这两种名称?是否有某种由来?

A:汇票之所以称为"Bill of Exchange",是因为最原始的汇票是由票据兑换商所签发的兑换证书(Bill of Exchange)。但汇票为什么又称为"Draft"?进一步观察会发现,出票人称为"Drawer",受票人称为"Drawee"。这三个同根词体现出票据的另一个历史:早期的汇票是手工画出来的,故出票人是"绘画的人"(Drawer),受票人是"被画的对象"(Drawee),汇票就是画出来的"图案"(Draft)。如果说"汇票"是"Bill of Exchange"的意译,即汇兑金钱之票,那么,"绘票"就是"Draft"的直译,即绘制之票。

二、汇票的必要项目

汇票作为一种流通证券,具备要式性和文义性。汇票必须文义明确,各国票据法对汇票的各个项目的内容都作了详细规定。其中,汇票要式中有一些必要项目,这是指汇票从形式上应具备的必要项目。只要这些项目齐全,符合票据法的规定,汇票即可成立有效。根据《日内瓦统一汇票本票法公约》的规定,汇票必须包含以下内容:

（一）汇票上写明"汇票"字样

《日内瓦统一汇票本票法公约》、中国《票据法》均规定汇票正面标明"汇票"字样,否则汇票无效。标明的字样以全称(Bill of Exchange)或简称(Exchange/Draft)显示,以区别于其他票据如本票、支票。

英美票据立法对此不作规定,无论是否标明名称,只要能从文义上判断其票据种类即可。

示例2.1　汇票

```
EXCHANGE FOR  USD41 084.34      Cambridge      8th April              20 15
At    Sight     pay this     Second                      Bill of Exchange
      First of same tenor and date unpaid                to the Order of
      Unicam Limited Atomic Absorption, PO Box 207, York Street, Cambridge CB1 2SU
      "Drawn under Irrevocable Documentary Credit No. LC42115103A of Industrial +
       Commercial Bank of China, China."
      US Dollars Forty-one Thousand & Eighty-four Dollars.34
Value  Received                                 Which place to Account
To    INDUSTRIAL + COMMERCIAL BANK              UNICAM LIMITED
              OF CHINA              BILL NO: 5765    ATOMIC ABSORPTION
      CHINA                         100032-1
```

【解读】

出票人：Unicam Limited Atomic Absorption

受票人：The Industrial and Commercial Bank of China

收款人：Unicam Limited Atomic Absorption 及其指定人

付款期限：At Sight(即期)

（二）书面的无条件支付命令

这一项目体现汇票的基本性质,是汇票区别于本票的首要标准。在没有标明"汇票"字样的情况下,判断某一票据是否为汇票就是考察其基本性质是否为无条件支付命令。

本项目包括三个方面的内容：

（1）书面形式。汇票及其他票据都必须是书面形式,否则无法签字和流通转让。

（2）支付命令。汇票是一项付款命令,措辞直截了当,英语使用祈使句。

（3）付款的无条件性。汇票所传达的付款命令不以任何其他行为或事件作为先决条件,不受任何其他协议的制约或支配。虽然受票人有权以某一先决条件的兑现作为付款的前提,但出票人不能在其支付命令中加列附加条件。在实践中,违背汇票付款无条件性的表述通常有两类：

第一,付款受其他合约的制约或支配。

汇票中的付款命令不得带有任何条件,否则视为汇票失效。例如：

Payable only against delivery of shipping documents. 仅凭运输单据付款。

Pay to the order of ABC the sum of Pound Sterling one thousand only provided that the goods are up to the standard of the contract. 若货物与合同相符,则支付 ABC 公司壹仟英镑。

第二,付款的资金来源受到限定。

明确限定汇票付款资金来源于某一特定账户或某一特定来源。从某一特定账户支付款项也是带有条件的支付命令,出现这样的句子也会令汇票失效。例如:

Pay ABC US Dollars one thousand out of the sales profits of cotton sweaters. 从棉制汗衫销售利润中支付 ABC 公司美元壹仟元。

Pay ABC US Dollars one thousand from Account No.2. 从2号账户中支付 ABC 公司美元壹仟元。

注意事项:

(1)不要将出票条款与付款条件相混淆。出票条款是对导致汇票产生的经济交易的简要说明,它不影响付款的无条件性。例如:

Drawn under L/C No.123 dated Dec. 30, 2015 issued by Bank of China Hubei. 凭湖北中行 2015 年 12 月 30 日开立的 123 号信用证出票。

(2)支付命令连接着付款人可以借记某账户的表示,也不影响付款的无条件性。例如:

Pay to ABC or order the sum of ten thousand US Dollars and charge/debit same to applicant's account maintained with you. 支付给 ABC 公司或其指定人金额为壹万美元,并将此金额借记在申请人开设在你行的账户。

(3)汇票大写金额后面是否写上"对价已收"(Value Received),都不影响付款的无条件性。例如,示例 2.1 中,如果删除"Value Received",不会影响该汇票付款的无条件性。

(三)受票人

汇票是命令他人付款的无条件支付命令,因此汇票必须开立给另一人,即受票人。为了保证受票人的确定性,一般要注明受票人的详细地址,以便持票人向他提示承兑或提示付款(贺瑛,2006,p.52)。

通常情况下,受票人与出票人是两个不同的当事人。英国票据法允许汇票开致两个付款人共同受票(A bill drawn on A and B is permissible),但是不允许开致两个付款人任择其一(A bill drawn on A or B is not permissible),因为这样的付款人是不确定的。如汇票上受票人为"A"、"B"或者"A and B"则可以接受,但受票人为"A or B"或"first A then B"则不能接受(贺瑛,2006,p.52)。

在出现多个受票人的情况下,每一个受票人都对全部金额负责(如他不拒付的话),没有主次之分,但持票人不能得到超过票款的金额。

(四)付款期限

汇票的付款期限(Tenor),大体上分为即期和远期两种。如果汇票没有规定付款期限,则以即期付款处理。付款期限的各种表述如图 2.4 所示。

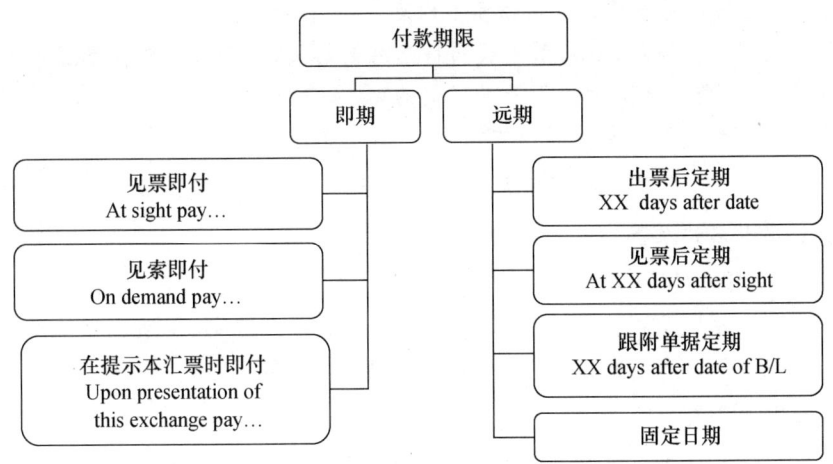

图 2.4　付款期限的各种表述

（五）金额

"金额"（Amount）有三层含义：

首先，汇票所要求支付的是货币资金而非其他财产。这是因为汇票是资金单据而不是物权凭证。

其次，金额应以大小写同时表示。如大小写出现差异，中国《票据法》第八条规定：汇票无效（中国人民银行会计司，1997，p.40）；而英国票据法和《日内瓦统一汇票本票法公约》规定：以大写金额为准（沈瑞年等，1999，p.61）。在实践中，更多的做法是退票，要求出票人更改相符（苏宗祥等，2004，p.21）。

最后，金额必须确定，不能模棱两可。如果金额中包含"or"（或者）、"about"（大约）是不允许的。如果汇票上载有利息或折成他币付款的文字，只要标明利率、计息起讫日期、明确的汇率，则此类汇票仍可视为确定金额的汇票，可以接受。

案例 2.4　确定的金额[①]

下列各项中，哪些是确定的金额？

A．£ 100.00

B．£ 100.00 plus interest

C．£ 100.00 plus interest at 6% p.a.　（p.a. = per annum）

D．USD equivalent for £ 100.00 at Prevailing rate in New York

E．USD equivalent for £ 100.00

分析：

A．是确定的金额，多数汇票的金额用此方式表示。

---

① 案例中 A、B、C、D 引自刘舒年、严思忆（1996，p.31）。

B. 不是,因未注明利率,所以金额不确定。
C. 是。按照商业惯例,若汇票未载明计息天数,则从出票日开始计息直至付款日。
D. 是。显然,美元与英镑的汇率是确定的。
E. 不是。没有明确美元与英镑的汇率。

(六) 出票人名称及签字

凡在票据上签字的人,就是票据债务人,他对票据付款负责任。它既可以是出票人本人签名,也可以是出票人代理或授权签名。没有出票人签字、伪造出票人签字或未经出票人授权的签字,这样的汇票无效,不能使出票人承担责任。

(七) 出票日期与地点

出票日期(Date of Issue)有三个方面的基本作用(张东祥,1996,p.44):

1. 决定出票人的行为能力,从而决定汇票的有效性

如果出票时出票人已宣告破产或解散,或者出票公司尚未注册成立,那么出票人就缺乏行为能力,汇票就是无效票据。

2. 决定汇票的有效期限

汇票的有效期限是指持票人可以行使票据权利的时间限制。在这一项上,各主要国家的票据法存在较大差异。《日内瓦统一汇票本票法公约》规定:即期汇票的有效期从出票日期起1年;中国《票据法》第十七条第一款规定:见票即付的汇票,有效期自出票日期起2年(中国人民银行会计司,1997,p.41)。

3. 决定远期付款的到期日

出票地点(Place of Issue)可以选择汇票的适用法律,进而决定汇票的要式。英国票据法规定:一份在英国境外签发的汇票,就其形式而言,可能在当地被认为是不规则的签发,甚至是无效的,但如果它的形式符合英国票据法的有关规定,那么在英国转让或持有该汇票的当事人将视其为合格而且有效(徐秀琼,1997,p.29)。

(八) 收款人

汇票的收款人在中国通常称为汇票抬头。抬头的不同填写方式关系到汇票的不同流通性。收款人的抬头方式分为限制性抬头、指示性抬头和执票来人抬头,它们的对比如表2.5所示。

限制性抬头意味着收款人是某个特定的人。此汇票不可流通转让。

指示性抬头意味着汇票可由收款人背书交付票据转让权。由于流通性是汇票的重要特征,因此实际业务中以指示性抬头最为常见。

执票人抬头意味着此汇票不需要背书就可交付完成转让。但汇票被丢失或被盗的风险很大,故国际贸易中很少使用此抬头(王学惠、王可畏等,2009,p.23)。

表 2.5 各种抬头的汇票对比

抬头填写方式		能否流通转让	转让手续	票据权利人	是否是独立的追索凭证
限制性抬头	Pay ABC only 仅付 ABC 公司	否	—	ABC	—
	Pay ABC not transferable 付 ABC 公司不得转让				
指示性抬头	Pay to the order of ABC 付 ABC 公司的指定人	能	记名背书	确定的被背书人	是
	Pay ABC or order 付 ABC 公司或指定人		空白背书	不确定的被背书人（任何持票人）	
执票来人抬头	Pay bearer 付执票来人	能	交付	任何持票人	否
	Pay ABC or bearer 付 ABC 公司或执票来人				

三、汇票的其他项目

（一）出票条款

是对导致汇票产生的经济交易的简要说明。通常是注明买卖双方的合同号或银行开立的信用证号。在前面的汇票示例 2.1 中，出票条款就是"Drawn under Irrevocable Documentary Credit No. LC42115103A of Industrial + Commercial Bank of China, China"，即"凭中国工商银行第 LC42115103A 号不可撤销跟单信用证出票"。

（二）废弃文句

为了防止汇票在邮寄途中丢失，同样内容的汇票往往制成一式两份，也叫一套汇票。汇票上分别标明"First"（第一张）及"Second"（第二张），由出口商寄给进口商。这里需要明确的是：这两张完全相同的汇票并非正本和副本，而是一套汇票中的第一张和第二张，它们都是有效的付款命令。当一张汇票付款之后，另一张即自动失效。此传统沿袭至今（沈瑞年等，1999，p. 62）。实际业务中以一式两份的汇票居多，也有一式三份的。以一式两份的汇票为例，第一张票面上记载着"at sight of this First of exchange (Second of exchange being unpaid)"，俗称"付一不付二"，而在第二张票面上就会显示"付二不付一"（王学惠、王可畏等，2009，p. 24）。汇票示例 2.1 中就记载了"at sight pay this Second bill of exchange"，表明这是第二张汇票。

（三）对价文句

有时，按照信用证的要求，需要在汇票上标注对价文句，意思是出票人已领受对价。由于汇票的无因性，因此出票人是否已领受其对价，并不影响其签发汇票的效力。在汇票示例 2.1 中，标注了"Value Received"，这就是汇票上的对价文句，属于汇票任意记载项目，表示"对价已收"。

四、汇票的票据行为

汇票的三个基本当事人：出票人、受票人和收款人经过出票、提示、付款等票据行为，款项最终从债务人转移给债权人。如果情况比较复杂，诸如增加了背书、承兑、退票等一系列票据行为后，又可以引申出其他当事人，比如背书人、被背书人、持票人等。下面具体分析汇票从开始制作到完成使命所产生的票据行为的含义。

（一）汇票的使用步骤

图 2.5 是汇票使用步骤的一个概览。

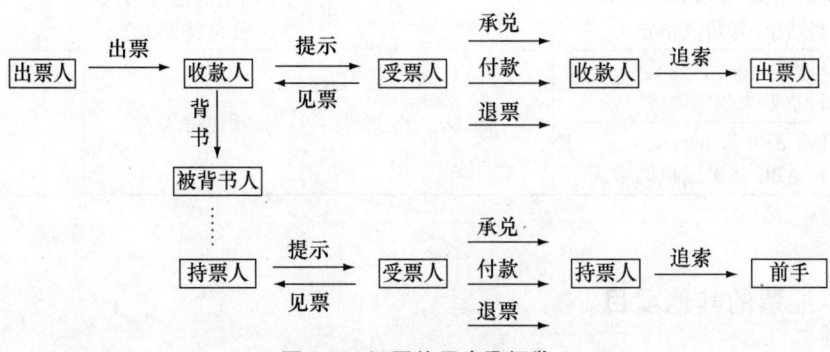

图 2.5　汇票使用步骤概览

（二）票据行为的含义

票据行为是发生票据法律关系的根据，属于民事法律行为（王学惠、王可畏，2009，p.27）。狭义的票据行为是围绕票据所发生的，以创设、实现或转移票据权利为目的的法律行为，包括出票、背书、承兑、保证、保付、参加承兑六种。其中，出票、背书和保证行为为汇票、本票和支票三种票据所共有，承兑和参加承兑仅限于汇票，保付仅见于支票。中国现行《票据法》未对参加承兑和保付作出规定，因此中国《票据法》规定的狭义的票据行为仅有出票、背书、承兑、保证四种行为。

广义的票据行为，统指能够引起票据法律关系的发生、变更、消灭的各种行为。广义的票据行为包含狭义的票据行为，再加上提示、付款、划线、涂销等（张东祥，1996，p.63）。

（三）汇票的票据行为

1. 出票

出票（Issue）由两个行为构成：

（1）开票（to draw the bill）：原始的汇票肯定是绘制出来的，现在实际上是用空白汇票填写并签名，统称"开票"。

（2）交付（to deliver it to the payee）：出票人将汇票交付给收款人。交付意指实际的或推定的所有权从一个人移至另一个人的行为。在交付之前，填写并签名的完整汇票并未生效，可以撤销。一旦交付给收款人，汇票即告生效，而且不可撤销。

当出票人开立汇票并将其交付给收款人，则完成出票。这个票据行为的意义在于：出票创设了汇票的债权，令收款人持有汇票就拥有债权。

2. 背书

背书(Endorsement)是指持票人在汇票背面签名。这个行为体现了转让汇票的意图,持票人一经背书,即成为汇票的债务人,也称作背书人,他有责任支付汇票金额。有效的背书也由两个行为构成:(1)在汇票背面签名;(2)背书人将汇票交付给被背书人。

背书证明了背书人对该汇票的所有权,也表明背书人对被背书人承担付款责任。背书使票据权利从一个持票人(背书人)转移至另一持票人(被背书人)。交付之前,背书并未生效,可以撤销。一旦交付,背书即告生效,而且不可撤销。一张汇票可以多次背书。第一次背书的人叫做第一背书人,接受第一次背书的人是第一被背书人。若第一被背书人继续背书,他就成为第二背书人,他的后手成为第二被背书人……如此循环(贺瑛,2006,p.58)。

背书对记名抬头和执票来人抬头的汇票的流通性不会产生影响,因为记名抬头的汇票不能流通,其票据权利人始终是在收款人栏目中写出的那个收款人,而执票来人抬头汇票的票据权利人始终是当前持票人。但是,不同的背书方式会对指示性抬头汇票的流通性产生不同的影响,现分述如下:

(1)记名背书

记名背书,又称特别背书或完全背书,即汇票背面不仅要有转让方签名,还要注明被背书人名称。具体如图2.6所示。

Pay to the order of B	支付给 B 公司
For and on behalf of A:	A 公司代表
signature	签名

图2.6 记名背书

即背书人是 A 公司,被背书人是 B 公司。

记名背书不改变指示性抬头汇票的流通性,经背书后汇票还可以继续转让。

(2)不记名背书

不记名背书,又称空白背书,即汇票上只有转让方签名,而不标明被背书人姓名。具体如图2.7所示。

| For and on behalf of A: | A 公司代表 |
| signature | 签名 |

图2.7 不记名背书

指示性抬头汇票+不记名背书=来人抬头汇票。即经空白背书的汇票可以仅凭交付而转让,效果与"来人抬头汇票"(To bearer)相同(王学惠、王可畏,2009,p.28)。但是,"指示性抬头汇票+不记名背书"随时可以转化成"指示性抬头汇票+记名背书",而来人抬头汇票则不能通过背书进行转化。

不记名背书扩大了指示性抬头汇票的流通性。

(3) 限制性背书

限制性背书意味着汇票必须背书给某一特定的人。其格式为"背书＋被背书人名称＋限制条件",例如:

Pay to A Bank only. 仅付 A 银行。

Pay to A Bank for account of XYZ. 付给 A 银行,记入 XYZ 公司账户。

Pay to A Bank not negotiable. 付给 A 银行,不可流通。

Pay to A Bank not transferable. 付给 A 银行,不可转让。

Pay to A Bank not to order. 付给 A 银行,不得付给指定人。

指示性抬头汇票＋限制性背书＝记名抬头汇票

限制性背书缩小了指示性抬头汇票的流通性。

(4) 有条件背书

有条件背书是指"支付给被背书人"的指示是有附加条件的。其格式为"背书＋被背书人名称＋(背书人向被背书人)交付汇票的条件",例如:

Pay to the order of XYZ on delivery of B/L No.123. 付给 XYZ 公司指定人,以交付 123 号提单为条件。

其中,背书的交付条件只是转让的条件,而不是受票人付款的条件。有条件背书仅对当次转让具有约束作用,使指示性抬头汇票当次转让的流通性缩小。

(5) 托收背书

托收背书是要求被背书人按照委托他代收票款的指示处理汇票。其格式为"背书＋被背书人名称＋for collection",例如:

Pay to the order of XYZ for collection only. 仅在托收时付给 XYZ 公司指定人。

被背书人凭授权代收票款,被背书人虽然持有汇票,却只能代理背书人行使各项权利。托收背书使指示性抬头汇票并未真正实现当次转让,故使指示性抬头汇票的流通性终止。

最后,特别提出背书这一票据行为具有连续性的重要特点,如图 2.8 所示。背书的连续性是指初始背书人是收款人,前次转让的被背书人是后次转让的背书人,最后一次转让的被背书人是票据的当前持票人(苏宗祥、徐捷,2008,p.34)。

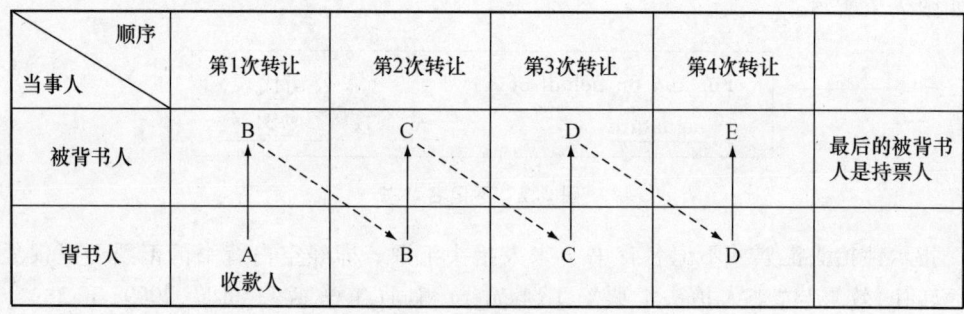

图 2.8 汇票背书的连续性

资料来源:苏宗祥、徐捷(2008,p.32)。

3. 提示

提示(Presentation)是指持票人将汇票提交付款人要求承兑或要求付款的行为,是持票人为行使与保全其票据权利所必须进行的一项票据行为。

提示必须符合下列条件,才能有效地获得票据权利:

(1)提示必须在规定的期限内办理。各国票据法对汇票提示期限的规定有所不同。表2.6列出了《日内瓦统一汇票本票法公约》及中、英、美三国票据法对汇票提示期限的规定。

表2.6 汇票的提示期限

汇票期限	提示类别	日内瓦统一汇票本票法公约	中国票据法	英国票据法	美国票据法
即期	付款提示	出票日起一年	出票日起一月	合理时间	合理时间
远期	承兑提示	确定日期 出票后定期 → 到期日前 见票后定期 → 出票日起一年	确定日期 出票后定期 → 到期日前 见票后定期 → 出票日起一月	到期日前的合理时间	确定日期 出票后定期 → 到期日当天或以前 见票后定期 → 合理时间
	付款提示	到期日或其后2个营业日	到期日起10日	到期日	到期日

资料来源:周继忠(1997,p.33)。

(2)提示必须在营业时间内进行。

(3)提示必须在汇票载明的付款地点向付款人提示。如果汇票没有载明付款地,则向付款人营业所提示;如果没有营业所,则到其住处提示。

4. 承兑

承兑(Acceptance)是指远期汇票的受票人在汇票上签名表示接受出票人的命令、到期付款的行为。远期汇票一经承兑,受票人变成承兑人,即成为汇票的主债务人,而出票人和其他背书人则成为次债务人。承兑也默示了承兑人对票据真实性、有效性的认可,承兑人被禁止翻供。承兑人交付承兑汇票之后,不得以出票人的签名是伪造的、背书人无行为能力等为由来拒付。

有效的承兑由两个行为构成:

(1)受票人在汇票上写明"已承兑"(Accepted)字样,签名;

(2)交付。

关于交付,实际业务中有两种交付方式:实际交付和推定交付。前者指直接将汇票交付持票人;后者指承兑人不交付汇票,但出具承兑通知书给持票人。无论采用哪一种方式,承兑汇票一经交付,立即生效,并且不可撤销。

根据英国《1882年票据法》规定,承兑可分为普通承兑和限制性承兑两种类型。普通承兑,也称为单纯承兑,是指付款人全盘同意出票人命令的承兑,即由付款人在汇票上注明"承兑"字样并签名确认,除此以外没有任何附加条件。限制性承兑,也称为保留承兑,是指付款人虽然同意付款,但在付款的时间、地点、金额、方式、当事人等汇票要件方面作出了不同于出票人指示的变动,因此付款人并非完全同意按票面文义承担其责任,而是按其自愿的方式承担责任。常见的限制性承兑分为以下几种:

(1)有条件承兑

有条件承兑(Conditional Acceptance)是指付款人在承兑时加注附加条件,最终付款与否取决于该条件是否得到满足,如图2.9所示。

```
Accepted
Payable on delivery of bill of lading
Adam Smith
signature      Date:
```

图 2.9 有条件承兑

有条件承兑改变了汇票"无条件付款"的性质。有条件承兑实质上就是有条件付款承兑。

Q&A 2.4 有条件背书与有条件承兑的区别

Q:有条件背书的语句是"Pay to the order of XYZ on delivery of B/L No.123",有条件承兑的语句是"Accepted, payable on delivery of bill of lading",从字面上看,两者非常相似。那么,有条件背书和有条件承兑之间有何区别?

A:有条件背书是对票据的转让附加条件,有条件承兑则是对票据的付款附加条件,两者的区别如表2.7所示。

表 2.7 有条件背书和有条件承兑的区别

类型	设置条件的主体	受该条件限制的当事人	该条件的作用	对汇票流通性的影响
有条件背书	汇票的转让人	当次受让人	使汇票转让附加条件	仅使当次转让受限制,对以后的转让无影响
有条件承兑	汇票的受票人	当前持票人	使汇票付款附加条件	改变汇票付款的无条件性,使流通终止

(2)部分承兑

部分承兑(Partial Acceptance)是指付款人只对票面金额的一部分作出承兑。例如,对于金额为USD 10 000的远期汇票,部分承兑的格式如图2.10所示。

```
Accepted
Payable for amount of USD 5 000 only
signature      Date:
```

图 2.10 部分承兑

部分承兑改变了汇票的付款金额。部分承兑实质上就是部分金额承兑(Partial Amount Acceptance)。

(3) 限制地点承兑

限制地点承兑(Local Acceptance)是指受票人承兑时对付款地点加以限制。通常以"only"结尾,如图2.11所示。

```
Accepted
Payable at Bank of China, Shanghai Branch only
```

图 2.11　限制地点承兑

需要特别注意的是,如果付款行的后面没有"only",则视为普通承兑,如图 2.12 所示。

```
Accepted
Payable at Bank of China, Shanghai Branch
```

图 2.12　普通承兑

(4) 改变付款期限承兑

改变付款期限承兑(Time Qualified Acceptance)是指承兑人同意的付款到期日不同于票面规定的到期日。例如,出票后 60 天付款的汇票,承兑时写成出票后 90 天付款。

关于限制性承兑的几点说明:

第一,限制性承兑可以视同退票,持票人有权拒绝接受,并对前手进行追索。

第二,如果持票人未经前手同意就接受限制性承兑,事后也未得到前手认可,前手就可以解除其对汇票的责任。

第三,如果持票人接受限制性承兑,向前手发出通知,被通知的前手必须在合理时间内表示同意或不同意,若未能及时表态,则以默认处理。

5. 付款

付款(Payment)是指持票人进行付款提示时,受票人或承兑人支付票款的行为。付款是票据流通过程的终结,是汇票上所列债权债务的最后清偿。经受票人或承兑人正当付款后,汇票即被解除责任。受票人、承兑人之外的其他当事人(如出票人或背书人)对持票人支付票款,则汇票上的债权债务不能视为最后清偿。所谓"正当付款"(Payment in due course)是指在汇票到期日或其后由受票人或承兑人对持票人作出的善意的付款。构成正当付款有几个条件:

(1) 必须出于善意,即受票人或承兑人不知道持票人权利的缺陷;
(2) 付款对象是持票人,即承兑人鉴定了背书的连续性;
(3) 在汇票到期日或其后付款;
(4) 由受票人或承兑人支付。

6. 退票

当持票人进行付款提示或承兑提示时,遭到受票人或承兑人拒绝,均称为退票(Dishonor),也称为拒付。退票分为实际退票和推定退票。前者指持票人实际提示时,受票人或承兑人不愿意或无能力进行付款或承兑;后者指付款人避而不见或纯属虚构,从而无法找到付款人,或者付款人、承兑人已经死亡或宣告破产,则按票据法规定可免于提示,直接作为退票处理。

持票人遭到退票后,可以行使追索权来保护自己,有权向背书人和持票人追索票款。

7. 退票通知

退票通知(Notice of Dishonor)是指持票人向追索对象告知退票事实的行为,以便让其作好准备。发出退票通知有两种方法:逐一通知直接前手,直至收款人;或者同时通知全体前手。表2.8概括了世界重要的票据法对于退票通知延误或未发出的后果的规定。

表2.8 退票通知的期限及延误后果

各种票据法	通知期限	延误通知的后果
中国票据法	收到退票有关证明起3日内	仍可行使追索权,对前手的损失应予赔偿
日内瓦统一汇票本票法公约	做成拒绝证书后4个营业日内	仍可行使追索权,对前手的损失应予赔偿
英国票据法	同城前手:退票当日送达 异地前手:退票当日或最近班次寄出	持票人丧失对所有前手的追索权
美国票据法	银行:退票当日午夜前发出 其他当事人:第3个营业日午夜前发出	背书人:可以解除对持票人的责任 出票人:责任的解除取决于他因延误通知遭受的损失

资料来源:周继忠(1997,pp.38—39)。

8. 拒绝证书

拒绝证书(Protest)是由拒付地点的公证机关或其他有权公证的当事人出具的证明汇票退票事实的书面文件,是证明退票的法律文件(周继忠,1997,p.39)。

英美票据法规定,国内汇票遭到退票时,拒绝证书不是行使追索权的必需文件,但国外汇票遭到退票时,拒绝证书则是行使追索权的必需文件。《日内瓦统一汇票本票法公约》规定,拒绝证书是汇票退票后持票人行使索赔权的必需文件。中国《票据法》规定,如持票人不能取得该证明的,可由人民法院或有关行政主管部门的处罚决定作为拒绝证书。

9. 追索

追索(Recourse)是指持票人在票据被退票时,对背书人、出票人及其他票据债务人请求偿还票款及其他有关费用的行为(徐秀琼,1997,p.45)。一般而言,成为追索者,必须满足四个条件:

(1)提出追索者必须是持票人。追索权是持票人的权利,只有通过合格的票据记载和连续有效的背书方能确保最后当事人的持票人地位。

(2)持票人在遵循票据法规定的程序方面尽心尽责。即持票人严格按照票据法的规定作正式的提示,在退票时及时发出退票通知,并制作拒绝证书,只有这样才能保全追索的资格。

(3) 持票人在采取若干票据行为时遵守票据法规定的时效,也就是说,做到了"守时"。

追索金额由三个部分组成:汇票金额;到期日至付款日的利息;制作退票通知、拒绝证书等的费用。除非票据有免除的记载,持票人有权向前手收取这些费用(徐秀琼,1997,pp.45—46)。

关于追索的先后顺序,可以采取以下方式:① 持票人可以按顺序向自己的前手追索;② 向任何单个票据债务人(背书人、承兑人、出票人)追索;③ 同时向数个或全体债务人追索。

在很多情况下,持票人都直接向出票人追索。因为未获得承兑的汇票以出票人为第一债务人(主债务人),已获承兑而遭到拒付的汇票以出票人为第一从债务人。在承兑人拒付的情况下,出票人在偿付追索款项后,如果与承兑人之间有资金关系,则可以向承兑人追索,甚至向法院起诉承兑人。

若按顺序追索,则债务人的先后顺序如图2.13所示。

未承兑汇票:
持票人→持票人前手……第二背书人→收款人(第一背书人)→出票人(主债务人)
已承兑汇票:
持票人→持票人前手……第二背书人→收款人→出票人→承兑人(主债务人)

图2.13 追索的先后顺序

(4) 持票人行使追索权时还应注意追索时效。英国票据法规定:追索期为拒绝证书作成日起算6年,逾期则追索权失效,所有票据债务人的责任宣告消灭。

《日内瓦统一汇票本票法公约》规定:持票人对承兑人的追索效期为到期日起算3年,持票人对任一前手追索时效为从到期日或拒绝证书日起算1年,背书人相互间和对出票人的追索时效为从其接受并清偿汇票之日起算6个月(徐秀琼,1997,p.46)。

10. 参加承兑及参加付款

当汇票因未获得承兑或付款而遭到退票时,持票人就会向前手进行追索,这样就会使被追索的当事人的资信受到损害。为了维护这些债务人的信誉,使其免受追索,由汇票非债务人在持票人的同意下参加承兑汇票或支付票款,就分别构成了参加承兑(Acceptance for honor)和参加付款(Payment for honor)(徐秀琼,1997,p.47)。

参加承兑人应在汇票上载明被参加承兑人的名称、日期并签字,如图2.14所示。

```
Accepted for honor
of _____
signature   Date：
```

图2.14 参加承兑

参加承兑和参加付款的目的相同,都是维护汇票上当事人的信誉,但参加付款人无须征得持票人同意,而且是在汇票遭到拒付时才发生的票据行为(王学惠、王可畏,2009,p.34)。

11. 保证

保证(Guarantee/Aval)是指非汇票债务人对汇票债务人的债务作出担保的行为。保证人为出票人、背书人、承兑人、参加承兑人等被保证人担保时,他们承担的责任与被保证人完全相同。如果受持票人追索并清偿,保证人可凭票据,向被保证人及其前手行使持票人的追索权。

保证人必须在汇票正面签名,同时注明被保证人及日期。仅在票面上签名,而签名人不是出票人和承兑人时,即构成保证行为。如未载明被保证人名称,则以付款人作为被保证人。

五、汇票的种类

按照不同的划分标准,通常汇票可以分为以下一些类型:

(一) 银行汇票 vs. 商业汇票

按出票人和受票人的不同,汇票分为银行汇票(Banker's Draft)和商业汇票(Commercial Draft)。

银行汇票是银行对银行签发的汇票,多为光票。在国际结算中,银行签发汇票后,一般交汇款人寄交国外收款人向指定的付款银行提示付款。出票银行将付款通知书寄国外付款银行,以便其在收款人持票提示时核对,核对无误后付款。汇款方式中的票汇使用的就是银行汇票。

商业汇票是企业或个人向企业、个人或银行签发的汇票。商业汇票通常由出口人开立,向国外进口人或银行收取货款时使用,多为随附货运单据的汇票。在国际结算中,商业汇票使用较多。银行汇票与商业汇票的区别如表2.9所示。

表2.9 银行汇票与商业汇票的区别

汇票种类	出票人	受票人	信用基础
银行汇票	银行	银行	银行信用
商业汇票	工商企业/个人	不限	商业信用

(二) 即期汇票 vs. 远期汇票

按付款时间不同,汇票分为即期汇票(Sight Draft, Demand Draft)和远期汇票(Time Draft, Usance Draft)。

即期汇票是持票人提示时付款人立即付款的汇票;远期汇票是在未来的特定日期或一定期限内付款的汇票。即期汇票与远期汇票的付款期限及其表述如表2.10所示。

表 2.10　即期汇票和远期汇票的付款期限

汇票种类	付款期限	付款期限的表述
即期汇票	见票即付	At sight pay On demand pay Upon presentation of this exchange pay
远期汇票	按出票日期推算 按见票日期推算 按跟附单据日期推算 固定日期	At 30 days after date At 30 days after sight At 30 days after B/L date

（三）商业承兑汇票 vs. 银行承兑汇票

按承兑人的不同，汇票分为商业承兑汇票（Commercial Acceptance Draft）和银行承兑汇票（Banker's Acceptance Draft）。

商业承兑汇票是企业或个人承兑的远期汇票，托收方式中使用的远期汇票即属于此种汇票；银行承兑汇票是银行承兑的远期汇票，信用证中使用的远期汇票即属于此种汇票。这两种汇票的区别如表 2.11 所示。

表 2.11　银行承兑汇票和商业承兑汇票的区别

汇票种类	承兑人	信用基础
银行承兑汇票	银行	转化为银行信用
商业承兑汇票	工商企业/个人	仍然是商业信用

（四）光票 vs. 跟单汇票

按有无附属单据，汇票分为光票（Clean Draft）和跟单汇票（Documentary Draft）。

光票是不附带货运单据的汇票，常用于运费、保险费、货款尾数及佣金的收付；跟单汇票是附带商业单据的汇票，它在出票人的信用之上还增加了货物的保证。这两种汇票的区别如表 2.12 所示。

表 2.12　光票和跟单汇票的区别

汇票种类	是否附带商业单据	通常是
光票	否	银行汇票
跟单汇票	是	商业汇票

（五）直接汇票 vs. 间接汇票

按照付款地与承兑地是否相同，汇票分为直接汇票（Direct Draft）和间接汇票（Indirect Draft）。直接汇票的付款地与承兑地在同一地点。间接汇票的付款地与承兑地不在同一地点。例如，承兑人的住所在纽约，却在芝加哥付款。直接汇票与间接汇票的区别如表 2.13 所示。

表 2.13　直接汇票和间接汇票的区别

汇票种类	承兑地点与付款地点
直接汇票	相同
间接汇票	不同

需要说明的是,一张汇票可以同时具备上述多个类别汇票的特征。比如,一张汇票可以是远期跟单汇票,或者是银行即期汇票。

Q&A 2.5　汇票的演变

Q:汇票出现之后,经历了怎样的演变呢?

A:汇票被誉为有价证券之父(沈瑞年等,1999,p.45),汇票不仅衍生出支票、本票等以获得钱款支付为目的的金融票据(即结算工具),而且衍生出提单等广义票据。汇票最早出现于 11—12 世纪的兑换商时期,目的是使对金钱的索偿权与占有相分离。用兑换证书(Bill of Exchange)的异地转移取代金银的异地转移,用以弥补金银的汇兑功能的空间移动缺陷,故称汇兑功能是金融票据的原始功能。汇票经历了下述路径的演变。

其一,基本当事人特定化。汇票对三个基本当事人(出票人、受票人、收款人)的身份没有任何限制。将汇票的出票人限定为银行存款人、受票人限定为银行以后,就演变成支票,所以说支票是汇票的一个特例。事实上,在最早的英国《1882 年票据法》中,将支票包括在汇票范围内。支票电子化就演变成借记卡。

其二,票据性质改变。汇票是出票人签发的要求受票人付款给收款人的无条件书面支付命令,将要求他人付款的书面命令这一票据性质改变为保证出票人自己付款的书面承诺,就演变成本票。银行本票电子化就演变成贷记卡。

其三,票据目的改变。汇票、支票和本票的目的都是使对金钱的索偿权与占有相分离,将票据目的改变为对货物的所有权与占有相分离,就演变成提单。用交付提单取代交付货物,使得货物在运输过程中其所有权仍可进行转让与交割,并将日常生活中"一手交钱、一手交货"的钱货交割方式移植到票据结算中,形成"凭付款交单"的款单交割方式。

第三节 支票和本票

一、支票

（一）支票的定义

澳大利亚《1986 年支票法》对支票的定义[①]如下：

A cheque is an unconditional order in writing that：

(a) is addressed by a person to another person, being a financial institution; and

(b) is signed by the person giving it; and

(c) requires the financial institution to pay on demand a sum certain in money.

上述定义的中文译文如下：

支票是无条件书面命令：

(a) 该命令由一人以另一人即金融机构[②]作为受票对象；并且

(b) 该命令由发出命令的人签字；并且

(c) 该命令要求金融机构见票时支付确定数额的钱款。

上述支票定义包含了以下两个方面的基本内容：

1. 基本当事人

（1）出票人：签发支票的当事人，是银行的存款人；

（2）受票人：又称付款人，是出票人的开户银行；

（3）收款人：受领支票金额的当事人。

2. 付款期限

支票的付款期限只有见票即付一种，即"即期付款"。

对比汇票与支票的定义，不难看出，支票是汇票的特例，其特殊性体现在：

（1）基本当事人的特定化：将受票人限定为出票人的开户银行，也就是将出票人限定为银行的存款人；

（2）付款期限限定为即期。

支票的定义最早源于英国《1882 年票据法》，该法将支票包括在汇票范围内，并声明：除非另有规定外，凡适用于凭票即付之汇票之本法条文也适用于支票。

英国《1882 年票据法》第 73 条对支票的定义如下[③]：

A cheque is a bill of exchange drawn on a banker payable on demand. 支票是以银行作为受票人的即期汇票。

1957 年，英国又公布了《支票法》，共 8 条。该法并没有对支票进行完备的定义，实际

---

① 澳大利亚《1986 年支票法》（Cheques Act 1986）全文可在澳大利亚政府网站查阅，http://www.comlaw.gov.au，该法对支票的定义载于 http://www.comlaw.gov.au/comlaw/Legislation/ActCompilation1.nsf/0/879CFC702A30E7CBCA257368000D4A76/$file/Cheques86.pdf

② 按照澳大利亚《1986 年支票法》的相关注释，此处金融机构主要指银行。

③ 英国《1882 年票据法》对支票的定义载于 http://www.opsi.gov.uk/RevisedStatutes/Acts/ukpga/1882/cukpga_18820061_en_4#pt3-l1g73

上只是《1882 年票据法》的补充。

综上所述,支票是以银行存款户为出票人、以银行为受票人的即期汇票。

现在,支票在国际贸易中较少使用。

(二) 支票示例

示例 2.2　支票①

```
                THE HOKUETSU BANK, LTD.
        Chuo-ku, Tokyo      Date Oct, 5, 2015    Ref DD78040839
                            USD37 000.00
Pay against this
check to the order of EVERGREEN COUNTRY CLUB CO., LTD (SHANGHAI) the sum of
US DOLLARS THIRTY SEVEN THOUSAND ONLY
TO : MARINE MIDLAND BANK, N. A.
     Marine Midland Building            THE HOKUETSU BANK, LTD.
     140, Broadway                       INTERNATIONAL DIVISION
     New York
     NY 10015 USA                       Authorized Signature:
```

【解读】
出票人:The Hokuetsu Bank, Ltd.
受票人:Marine Midland Bank, N. A.
收款人:Evergreen Country Club Co., Ltd (SHANGHAI)

(三) 支票的必要项目

支票必须满足一定的形式要件才有效,构成支票的必要项目有:

(1) 写明"支票"字样;
(2) 无条件支付命令;
(3) 付款银行名称和地点;
(4) 出票人名称和签名;
(5) 出票日期和地点(未载明出票地点者,出票人名称旁的地点视为出票地);
(6) 写明"即期"字样(未写明即期者,仍视为见票即付);
(7) 一定金额;
(8) 收款人或其指定人(未载明收款人的支票视为来人支票)。

出票人签发的支票金额超过其付款时在付款人处实有的存款金额的,称为空头支票(Dishonorable Check)。中国《票据法》规定,禁止签发空头支票。支票限于见票即付,持票人应当自出票日起十日内提示付款。超过提示付款期限的,付款人可以不予付款;付款人不予付款的,出票人仍应当对持票人承担票据责任。

---

① 引自徐秀琼(1996,示样(2))。

（四）支票的种类

1. 一般支票

一般支票(Uncrossed Check)等同于开放支票(Open Check)，指支票上面没有划线的支票是一般支票。既可以用来转账，也可以用来提取现金。

2. 划线支票

划线支票(Crossed Check)也称平行线支票，票面上带有两条平行横线。

划线支票只能通过转账付给代收银行，是针对一般支票易于被他人冒领现金的缺点而设计的。由于划线支票是通过银行转账收款而不是解付现金，因此即使被他人冒领，支票的真正所有人也可以通过银行代收的线索，追查冒领者的账户，追回被冒领的款项。划线支票的基本作用，在于保护真正所有人的利益。

划线支票有普通划线支票(General Crossing)和特别划线支票(Special Crossing)之分。普通划线是指支票正面有两条平行线，但没有记载特定的银行或其他金融机构名称的支票；出票人和持票人都可以划线。特别划线是指支票正面的两条平行线之间加有指定银行名称，表明该支票金额只能由该银行代为收款；格式为：划线 + 银行名称。

划线方式有以下几种：

（1）划线 + 无加注；

（2）划线 + banker(银行)；

（3）划线 + & Co.(和公司)；

（4）划线 + not negotiable(不得流通)；

（5）划线 + Account payee(只准转入收款人账户)。

详细划线方法如图 2.15 所示。

(1)	(2)	(3)	(4)	(5)
———	banker	& Co.	not negotiable	Account payee

图 2.15　支票的划线方式

资料来源：王学惠、王可畏(2009，p.44)。

3. 保付支票

保付支票(Certified Check)是指银行在支票上加盖"保付"(Certified)戳记的支票。

"Certify"的字面意思是"核实"，即银行已核实出票人有足够存款，从而承担保证付款的责任。见票后，银行会立即将支票金额从出票人账户中划出。

支票保付后，银行对支票承担唯一的付款责任，出票人、背书人均免于被追索。

美国《统一商法典》将保付定义为：保付支票是指经过付款银行承兑的支票。但承兑一般是指远期汇票中的票据行为，因此，保付是一种准承兑行为。

（五）支票的止付

支票的止付是指出票人在支票解付以前撤销该支票的行为(徐秀琼，1997，p.61)。

苏宗祥(2004，p.57)和徐秀琼(1997，p.61)认为，出票人止付支票，可以出于下列原因：① 出票人签发的支票在交付给收款人之前遗失或被窃；② 收款人收到的支票遗失或被窃；③ 出票人认为收款人不愿或不能履行支票所对应的合同。

二、本票

本票(Promissory Note)与汇票都是金融票据,汇票的票据行为如出票、背书等也适用于本票。但本票与汇票从涵义到当事人等方面有着重大区别。

(一) 本票的定义

英国《1882年票据法》对本票的定义①如下:

A promissory note is an unconditional promise in writing made by one person to another, signed by the maker, engaging to pay, on demand or at a fixed or determinable future time a sum certain in money to, or to the order of, a specified person, or to bearer.

上述定义的中文译文为:

本票是一人向另一人所作的无条件书面承诺,由作出承诺的人签字,保证见票时或者在将来的固定时间或可以确定的时间,将确定数额的钱款支付给某人或其指定的人或持票人。

中国《票据法》第七十三条将本票定义为:本票是出票人签发的,承诺自己在见票时无条件支付确定的金额给收款人或持票人的票据。

(二) 本票的基本当事人

本票的当事人只有两个:签票人(Maker)和收款人(Payee)。签票人就是签发本票的人,是本票的主债务人,也是付款人。收款人是受领本票的人,也可以通过背书转让该本票。由于本票属于自付票据,没有付款人的记载,签票人自始至终承担第一付款人的义务(王学惠、王可畏,2009,p.39)。

本票的收款人有三种填写方式:

(1) 某人;
(2) 某人指定的人;
(3) 持票人。

有的银行发行见票即付、不记载收款人的本票或是来人抬头的本票,它的流通性与纸币相似。中国所指的本票仅指银行签发的本票,工商企业和个人不能签发本票。

本票的付款期限有三种情况:

(1) 见票时(即期);
(2) 固定的将来时间(如2018年10月1日);
(3) 可以确定(推算)的将来时间(如见票后30天)。

中国《票据法》第七十八条规定:本票自出票日起,付款期限最长不得超过2个月。

(三) 本票的必要项目

本票的必要项目包括:

(1) 写明"本票"字样;

---

① 英国《1882年票据法》对本票的定义载于 http://www.opsi.gov.uk/RevisedStatutes/Acts/ukpga/1882/cukpga_18820061_en_5#pt4-l1g88

(2) 无条件支付承诺；
(3) 收款人或其指定人；
(4) 制票人签名；
(5) 出票日期和地点（未载明出票地点者，出票人名称旁的地点视为出票地）；
(6) 付款期限（未载明付款期限者，视为见票即付）；
(7) 一定金额；
(8) 付款地点（未载明付款地点者，出票地视为付款地）。

Q&A 2.6　本票与汇票的异同

Q：本票的定义是："出票人签发的，承诺自己在见票时无条件支付确定的金额给收款人或持票人的票据。"汇票的定义是："出票人签发的，委托付款人在见票时或者在指定日期无条件支付确定的金额给收款人或者持票人的票据。"两者从定义上来看有很多相似的成分，那么，本票与汇票有什么区别呢？

A：从本票的定义和内容来看，似乎与汇票差不多。例如：两者都可以流通转让，金额都是确定的并且是无条件的，都是书面的文件，收款人可以记名也可以不记名。所以，汇票的许多规定也适用于本票。就连当事人名称也相似，都有收款人和出票人。

但是，本票与汇票仍然有非常大的区别，它们是关于不同当事人的不同书面文件。首先，从票据性质上来说，本票是债务人给债权人的无条件支付承诺，汇票是债权人给债务人的无条件支付命令。

此外，它们的当事人也不同。汇票的当事人有三个：出票人、收款人和受票人；而本票当事人只有两个：出票人和收款人。而且本票的出票人往往是债务人，汇票的出票人往往是债权人。

（四）本票的种类

1. 商业本票

工商企业或个人签发的本票称为商业本票（Trader's Notes）。由于它建立在商业基础上，所以信用较低。中国《票据法》规定，只有银行可以签发本票，工商企业或个人不能签发本票。

苏宗祥等（2008，pp.48—56）表明：美国较大的公司可签发远期商业本票，在美国被称为"商业票据"（Commercial Papers）。它是由美国工商企业或金融机构发行的，无抵押品保证的远期本票。发行单位承诺将于到期日支付票面金额给持票人，而不提供任何资产保证，只凭其现有的清偿能力、盈利能力保证到期日一定偿还票款。

美国工商企业拟向美国资金市场筹措资金时，它们就向资金市场发行商业票据。商业票据经市场投资人购买后，资金流向发行企业，供其使用，待票据到期日，发行人即支付票款，偿还投资人。

商业票据不记收款人名称，仅注明"付给来人"。凡是买入商业票据的投资人，就是来人,他可以将商业票据持有至到期日,凭票取款,也可以在到期日之前拿到市场出售。

示例2.3　普通商业本票

PROMISSORY NOTE

£ 60 000.00　　　　London,　15th　May, 2015

Three months after date I promise to pay John Tracy or order the sum of SIXTY THOUSAND POUNDS for value received.

　　　　　　　　　　　　　　　　　　　　　　　　　　　　　William Taylor

---

2. 银行本票

商业银行签发的本票称为银行本票(Banker's Notes)。在现代经济生活中,某些发达国家和地区,一些没有银行支票账户的顾客,他们往往会请银行开立本票,用来购买诸如楼房、珠宝、汽车等贵重物品。这种本票以卖方作为抬头。也有采用储户抬头的本票,这种本票多用来过户,将存款从一个户头转入另一个户头。人们还用这种本票支付税款、租金、水电费等。这种银行本票实际上是储户向银行提取现款的工具(贺瑛,2006,p.68)。

示例2.4　银行本票①

ASIAN INTERNATIONAL BANK, LTD.

18 Queen's Road, Hong Kong

CASHIER'S ORDER

Hong Kong, 8th August, 2015

Pay to the order of Dockfield & Co.

the sum of Hong Kong Dollars Eighty Thousand and Eight Hundred only.

　　　　　　　　　　　　　　　For Asia International Bank, Ltd.

　　　　　　　　　　　　　　　HK $80 800.00

　　　　　　　　　　　　　　　Manager

---

3. 国际小额本票

国际小额本票(International Money Order)是由设在货币清算中心的银行作为签票行,发行该货币的国际银行本票,交给购票的记名收款人持票,邮寄给该货币所在国以外的出口商,以支付小额货款,出口商将本票提交当地任何一家愿意兑付的银行,经审查合格,即可垫款予以兑付。兑付行将国际小额本票寄货币清算中心的代理行,经票据交换,收进票款归垫。代理行如有签票行账户,即可借记账户归垫。

清算中心是国际清算中货币发行国对该货币进行最终清算的所在地。例如,美元的清算中心在纽约,英镑的清算中心在伦敦,日元的清算中心在东京。

---

① 引自吴百福(1999, p.239)。

示例2.5　国际小额本票①

```
         INTERNATIONAL MONEY ORDER
         MANUFACTURERS HANOVER TRUST COMPANY
                 NEW YORK, N.Y. 10015

PAY TO THE
ORDER OF _____       Place:_____ Date:_____
                                PAY AT YOUR BUYING RATE
                                FOR EXCHANGE ON NEW YORK
                                  UNITED STATES DOLLARS
                                    George D. Schiela
                                NOT VALID UNLESS COUNTER
                                      SIGNED ABOVE

Maximum of two thousand five hundred
(USD2 500.00) U.S. Dollars             Henry C. Prahel
                                    AUTHORIZED SIGNATURE
MANUFACTURERS HANOVER TRUST CO.
NEW YORK, N.Y. 10015
```

【解读】

签票人：MANUFACTURERS HANOVER TRUST COMPANY（制造商汉诺威信托银行）

收款人：记名购票人

兑付银行：必定在美国境外，故票面上说"按你行（兑付行）在纽约票据市场的买入价支付美元"

金额限额：USD2 500.00

实付金额：未填写

期限：未写明，视同即期

Q&A 2.7　国际小额本票 vs. 进口商签发的支票

Q：在小额货款支付中，出口商为什么要求进口商提供国际小额本票而不是进口商自己签发的支票？

A：这既是一个信用等级的差异问题，也是一个收款周期的长短问题。进口商自己签发的支票属于商业信用，国际小额本票则属于银行信用。进口商自己签发的支票，出口商收款时间周期很长，而国际小额本票通常可以由出口商在本地的兑付银行即期兑付。因此，出口商通常要求进口商提供国际小额本票而不是进口商自己签发的支票。

---

① 引自苏宗祥、徐捷(2009，p.31)。

4. 旅行支票

旅行支票(Traveller's Cheque)是由银行或专门金融机构印制、以发行机构作为最终付款人、以可自由兑换货币作为计价结算货币、有固定面额的票据。

旅行支票是一种定额本票,供旅客购买和支付旅途费用,它与一般银行汇票、支票的不同之处在于旅行支票没有指定的付款地点和银行,一般也不受日期限制,能在全世界通用,客户可以随时在国外的各大银行、国际酒店、餐厅及其他消费场所兑换现金或直接使用,是国际旅行常用的支付凭证之一。

旅行支票具有双重性:既是本票,又是支票。从付款人就是签票人这一点来看,旅行支票具有本票的性质。购票人在签票行存有无息存款,兑付旅行支票等于支取此存款,从这一点来看,旅行支票又具有支票的性质。

购票时购票人当着签票行职员的面,在支票上初签,然后带到国外。需要兑付时,购票人在付款代理行当着职员的面,在支票上复签,代理行核对复签与初签相符,即予以付款,但要扣除贴息。由于旅行支票的兑付需要购票人在兑付行当面复签,故旅行支票的首要用途是在旅行携款中防盗、防遗失。

示例 2.6 旅行支票①

```
                TRAVELLERS CHEQUE FOR TWENTY DOLLARS
$20                                                                          $20
                                              Place:_____  Date:_____
    _____
    COUNTER-SIGN HERE IN THE PRESENCE OF PAYING CASHIER    PLACE AND DATE
                       THOS. COOK & SON (BANKERS) LTD.
                              NEW YORK AGENCY
             UPON PRESENTATION OF THIS CHEQUE COUNTERSIGNED
             BY THE PERSON WHOSE SIGNATURE IS SHOWN BELOW WILL
         Pay to the Order of _____
    | IN UNITED STATES     | IN OTHER COUNTRIES                          |
    | TWENTY DOLLARS  $20  | THE EQUIVALENT AT BANKERS BUYING RATE       |
    |                      | FOR SIGHT DRAFTS ON NEW YORK                |

    SIGNATURE                    For THOS. COOK & SON (BANKERS) LTD.
    OF HOLDER _____
                                         CHAIRMAN
```

Q&A 2.8 国际小额本票的双重性

Q:国际小额本票也是由购票人将票款预先支付给签票行,那么,国际小额本票是否像旅行支票一样,也具有本票和支票的双重性?

---

① 引自苏宗祥、徐捷(2009,p.32)。

A:现有教材只阐述旅行支票具有本票和支票的双重性,极少阐述国际小额本票也具有本票和支票的双重性。从付款人就是签票人这一点来看,国际小额本票具有本票的性质。购票人的购票款就是他在签票行的无息存款,兑付国际小额本票等于支取此存款,从这一点来看,国际小额本票又具有支票的性质。

Q:国际小额本票与旅行支票的主要区别是什么?

A:从首要用途上看,国际小额本票用于支付小额货款;旅行支票用于旅行携款中防盗、防遗失。从票款上看,国际小额本票的金额为限额;旅行支票的金额为定额。从文句上看,国际小额本票是签票行向兑付行发出的付款命令,文句上偏向于支票;旅行支票是签票行向购票人发出的付款承诺,文句上偏向于本票。表2.14归纳了旅行支票、本票、支票和国际小额本票四者之间的异同。

表 2.14 旅行支票、本票、支票、国际小额本票对比

	基本当事人	付款期限	票面金额	兑付程序	性质	用途
旅行支票	① 签票行,也是付款人 ② 付款代理行(兑付行) ③ 购票人,既是存款人也是收款人	即期	多种定额	需要购票人初签及当面复签	兼具本票与支票的性质,文句偏向于本票	旅行携款中防盗、防遗失
本票	① 签票人 ② 收款人	即期/远期	由签票人决定,无特别限制	不需要初签及复签	付款承诺	信用
支票	① 出票人,即存款人 ② 受票人,即存款银行 ③ 收款人	即期	由出票人决定,无特别限制	不需要初签及复签	付款命令	支付
国际小额本票	① 签票行,也是付款人 ② 兑付行 ③ 购票人,既是存款人也是收款人	即期/远期	有最高限额	需要购票人初签及复签	兼具本票与支票的性质,文句偏向于支票	支付小额货款

5. 贷记卡与借记卡

贷记卡又称信用卡,是持卡人支取银行一定额度贷款的电子工具,是纸质银行本票的电子衍生物。

借记卡是持卡人支取自己活期存款的电子工具,是纸质支票的电子衍生物。

中国持卡人最常见的贷记卡标志有 Visa(维萨)、Master(万事达)、China UnionPay(银联),分别代表三个不同的信用卡组织。中国国有商业银行同时发行各种卡别的贷记卡。

美国、加拿大等国高校收取申请费、录取定金、学费,或国际航空公司收款,通常接受贷记卡及美、加银行的借记卡;实体店铺收款,一般既接受贷记卡,也接受借记卡。

贷记卡正面如图 2.16 所示。

贷记卡背面如图 2.17 所示。

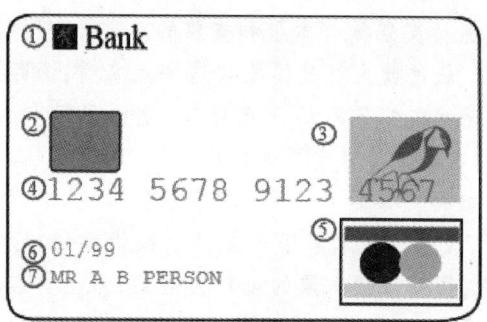

图 2.16 贷记卡正面

注:① 发卡机构(银行);② EMV 芯片;③ 防伪激光标记;④ 卡号;⑤ 贷记卡标志;⑥ 有效期限;⑦ 持卡人名字。

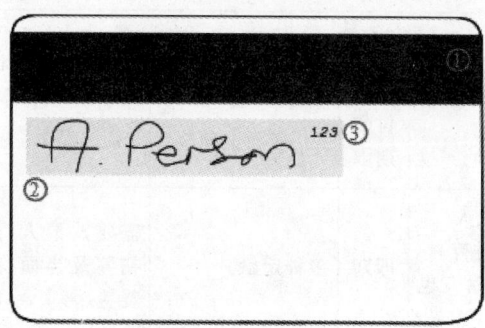

图 2.17 贷记卡背面

注:① 贷记卡磁条;② 持卡人签名栏;③ 贷记卡安全码。

6. 中央银行本票

中央银行本票(Central Banker's Notes),即纸币,俗称钞票,会计称现金。它原来是中央银行可兑换成金银铸币的不记名定额本票,后来转变成为由国家立法强制无限期流通的不兑换金银铸币(即现金)的纸币,人们逐步称纸币为"现金"(张燕玲,1994,pp.30、39)。

示例2.7 中央银行本票(港币)

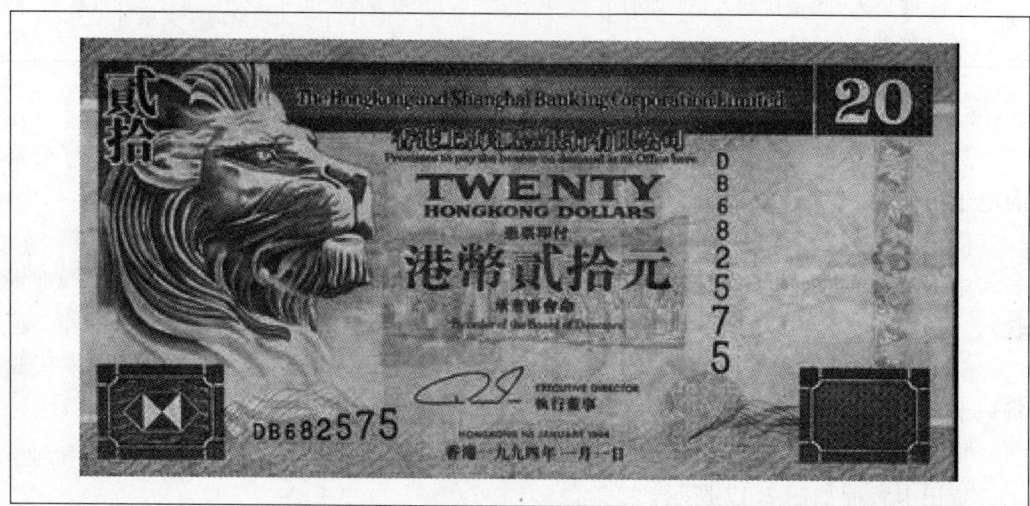

(五) 汇票、支票、本票比较

表 2.14 归纳了汇票、支票和本票所适用的票据行为。

表 2.14 汇票、支票、本票所适用的票据行为

票据行为	适用票据		
	汇票	支票	本票
出票、背书、提示、付款、退票、追索	√	√	√
承兑、参加承兑	√		
参加付款	√		√
划线、保付、止付		√	

以下从九个方面对汇票、支票和本票进行对比，如表 2.15 所示。

表 2.15 汇票、支票、本票对比

	汇票	支票	本票
主要功能	汇兑、支付、信用、流通	支付	信用
性质	无条件付款命令	无条件付款命令	无条件付款承诺
基本当事人	出票人△受票人　收款人	存款户△银行　收款人	签票人⇅收款人
主债务人	承兑前：出票人 承兑后：承兑人	保付前：出票人 保付后：保付银行	签票人
期限	即期/远期	即期	即期/远期
出票人"担保"的含义	担保受票人承兑/付款	担保自己在银行有足够的存款	承诺自己付款
受票人的拒付权利	即使有资金关系，也有权拒付	若有足够存款且未超过透支限额，银行无权拒付	无权拒付
特有票据行为	承兑、参加承兑	划线、保付、止付	无
张数	两张	单张	单张

本章小结

本章全面介绍了国际结算中使用的票据。如果票据可以通过流通转让方式进行转让，就成为金融票据。典型的金融票据有汇票、支票、本票。金融票据的主要性质是流通性、无因性和要式性。金融票据有汇兑、支付、信用和流通四大功能。在票据完成其债权债务清偿的整个过程中，涉及的主要当事人有出票人、受票人和收款人。此外，在票据流通过程中可能会引出一系列附属当事人，比如承兑人、背书人、被背书人、持票人、保证人等。在一定情况下，同一主体可能具备多重当事人的身份。

汇票不仅衍生出支票、本票等以获得钱款支付为目的的金融票据，即结算工具，而且衍生出提单等广义票据。票据的演变呈现出一定的规律。

三种金融票据在主要功能、性质、基本当事人、主债务人、期限、出票人责任、受票人的拒付权利、票据行为等方面不尽相同。

复习思考题

一、名词解释

狭义的票据　广义的票据　过户转让　交付转让　流通转让　汇票　本票　支票　贷记卡　借记卡　背书的连续性

二、简答

1. 简述票据三种转让方式的异同。
2. 简述金融票据的主要性质。
3. 简述金融票据的主要功能,并与金钱的相应功能进行比较。
4. 汇票有哪几种抬头？它们之间有何区别？
5. 背书有哪些类型？它们如何影响汇票的流通性？
6. 有条件背书与有条件承兑有何区别？
7. 银行汇票与银行承兑汇票的区别是什么？
8. 汇票如何演变成为其他票据？
9. 如何理解旅行支票具有本票和支票的双重性质？旅行支票与本票、支票的区别分别是什么？
10. 汇票和支票各有哪些特有的票据行为？
11. 简述汇票、本票、支票的主要区别。

第三章

商业单据

【学习目标】

- 了解国际结算单据的划分及各部分的作用
- 掌握海运提单的性质
- 理解海运提单的基本内容和类别
- 了解管辖提单的国际公约
- 了解空运单的基本内容
- 了解保险单的基本内容和基本当事人
- 了解杂项单据的基本内容

在《托收统一规则》(URC522)中,国际商会将国际结算单据划分为金融票据和商业单据。金融票据指汇票、本票、支票,或用于获得钱款支付的其他类似工具;商业单据指发票、运输单据、物权单据或其他类似单据,或者不是金融票据的任何其他单据。国际结算单据的分类如图 3.1 所示。本书第二章已详细讨论金融票据,本章将讨论商业单据。

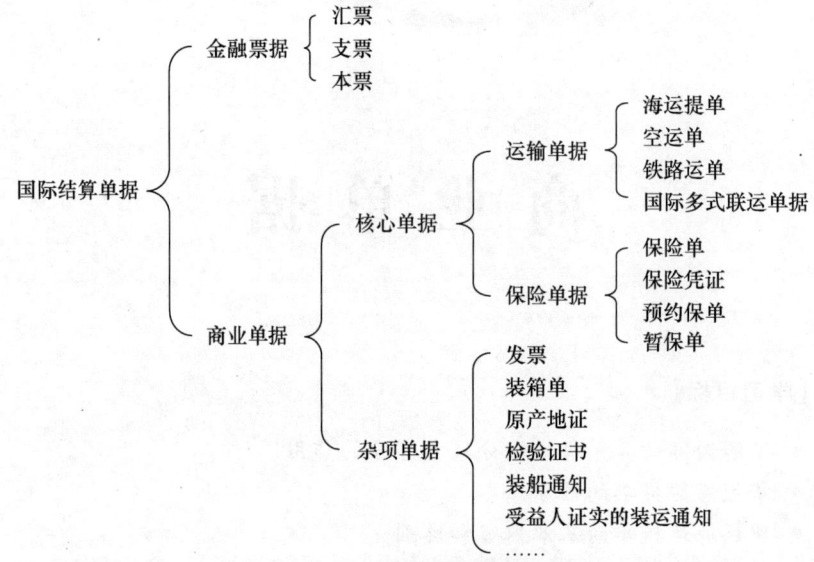

图 3.1 国际结算单据分类

如第二章所述,金融票据,尤其是汇票,用于金钱索偿权的转让。金融票据都是以实现金钱流通为目的的工具。在商业单据中,提单、保险单都是广义票据,系权属单据,提单用于货物所有权的转让,保险单用于货物保障权的转让,而发票、装箱单却不是权属单据,主要用于货物状况的描述。商业单据都是以实现货物流通为目的的工具。本章重点讨论海运提单、空运单和保险单。

第一节 海 运 提 单

海运提单是运输单据的一种。根据运输方式的不同,运输单据包括由船公司或其代理人签发的运提单,由铁路部门签发的铁路运单,由航空公司签发的空运单,由邮局或快递公司签发的邮包收据,由多式运输营运人签发的联合运输单据等。运输单据由承运人签发给出口商,证明货物已经发送,或已装上运输工具,或已由承运人监管的文件。其中,海运提单还是物权凭证,因此它是国际结算中最重要的商业单据(贺瑛,2006,p.245)。

一、海运提单的概念

海运提单的原文是"Ocean Bill of Lading"("lade"即"load",指装船、装载货物),字面意思是海运装船证书,中国称为海运提单,简称提单,即提货凭证的意思。海运提单是承运人在收到货物或货物装船后签发给托运人、约定将该货物运往目的地交给提单持有人的物权凭证。

上述定义有如下含义:
(1) 提单是承运人签发给托运人的单据;
(2) 签发提单的时间必须是在承运人接管货物或货物装船之后;
(3) 承运人保证将货物运往目的地、并将货物交付提单持有人;
(4) 提单是货物所有权凭证。

二、海运提单的性质

1. 提单是承运人收到并接管货物的收据(Receipt for the goods by the carrier)

提单是承运人签发给托运人的收据,承运人确认已按提单上所记载的标志、数量以及货物外包装状况收到货物,从而承运人就有责任在正常情况下按提单所列明的情况向收货人交付货物。

2. 提单是代表货物所有权的凭证(Document of title)

提单是物权凭证,即提单代表了货物,提单的转让等同于货物所有权的转让。如第二章 Q&A 2.5 所述,汇票、支票和本票的目的都是使对金钱的索偿权与占有相分离,而提单的目的则是使对货物的所有权与占有相分离,使得货物在运输过程中其所有权仍可进行转让与交割。

3. 提单是承运人与托运人之间运输合同的证明(Evidence of contract of carriage)

提单虽然对承运人与托运人之间的权利与义务作出种种规定,但不能视为合同。这是因为:一方面,合同是双方当事人就权利和义务达成的一致意见,而提单由承运人签发,只有承运人单方面的签字;另一方面,托运人与承运人的确另外签订有运输合同。因此,提单本身并不是承运人与托运人之间的运输合同,而是运输合同的证明。

三、海运提单的当事人

(一) 基本当事人

签发提单时,提单上载明的当事人通常有四个:

1. 承运人

承运人(Carrier)通常就是船方,即船舶所有人,或者租船人(租用船舶经营运输业务的人)。信用证项下的提单,必须是具名的承运人或其代理人签发的提单。

2. 托运人

信用证项下提单上的托运人(Shipper/Consignor),通常是信用证的受益人,也可以是受益人以外的第三者。

3. 收货人

收货人(Consignee)一栏,习惯上称为提单的抬头。收货人通常由托运人指定。信用证项下的提单,通常不注明收货人具体名称,而注明"to order",这在国际贸易实践中使用最多,习惯上称为"空白抬头"。

4. 被通知人

空白抬头的提单,由于没有具体收货人的名称、地址,提单必须要有被通知人(Notify Party)的记载,以便承运人将到货的情况通知被通知人,被通知人再转告提货人。这一栏通常填写进口商或其代理人。提单示例3.1中的被通知人一栏就是进口商的名称和地址。

(二) 海运提单转让过程中的当事人

1. 背书人

提单的背书人就是提单的转让人,他可以通过背书来转让提单。

2. 被背书人

提单的被背书人就是提单的受让人,也是提单的转让对象。在一份记名指示背书的提单中,既要书写背书人的名称、地址,又要书写被背书人的名称、地址。在空白抬头提单中,第一背书人就是托运人,最终被背书人是持单人。

四、海运提单的基本内容

示例3.1是一份由美国 PAN AMERICAN CONTAINER CORP. 签发的海运提单的正面。

基于示例3.1,一份海运提单的基本内容可以概括如下:

(一) 对提单的描述

(1) "提单"字样:BILL OF LADING;

(2) 提单的流通性:不得转让,除非收货人凭指定(NOT NEGOTIABLE UNLESS CONSIGNED TO ORDER);

(3) 提单号码;

(4) 签发日期;

(5) 正/副本提单。

(二) 基本当事人

(1) 承运人(CARRIER);

(2) 托运人(CONSIGNOR/SHIPPER);

(3) 收货人(抬头)(CONSIGNEE);

(4) 被通知人(NOTIFY PARTY)。

(三) 运输情况

(1) 船名(VESSEL);

(2) 装运港(PORT OF LOADING);

(3) 卸货港(PORT OF DISCHARGE);

(4) 戳记,备运提单加盖"ON BOARD"戳记,则变为已装船提单。

示例 3.1　提单(正面)

PAN AMERICAN CONTAINER CORP.		COMBINED TRANSPORT BILL OF LADING NOT NEGOTIABLE UNLESS CONSIGNED TO ORDER		
SHIPPER/EXPORTER KAYBE MACHINE COMPANY 1140 OLD DURHAM ROAD, PO BOX 980 ROXBORD N. C. 25735 U. S. A		DOCUMENT NO.		
		EXPORT REFERENCE FORWARDER REF. NO. SHIPPER'S REF. NO.		
CONSIGNEE(COMPLETE NAME&ADDRESS) TO ORDER		FORWARDING AGENT, FMC NO.		
		POINT AND COUNTRY OF ORIGIN OF MERCHANDISE		
NOTIFY PARTY(COMPLETE NAME&ADDRESS) CHINA NATIONAL FOREIGN TRADE TRANSPORTATION CORP. WUHAN BRANCH, 322 SHUILI RD. ,QINGNIAN AVENUE, WUHAN		FOR CARGO ARRIVAL AND INFORMATION APPLY TO:		
PRE-CARRIAGE BY	PLACE OF RECEIPT BY PRE-CARRIER			
VESSEL FLAG CHAO HE VOY. 60W	PORT OF LOADING NEW YORK, U. S. A	PIER/TERMINAL		
PORT OF DISCHARGE WUHAN, CHINA	PLACE OF DELIVERY ON-CARRIER	TYPE OF MOVE ORIGINAL		
	PARTICULAR FURNISHIED BY SHIPPER			
MARKS AND NUMBER 15FGQM404-3008CK WUHAN CHINA CONTAINER SAID TO CONTAIN: 16 PACKAGES	NO. OF PKGS OR CNTNERS 1 × 20FT	DESCRIPTION OF PACKAGES AND GOODS FREIGHT PREPAID CONTAINER NO. ____ , SEAL#____	GROSS WEIGHT 3780 LBS	MEASURE PAN AMERICAN CONTAINER CORP. MAY 15 2015 ON BOARD
TOTAL NUMBER OF CONTAINERS OR OTHER PACKAGES RECEIVED BY THE CARRIER (IN WORDS)				
LIMITATION ON CARRIER'S LIABILITY/SHIPPER'S AD VALOREM OPTION. The carrier shall in no event be liable for any loss or damage to or in connection with the transportation of Goods in an amount exceeding us $500 per package, or in the case of goods not shipped in packages per customary freight unit, or the equivalent of that sum in other currency unless the nature and higher value of such goods have been declared by the shipper before shipment and inserted in the Bill of Lading. If the Merchant desires to be covered for valuation in excess of said US $500 per package or customary freight unit or any other applicable limitation, the Merchant must so stipulate in this Bill of Lading and such additional liability only will be assumed by the Carrier upon payment of the Carrier's ad valorem freight charge. See cl. 12 hereof				
Declared Value ____ Read Clause 12 hereof concerning extra freight and Carrier's limitation of liability	Freight and Charges Payable at:		Hazardous Cargo See Clauses 7 & 8 hereof	
     B/L NUMBER　DATED	RECEIVED BY PAN AMERICAN CONTAINER CORP. the goods, or the containers, vans, trailers, palletized units or other packages said to contain the goods herein mentioned, in apparent outward good order and condition unless otherwise indicated to be transported and delivered or transshipped herein provided. 　　The receipt, custody, carriage, delivery and transshipping of the goods are subject to the terms appearing on the face and back hereof, as well as the provisions contained in the filed freight tariff. 　　In witness whereof the carrier by its agent has signed 3 Bills of Lading, all of the same tenor and date, one of which being accomplished, the others to stand void. PAN AMERICAN CONTAINER CORP. 　　BY _____ 　　　　　　　　　　FOR THE MASTER 　　ISSUED AT _____			

（四）货物情况

（1）唛头[①]（MARKS）；

（2）大件数或集装箱数（NO. OF PKGS OR CNTNERS）；

（3）小件及货物的描述（DESCRIPTION OF PACKAGES AND GOODS）；

（4）毛重（GROSS WEIGHT）；

（5）尺码（MEASUREMENT）；

（6）集装箱总数或包装大件总数（大写）（TOTAL NUMBER OF CONTAINERS OR OTHER PACKAGES RECEIVED BY THE CARRIER, IN WORDS）。

（五）承运人的赔偿责任限额/托运人的从价运费选择权（LIMITATION ON CARRIER'S LIABILITY/SHIPPER'S AD VALOREM OPTION）

The carrier shall in no event be liable for any loss or damage to or in connection with the transportation of Goods in an amount exceeding us $500 per package, or in the case of goods not shipped in packages per customary freight unit, or the equivalent of that sum in other currency unless the nature and higher value of such goods have been declared by the shipper before shipment and inserted in the Bill of Lading. If the Merchant desires to be covered for valuation in excess of said US $500 per package or customary freight unit or any other applicable limitation, the Merchant must so stipulate in this Bill of Lading and such additional liability only will be assumed by the Carrier upon payment of the Carrier's ad valorem freight charge.

货物价值超过每件 US $500 的金额，或者装运货物的包装不符合惯常的运费计费单位，或者货物价值是与上述金额等值的其他货币，承运人对与该货物运输相关的任何损坏或灭失概不负责，除非货物的性质及较高的价值已由托运人于装船前申报并列入提单。如果贸易商希望被承担的责任价值超过上述每件 US $500，或惯常的运费计费单位，或任何其他的适用限制，则贸易商必须照此在本提单中规定，并且，只有在向承运人支付从价运费之后，该额外责任才能得到保证。

（六）申报价值、运费及其他费用（Declared Value, Freight and other Charges）

（七）契约文句

RECEIVED BY PAN AMERICAN CONTAINER CORP. the goods, or the containers, vans, trailers, palletized units or other packages said to contain the goods herein mentioned, in apparent outward good order and condition unless otherwise indicated to be transported and delivered or transshipped herein provided.

The receipt, custody, carriage, delivery and transshipping of the goods are subject to the terms appearing on the face and back hereof, as well as the provisions contained in the filed freight tariff.

In witness whereof the carrier by its agent has signed 3 Bills of Lading, all of the same

---

[①] 唛头（Shipping Mark），即货物外包装上的运输标志，用于指明货物运输的去向。其主要构成包括收货人标识、目的港名称及国别。其中，收货人标识可以用图形、简称或编码表示。

tenor and date, one of which being accomplished, the others to stand void.

泛美集装箱公司收到的货物,或集装箱、篷车、拖车、托盘或其他包装的货物,据称包括本提单所述货物,外表状况良好,另作注明者除外,将按本提单记载进行运输及交付或转运。

该货物之收受、保管、运输、交付及转运,以本提单之正面和背面条款以及既定运价表所包括的条件为准。

承运人由其代理人已签发 3 份提单,以立为凭证,皆为相同期限和签发日期,其中一份完成提货,其余各份即为失效。

（八）提单背面内容

提单背面是印就条款,主要涉及承运人和托运人双方的权利、义务,主要有如下方面：

（1）定义：对提单的当事人（如承运人、托运人）、航运范围、货物、货物的件数等进行界定；

（2）适用法律条款；

（3）承运人责任；

（4）包装和唛头条款；

（5）免责条款；

（6）费用条款；

（7）赔偿条款。

五、管辖提单的国际公约

（一）《海牙规则》

《海牙规则》(Hague Rules)全称是《统一提单的若干法律规则的国际公约》(International Convention for the Unification of Certain Rules of Law Relating to Bills of Lading),欧美 26 个主要航运国家于 1924 年在布鲁塞尔通过该公约,1931 年 6 月正式生效。中国于 1981 年承认该公约。

《海牙规则》是海上运输的一个十分重要的公约,至今已有五十多个国家承认该公约。几十年来,许多国家的航运公司都在其所制发的提单上规定采用该公约,据以确定承运人在货物装船、收受、配载、承运、保管、照料和卸载过程中所应承担的责任与义务,以及其应享受的权利与豁免。《海牙规则》共有 16 项条款,其主要内容可归纳如下（张东祥,1996, pp.304—305）：

（1）规则所称"货物"仅包括货物、制品、商品和任何种类的物品,不包括活牲畜及甲板货；

（2）把船运方的责任期间限定为"钩至钩",即"自货物装上船时起,至卸下船时止"的一段时间；

（3）承运人的职责是,在开船前和开船时,应相当谨慎地使船舶适航,应适当和谨慎地装载、搬运、配载、运送、照料和卸载所运的货物；

（4）规定了承运人的 17 种免责事项,承运人仅对管理货物的过失负责；

（5）规定承运人的赔偿责任限额为每件或每计费单位 100 英镑。

《海牙规则》明显偏袒船方利益,忽视货方利益。该公约实施半个多世纪以来,由于本身存在的和在实践中出现的各种问题,以及国际经济、政治的变化和海运技术的发展,某些内容已经过时,多数国家,特别是代表货方利益的国家和第三世界国家强烈要求修改该公约。对《海牙规则》的修改存在两个方案:一个是代表英国及北欧各传统海运国家利益的《维斯比规则》(Visby Rules),另一个是代表第三世界和货方利益的《汉堡规则》(Hamburg Rules)。

(二)《维斯比规则》

《维斯比规则》全称是《修改统一提单的若干法律规则的国际公约的议定书》(Protocol to Amend the International Convention for the Unification of Certain Rules of Law Relating to Bills of Lading)或《1968 年布鲁塞尔议定书》(The 1968 Brussel Protocol)。

《维斯比规则》并未对《海牙规则》的基本原则作出实质性修改,只是提高了货物损害赔偿的最高限额,明确了集装箱和托盘运输中计算赔偿的数量单位,扩大了公约的适用范围(张东祥,1996, pp. 303—304)。1968 年,英、法等 12 国在布鲁塞尔签订《维斯比规则》。1977 年,《维斯比规则》生效。

(三)《汉堡规则》

《汉堡规则》的全称是《联合国 1978 年海上货物运输公约》(United Nations Convention on the Carriage of Goods by Sea, 1978)。《汉堡规则》于 1978 年 3 月在汉堡举行的联合国大会上通过,有 71 个国家的全权代表参加,1992 年 11 月正式生效。

《汉堡规则》将《海牙规则》中偏袒承运人的 17 项免责条款全部废除,对承运人的责任期间、赔偿责任、责任限度等作了重大调整和修改,在较大程度上保护了货方的利益。张东祥(1996, pp. 304—305)将《汉堡规则》的主要内容归纳如下:

(1) 将"活牲畜"和"甲板货"包括在"货物"范围之内;

(2) 规定承运人的责任期间为"港至港",即对货物从装运港至卸货港的全部期间责任;

(3) 规定承运人的责任包括延迟交货在内,免除了《海牙规则》中承运人的 17 条免责条款;

(4) 对承运人赔偿责任的限额作了调整;

(5) 承运人既要对管理货物的过失负责,又要对驾驶和管理船舶的过失负责;

(6) 提出诉讼和仲裁的时限为 2 年,而《海牙规则》的时限为 1 年。

六、海运提单的分类

海运提单可从不同的角度进行分类,主要有以下类别:

(一)已装船提单 vs. 备运提单

按照货物装船情况区分,提单可分为已装船提单和备运提单。

1. 已装船提单

已装船提单(On Board B/L 或 Shipped B/L)是指承运人在货物已经装上指定船舶后所签发的提单。已装船提单必须以文字表明货物已装上或已装运于某具名船只,提单签发日期即为装船日期。出口业务大都要求提供已装船提单。这是因为,凡已装上船的货物,既不会在装运港再卸下,也不会改装其他船只,这样对收货人来说,有按时收货的保证。

2. 备运提单

备运提单(Received for Shipment B/L)又称收讫待运提单,是指承运人已收到托运货物等待装运期间所签发的提单。在签发备运提单的情况下,发货人可在货物装船后凭以调换已装船提单;也可经承运人或其代理人在备运提单上批注货物已装上某具名船舶及装船日期,并签署后使之成为已装船提单。

按照国际贸易惯例,除非另有约定,卖方有义务向买方提交已装船提单(吴百福,2003,p.102)。已装船提单和备运提单的比较如表 3.1 所示。

表 3.1 已装船提单和备运提单比较

	已装船提单	备运提单
签发提单时	货物已装载到船上	承运人已收到货物,但没有将货物装载到船上
特征	契约文句的开头是"SHIPPED ON BOARD";或加盖"ON BOARD"戳记	契约文句的开头是"RECEIVED";如果加盖"ON BOARD"戳记,则转变成已装船提单
是不是货物所有权凭证	是	否

(二) 清洁提单 vs. 不清洁提单

按照提单对货物外表状况的描述区分,提单可分为清洁提单与不清洁提单。

1. 清洁提单

清洁提单(Clean B/L)是指货物在装船时表面状况良好,承运人在提单上不带有明确宣称货物受损及/或包装有缺陷状况的不良批注的提单。

允许清洁提单上有下列三种内容的批注。一是批注并未明确地表示货物或包装不能令人满意,例如,只在提单上批注"旧包装""旧麻袋"等;二是强调承运人对于货物或包装性质所引起的风险不负责任,如批注"对货物生锈免责""对货物或包装破碎免责"等;三是否认承运人知悉货物的内容、重量、容积、质量或技术规格。这三项内容,已被大多数国家或组织所接受。清洁提单是收货人收到完好货物的必要条件,也是提单转让的基本条件。

2. 不清洁提单

不清洁提单(Unclean B/L)是指承运人在签发的提单上带有明确宣称货物及/或包装有缺陷状况的不良批注的提单。例如提单上有"被雨淋湿""三箱破损""四件沾污"等或类似批注。

按国际贸易惯例,除非另有约定,卖方有义务提交清洁提单。清洁提单也是提单转让时必须具备的基本条件之一。清洁提单和不清洁提单的比较如表 3.2 所示。

表 3.2 清洁提单和不清洁提单比较

	清洁提单	不清洁提单
对货物外表状况的描述	外表状况良好	有"货物包装状况不良"、"存在缺陷"等批注
特征	契约文句印就"in apparent outward good order and condition"之类的字句	在印就的契约文句之外另加批注

(三) 记名提单 vs. 不记名提单 vs. 指示提单

按照提单的抬头区分,提单可分为记名提单、不记名提单和指示提单。

1. 记名提单

记名提单(Straight B/L)又称收货人抬头提单,是指提单的收货人(Consignee)栏内填写特定收货人名称的提单。记名提单只能由该特定收货人用以提货,而不能由托运人通过背书的方式转让给第三者。由于记名提单不能流通,所以,在国际贸易中只有在特定情况下使用。

2. 不记名提单

不记名提单(Bearer B/L)又称来人抬头提单,是指提单的收货人栏内填写"提单持有人"(To bearer)的提单。不记名提单无须背书,单纯交付即可转让。在国际贸易中,不记名提单极少使用。

3. 指示提单

指示提单(Order B/L)是指提单上的收货人栏内填写"凭指定"(To order)或"凭托运人指定"(To the order of ...)字样的提单。"凭指定"和"凭托运人指定"的含义相同,在托运人背书转让前,物权仍属托运人。这种提单经过背书后可以转让,故其在国际贸易中使用最广。背书的方式又有空白背书和记名背书之分。前者指背书人在提单背面签名,而不注明被背书人名称;后者是指背书人除在提单背面签名外,还列名被背书人名称。记名背书的提单受让人(被背书人)如需再转让,必须再加背书。在国际贸易业务中,使用最多的是"凭指定"并经空白背书的提单,习惯上称其为空白抬头、空白背书提单(吴百福,2003,p.102)。

Q&A 3.1 不记名提单 vs. 空白抬头、空白背书提单

Q:不记名提单的货物权利人是任何持单人吗?

A:是的,谁持有提单,谁就可以提货。

Q:空白抬头、空白背书提单的货物权利人是谁呢?

A:谁持有提单,谁就可以把被背书人写成自己的名字。也就是说,也是谁持有提单,谁就可以提货。

Q:不记名提单与空白抬头、空白背书提单之间又有什么区别呢?

A:在转让方式上,不记名提单单纯通过交付就可以转让,空白抬头、空白背书提单须通过背书才可以转让;在追索凭证上,不记名提单不能作为追索凭证,空白抬头、空白背书提单可以作为追索凭证。

记名提单、不记名提单和指示提单的比较如表3.3所示。

表 3.3　记名提单、不记名提单和指示提单比较

	收货人填写	能否转让	实现转让的方式	货物权利人	能否作为独立的追索凭证
记名提单	ABC	否	—	ABC	—
不记名提单	Bearer	能	单纯交付无背书	任何持单人	否
指示提单	To order	能	记名背书	确定的被背书人	能
			空白背书	不确定的被背书人，等同于任何持单人	能

（四）直达提单 vs. 转船提单 vs. 联运提单

按照船舶的营运方式区分，提单可分为直达提单、转船提单和联运提单。

1. 直达提单

直达提单（Direct B/L）也称直航提单，是指货物从装运港装船后中途不经换船而直接驶达目的港卸货的提单。直达提单内仅列有装运港和目的港港名，无"中途转船"或"在某港转船"等批注。

2. 转船提单

转船提单（Transhipment B/L）是指在装运港装货的轮船，不直接驶往目的港，而需在中途港换转另外船舶的提单。转船提单有的注明"在××港转船"（with transhipment at ××）字样，也有的仅注明"须经转船"（with transhipment）即可。

3. 联运提单

联运提单（Through B/L）是指由承运人或其代理人在货物起运地签发的运往最终目的地并收取全程费用的提单。这种提单用于海陆联运、海河联运或海空联运。它如同转船提单一样，货物在中途转换运输工具，由第一程承运人或其代理人向下一程承运人办理。联运提单经第一程承运人签发后，后续承运人取出并按照此提单履行义务而不再另外签发提单。

（五）全式提单 vs. 略式提单

按照提单内容的繁简区分，提单可分为全式提单和略式提单。

1. 全式提单

全式提单（Long Form B/L）也称繁式提单，是一种提单背面列有承运人和托运人权利、义务等详细条款的提单。

2. 略式提单

略式提单（Short Form B/L）也称简式提单，是指仅载明全式提单正面的必要项目，如船名、货名、标志、件数、重量、装卸港、托运人名称和签单日期等，而略去背面条款的提单。

（六）预借提单 vs. 倒签提单

按照提单的签发日期区分，提单可分为预借提单和倒签提单。

1. 预借提单

预借提单（Advanced B/L）是指货未装船，承运人预先签发的已装船提单。当采用信用证结汇时，信用证规定的装船日期已到期或接近到期，而卖方因故未能及时备妥货物

装船或因船期延误影响货物装船,在这种情况下卖方要求承运人先行签发装船提单,以便结汇。这种提单会给承运人带来风险,收货人可以向法庭控告承运人的欺诈行为,因此,承运人应避免签发这种提单。

2. 倒签提单

倒签提单(Anti-dated B/L)是指货已装船后签发的提单,但填写的装船日期早于实际装船日期。在实际业务中,有时由于种种原因,不能在信用证规定的装船期内装运,又来不及修改信用证,如仍按实际装船日期签署提单,势必影响结汇;为符合信用证规定,承运人应托运人的要求,采用倒签的做法。这种提单与预借提单的签发均属不合法行为,承运人需承担由此产生的风险。

(七) 其他类型的提单

1. 过期提单

根据UCP600,提单必须在签发期后21天以内但不得超过信用证的有效期送交银行议付。过期提单(Stale B/L)就是货物装船日21天以后提交给银行的提单,或者船到目的港后收货人才收到的提单。过期提单使得收货人不能及时凭单提货,将产生码头费用、仓租等损失,而且要承担货物遭受火灾、丢失、雨淋等风险。故而信用证业务中,银行不接受过期提单。

2. 甲板货提单

甲板货提单(On Deck B/L)又称舱面提单,是指承运人签发的表明货物装运于船舶甲板上的提单。有些货物如危险品或动物等,只能装在甲板上;有些货物因体积过大或舱位不够,需装在甲板上。承运人在签发提单时会加批"货装甲板"字样。货物装在甲板上受损失的风险较大,进口人一般不愿意接受货物装在甲板上的提单。依照UCP600的规定,除非信用证另有规定,银行一般不接收甲板提单。

3. 运输行提单

由运输行签发的提单就是运输行提单(Forwarder's B/L)。运输行以"运输行"身份签发的提单,只是装运货物的收据,不是货物所有权凭证。运输行以"承运人"或"多式联运经营人"MTO的身份签发的提单,才是货物所有权凭证。

4. 联合运输提单

联合运输提单(Combined Transport B/L,CT B/L)是联合运输单据(Combined Transport Document,CTD)的一种特例。联合运输单据,又称多式联运单据,是货物使用多种运输方式,由多式联运经营人签发的证明多式联运合同以及证明多式联运经营人接管货物并按合同交付货物的单据。如果多种运输方式包括海运,则联合运输单据就是联合运输提单。

Q&A 3.2 联合运输提单与联运提单的异同

Q:联合运输提单(CT B/L)和联运提单(Through B/L)有什么区别?

A:首先,运输方式的组成存在不同:联合运输提单是由海运与其他运输方式组成;联运提单也是由海运与其他运输方式组成,但是第一程必须是海运。

其次,提单签发人不同:联合运输提单的签发人是多式联运经营人;而联运提单的签发人是船公司或其代理人。

最后,提单签发人的责任也不同:联合运输提单的签发人对所有各个运程负责;而联运提单的签发人只对第一运程负责,在后续运程中,提单签发人只是托运人的代理。

如上述运输方式的组合变成任意多种方式,则联合运输提单就推广成为多式联运单据。

七、提单正面:承运人名称格式与签名格式

UCP600(国际商会中国国家委员会,2007,p.42)对承运人的名称与签名格式作了如下规定:

UCP600　Article 20　Bill of Lading

a. A bill of lading, however named, must appear to:

　i. indicate the name of the carrier and be signed by:

　　* the carrier or a named agent for or on behalf of the carrier; or

　　* the master or a named agent for or on behalf of the master.

Any signature by the carrier, master or agent must be identified as that of carrier, master or agent.

Any signature by an agent must indicate whether the agent has signed for or on behalf of the carrier or for or on behalf of the master.

对 UCP600 第 20 条 a 款 i 项的中文解释如下:

a. 提单,无论名称如何,必须看似:

　i. 表明承运人名称,并由下列人员签署:

　　* 承运人或其具名代理人;或者

　　* 船长或其具名代理人。

承运人、船长或代理人的任何签字必须标明其承运人、船长或代理人的身份。

代理人的任何签字必须标明其系代表承运人还是船长签字。

对 UCP600 第 20 条 a 款 i 项的解读如下:

(1) 提单正面必须注明承运人名称;

(2) 提单正面必须有人签名,签名人可以是承运人、船长或代理人;

(3) 签名人的身份必须明确,即他是承运人、船长或代理人;

(4) 代理人则要注明他是代表承运人还是船长。

承运人名称的表示有繁式和简式两种:

(1) 繁式承运人名称:身份+全称。

　例 3.1　CARRIER

　　　　CHINA OCEAN SHIPPING (GROUP) CO.

(2) 简式承运人名称:全称。

　例 3.2　NEPTUNE ORIENT LINES LIMITED

承运人的名称不能表达为以下两种方式：
(1) 缩写名称。
　　例 3.3　CARRIER
　　　　　COSCO
(2) 不注明名称，而是标明承运人的业务性质。
　　例 3.4　INTERMODAL TRANSPORT OPERATOR
提单的签字，由四种签字人和两种承运人表示方式组合，形成表 3.4 所示的各种格式。

表 3.4　提单签字格式

签字格式＼承运人名称＼签字人	繁式承运人名称	简式承运人名称
承运人	承运人全称＋签字（例 3.5）	承运人全称＋身份＋签字（例 3.6）
承运人的代理人	代理人全称＋代理人身份＋承运人全称＋签字（例 3.7）	代理人全称＋代理人身份＋承运人全称＋承运人身份＋签字（例 3.10）
	代理人全称＋代理人身份＋承运人全称＋承运人身份＋签字（例 3.8）	
	代理人全称＋代理人身份＋承运人全称＋签字（例 3.9）	
船长	船长头衔＋签字（例 3.11）	
船长的代理人	代理人全称＋代理人身份＋船长全名＋船长头衔＋签字（例 3.12）	

表 3.4 中的各项举例如下：
例 3.5　繁式承运人名称：CARRIER
　　　　　　　　　　　　CHINA OCEAN SHIPPING (GROUP) CO.
签字格式：
CHINA OCEAN SHIPPING (GROUP) CO.
　　　　　signature
例 3.6　简式承运人名称：CHINA OCEAN SHIPPING (GROUP) CO.
签字格式：
CHINA OCEAN SHIPPING (GROUP) CO.
AS CARRIER
　　　　　signature
例 3.7　繁式承运人名称：CARRIER
　　　　　　　　　　　　CHINA OCEAN SHIPPING (GROUP) CO.
签字格式：
ABC Co. Ltd.
As Agent for
CHINA OCEAN SHIPPING (GROUP) CO.
　　　　　signature

例 3.8　繁式承运人名称： CARRIER
　　　　　　　　　　　　CHINA OCEAN SHIPPING (GROUP) CO.

签字格式：
ABC Co. Ltd.
As Agent for
CHINA OCEAN SHIPPING (GROUP) CO.
Carrier
　　　　<u>signature</u>

例 3.9　繁式承运人名称： CARRIER
　　　　　　　　　　　　CHINA OCEAN SHIPPING (GROUP) CO.

签字格式：
ABC Co. Ltd.
As Agent for the carrier
　　　　<u>signature</u>

例 3.10　简式承运人名称：CHINA OCEAN SHIPPING (GROUP) CO.
签字格式：
ABC Co. Ltd.
AS AGENT FOR
CHINA OCEAN SHIPPING (GROUP) CO.
CARRIER
　　　　<u>signature</u>

例 3.11　繁式承运人名称： CARRIER
　　　　　　　　　　　　CHINA OCEAN SHIPPING (GROUP) CO. 或
　　　　简式承运人名称：CHINA OCEAN SHIPPING (GROUP) CO.
签字格式：
AS MASTER
　　　　<u>signature</u>

例 3.12　繁式承运人名称： CARRIER
　　　　　　　　　　　　CHINA OCEAN SHIPPING (GROUP) CO. 或
　　　　简式承运人名称：CHINA OCEAN SHIPPING (GROUP) CO.
签字格式：
ABC Co. Ltd.
AS AGENT FOR John Doe, MASTER
　　　　<u>signature</u>

八、提单的装船日期、船名及装卸港

国际商会中国国家委员会(2007, p.44)对货物装船日期和"预期船"问题作了如下解释：

UCP600　Article 20　Bill of Lading
a. A bill of lading, however named, must appear to：
　ii. indicate that the goods have been shipped on board a named vessel at the port of loading stated in the credit by：
　　* pre-printed wording, or
　　* an on board notation indicating the date on which the goods have been shipped on board.

The date of issuance of the bill of lading will be deemed to be the date of shipment unless the bill of lading contains an on board notation indicating the date of shipment, in which case the date stated in the on board notation will be deemed to be the date of shipment.

If the bill of lading contains the indication "intended vessel" or similar qualification in relation to the name of the vessel, an on board notation indicating the date of shipment and the name of the actual vessel is required.

UCP600 第20条a款第ii项的中文译文如下：
　ii. 通过以下方式表明货物已在信用证规定的装运港装上具名船只：
　　* 预先印就的文字；或者
　　* 已装船批注注明货物的装运日期。

提单的出具日期将被视为装运日期，除非提单载有表明发运日期的已装船批注，此时已装船批注中显示的日期将被视为发运日期。

如果提单载有"预期船"或类似的关于船名的限定语，则需以已装船批注来明确发运日期以及实际船名。

对UCP600 第20条a款ii项的解读如下：

1. 装船日期

（1）提单契约文句开头为"Shipped on board the vessel named above"，即"货物已装上如上具名的船只"字样，这种提单的签发日期即可视为装船日期和装运日期。

例：Shipped on board the vessel named above in apparent good order and condition (unless otherwise indicated) the goods or packages specified herein and to be discharged at the port of discharge or as near thereto as the vessel may safely get and be always afloat. 提单所列货物或包装已装上如上具名的船只，外表状况良好（另有注明者除外），将在卸货港卸货，或船只可以安全抵达并保持漂浮而离卸货港尽可能靠近之处卸货。

（2）提单契约文句开头为"货物收妥"（RECEIVED the goods）字样，船公司或其代理人在收到托运人交来的集装箱或收到原包装甚至散装货物时，即发出提单，这种提单必须加盖"ON BOARD"戳记及日期，戳记的日期就是装运日期。

例3.13　RECEIVED BY PAN AMERICAN CONTAINER CORP. the goods, or the containers, vans, trailers, palletized units or other packages said to contain the goods herein mentioned, in apparent outward good order and condition unless otherwise indicated to be transported and delivered or transshipped herein provided. 泛美集装箱公司收到的货物，或集装箱、篷车、拖车、托盘或其他包装的货物，据称包括本提单所述货物，外表状况良好，另作注明

者除外,将按本提单记载进行运输及交付或转运。

2. 船名

(1) 提单"船名"栏目为"预期船"(Intended Vessel)字样,则不论契约文句如何写,都要加盖"ON BOARD"戳记,戳记不仅要有日期,而且要有实际装货船只的船名,即使此船名与预期船船名相同。戳记的日期就是装运日期。

例3.14　Intended Vessel and Voyage No.
　　　　　BREMEN EXPRESS

戳记:
SHIPPED ON BOARD PER
OCEAN VESSEL BREMEN EXPRESS
AT SOUTHAMPTON ON 11 NOV 2015

(2) 提单"前段运输"栏目及"远洋运输船只"栏目均有船名时,则不论契约文句如何写,都要加盖"ON BOARD"戳记,戳记不仅要有日期,而且要有第一程船只的船名。戳记的日期就是装运日期。

例:
- Pre-carriage by
- Chao He
- Ocean Vessel and Voyage No.

BREMEN EXPRESS intended

戳记:
SHIPPED ON BOARD PER
OCEAN VESSEL Chao He
AT SOUTHAMPTON ON 11 NOV 2015

Q&A 3.3　提单上的"已装船"戳记[①]

Q:为什么提单要注明"已装船"?

A:FOB、CFR、CIF[②] 都适合海运,INCOTERMS 2010 对 FOB 卖方交货义务(A4)的规定为:The seller must deliver the goods either by placing them on board the vessel nominated by the buyer at the loading point, if any, indicated by the buyer at the named port of shipment or by procuring the goods so delivered. In either case, the seller must deliver the goods on the agreed date or within the agreed period and in the manner customary at the port.

INCOTERMS 2010 对 CFR、CIF 卖方交货义务(A4)的规定为:The seller must deliver the goods either by placing them on board the vessel or by procuring the goods so delivered. In either case, the seller must deliver the goods on the agreed date or within the agreed period and

---

① 引自苏宗祥等(2004, p.288)。

② CFR、CIF 全称分别为"Cost and Freight"、"Cost, Insurance and Freight",也是国际商会在 INCOTERMS 2010 中所规定的 11 种价格术语中的两个术语。该术语的详细解释可见李昭华、潘小春(2012, pp.112—118)及国际商会中国国家委员会(2011)。

in the manner customary at the port.

因此,要在海运提单上表示货物已装上船(goods shipped or loaded on board),如果没有按照 UCP600 第 20 条 a 款 ii 项的要求在提单上加列已装船批注,那就是不符点。

3. 装货港、卸货港

UCP600 对装货港、卸货港的规定为:

UCP600　Article 20　Bill of Lading

iii. indicate shipment *from* the port of loading *to* the port of discharge stated in the credit.

If the bill of lading does not indicate the port of loading stated in the credit as the port of loading, or if it contains the indication "intended" or similar qualification in relation to the port of loading, *an on board notation indicating the port of loading as stated in the credit, the date of shipment and the name of the vessel is required.* This provision applies even when loading on board or shipment on a named vessel is indicated by pre-printed wording on the bill of lading.

对第二十条 a 款 iii 项的解读如下:

(1) 如果提单上的收货地与装货港不同,"ON BOARD"戳记上必须包括装货港和实际船名,装货港名称必须符合信用证的规定

例 3.15

Place of Receipt:Northampton

(Intended) Port of Loading:Southampton

戳记:

SHIPPED ON BOARD PER

OCEAN VESSEL BREMEN EXPRESS

AT SOUTHAMPTON ON 11 NOV 2015

(2) 当提货装、卸港分别为"预期装货港"(Intended Port of Loading)及"预期卸货港"(Intended Port of Discharge)时,"ON BOARD"戳记上要包括实际装货港及卸货港名称,而且要符合信用证规定。

例 3.16

Intended Port of Loading:London

Intended Port of Discharge:Hong Kong

信用证规定:Shipment from London to Hong Kong

戳记:

On Board

1 August 2015

per ocean Vessel Cardigan Bay

from London to Hong Kong

九、提单的清洁问题

国际商会中国国家委员会(2007,p.56)对提单的清洁问题作了如下解释:

Article 27 Clean Transport Document

A bank will only accept a clean transport document. A clean transport document is one bearing no clause or notation expressly declaring a defective condition of the goods or their packaging. The word "clean" need not appear on a transport document, even if a credit has a requirement for that transport document to be "clean on board".

第27条 清洁运输单据

银行只接受清洁运输单据。清洁运输单据指未载有明确宣称货物及/或包装有缺陷的条款或批注的运输单据。"清洁"一词并不需要在运输单据上出现,即使信用证要求运输单据为"清洁已装船的"。

根据国际商会(International Chamber of Commerce,ICC)473号出版物,以下批注将使运输单据"不清洁"(苏宗祥等,2004,p.297):

(1) Contents leaking(货物内容渗漏);
(2) Packaging soiled by contents(货物内容弄污包装);
(3) Packaging broken/holed/torn/damaged(包装破碎/穿孔/撕破/损坏);
(4) Packaging contaminated(包装被玷污);
(5) Goods damaged/scratched(货物被损坏/被刮擦);
(6) Goods chafed/torn/deformed(货物受摩擦/被撕坏/变形);
(7) Packaging badly dented(包装严重凹进);
(8) Packaging damaged——contents exposed(包装损坏——货物内容外露);
(9) Insufficient packaging(包装不足);
(10) N cases short shipped(N箱短装)。

十、全套正本提单

苏宗祥等(2004,pp.296、360)认为,海运提单必须注明所出具的正本的份数,通常是一式三份正本。注明正本份数有下列方式:

(1) 注明"第一正本"(First Original)、"第二正本"(Second Original)、"第三正本"(Third original)。

(2) 注明"正本"(Original)、"第二份"(Duplicate)、"第三份"(Triplicate)。

(3) 其他方式。例如,提单印明"It is void if another document of same tenor and date is accomplished"(如果相同期限和签发日期的另一份提单已经用于提货,则本提单无效)。该提单上虽无"正本"字样,也因此句话而表示为正本,必须将此正本提单提交给银行。

在信用证业务中,有时信用证中会出现下列条款:"发货后,请立即或在三天内将1/3正本提单以特快专递的方式直接寄到开证申请人处,并将盖有邮戳的邮政收据或特快专递底联列为随附单据之一随同其他正本提单、发票一起送交银行议付。"1/3正本提单是指三份正本提单中的一份正本提单。信用证规定2/3正本提单交给议付行,要求受益人提交证明信证明1/3正本提单已经寄给申请人。这种做法适用于近洋进出口贸易,方便收货人在目的港提货。采用这种方式,收货人可以提早收到海运提单,避免由于缺少提单造成的提货延误。由于1/3提单早已寄给申请人用于提货,议付行收到的两张提单实际上已经失效,议付行丧失对于货物的控制权,不能议付单据,开证行收到单据也无法控制申请人偿付。倘若演变到退单的地步,开证行只能退回2/3的正本提单,受益人将面临货被申请人提取而未收到货款的风险,故受益人若没有把握提交正确单据,就不能接受一份正本提单直接寄给申请人的条件。

十一、运输行签发的提单

运输行(Freight Forwarder)自己并无运输工具,是居于承运人和托运人之间、以揽货为业的货物运输代理人,而不是承运人的代理人。它是替货主代办托运、代为报关提货的机构,对货物运输发生的损失不承担责任,它给托运人签发的运输单据,通常是表示根据约定,将货物运至某地的货物收据。运输行只对货物在它管辖时的货物损失承担责任。运输行出具的运输单据要比船公司出具的运输单据的可信度差得多,所以银行对于运输行以运输行的名义出具的海运单据是不接受的(苏宗祥等,2004,p.298)。但运输行以承运人的身份签发的提单可以接受。

运输行接受托运人的零星货物而签发的分提单(House B/L),是以运输行名义签发的提单,银行不能接受。运输行将托运的零星货物合并成一整批交给船公司运输,船公司签发主提单(Master B/L),又称成组货物提单(Groupage B/L),交给运输行。主提单的签发人是承运人,托运人是运输行,运输行与真正的托运人即出口商无直接关系,如将主提单发给受益人,再交到银行,因主提单包含多于一笔信用证的货物,银行不能接受(苏宗祥等,2004,p.298)。

若信用证规定"要求海运提单和运输行提单可以接受",则银行可以接受以运输行的名称和身份出具并以运输行的身份签字的提单。

十二、UCP600关于提单的其他规定及注意事项

(一)不可接受的提单

除非信用证明确要求,银行将不接受下列提单:舱面提单。但是,运输单据中声明货物可能被装于舱面的条款可以接受的除外(UCP600第26条a款,国际商会中国国家委员会,2007)。

(二)可以接受的提单

可以接受的提单包括:

(1)即使信用证规定不许转运,如果货物装于集装箱、拖车、子母船,只要同一提单包括海运全程运输,提单注明"将要发生转运"也可以接受(UCP600第20条c款ii项,国际商会中国国家委员会,2007);

(2)简式或背面空白提单(UCP600第20条a款v项);

(3) 含有"托运人装载并计数"(Shipper's load and count)或"货物据托运人报称包括"(Said by shipper to contain)文句的提单(UCP600 第 26 条 b 款);

(4) 托运人不是信用证受益人的提单(UCP600 第 14 条 k 款);

(三) 不同价格条件下提单的运费提示

不同价格条件下提单的运费提示如下:

(1) CIF、CFR 条件:提单必须注明"运费预付"(Freight Prepaid)或"运费已付"(Freight Paid);

(2) FOB、FCA、FAS 条件:提单通常注明"运费到付"(Freight to Collect)。

(四) 提单表明装运附加货物

这是指提单所列的货物超出信用证规定的货物,即托运人多装了货物。这种情况,第一,是单证不符的问题;第二,即使附加货物无须付款,附加货物却可能因为进口批文的问题被进口国海关没收,甚至影响整批货物的交付;第三,提单的货物描述与其他单据不符,即单单不符。因此,银行不能接受这种提单。

(五) 唛头

ICC434 号出版物指出:信用证规定唛头如使用下列短语,则提单上的唛头必须与信用证的规定完全一致:

(1) Marking is restricted to (唛头应限于);

(2) Marking should include (唛头应包括);

(3) Only such markings are acceptable (仅此唛头可接受)。

如信用证未作以上说明,银行可以接受任何附加唛头。另外,提单上的唛头必须与其他单据上的唛头完全一致。

(六) 分批/分期装运

信用证规定"不许分批装运",而受益人在不同的港口将两批以上的货物装运于同一航次的同一船只,取得两套以上的提单,只要提单注明的目的地相同,则不视为分批装运,银行接受这种提单(UCP600 第 31 条 b 款,国际商会中国国家委员会,2007)。

信用证规定在指定的不同缺陷内分期支款及/或分期装运,如其中任何一期未按信用证规定的期限支款及/或装运,则信用证对该期及以后各期均视为无效,信用证另有规定者除外(UCP600 第 32 条,国际商会中国国家委员会,2007)。

案例 3.1 海运提单[①]

【案情】

2014 年,山西省某外贸公司与美国某外贸公司签订了"XI MAS LIGHTS"的货物出口合同。5、6 月,该公司以信用证结算方式出口了两批货物,交单议付后顺利结汇。10 月,又陆续出口了六批货物,考虑到前几次货物出口收汇情况良好,选择了付款交单的托收

---

① 引自叶德万、陈原(2003,p.96)。

方式结算,金额合计约 26 万美元。但代收行多次催促,国外客商也不付款赎单。2015 年 3 月,该公司得知货物已被客户凭副本提单提领,于是要求银行退回单据。4 月,该公司凭已退回的正本单据向船公司交涉时,遭到拒绝,理由是该提单为记名提单,按照当地惯例,收货人可以不凭正本提单提货。至此,公司款货两空,蒙受了巨大的经济损失。问:

(1) 什么叫记名提单?其性质如何?

(2) 从本案中应吸取哪些教训?

【解析】

(1) 海运提单按提单收货人抬头的不同或者是否可转让分为"记名提单"、"不记名提单"和"指示提单"。记名提单(Straight B/L)又称"收货人抬头提单",是指提单上的收货人(Consignee)栏内填写特定收货人名称的提单。记名提单只能由该特定收货人用以提货,而不能由托运人通过背书的方式转让给第三者。这种提单只是货物收据和运输合同的证明,不是物权凭证,不能代表货物进行流通转让。按照有些国家的惯例,收货人可以不凭正本提单提货,只需证明自己的收货人身份即可。

(2) 从本案中吸取的教训有:第一,不重视对客户的资信调查。做国际贸易的风险很大,一定要重视客户的资信。本案的进口商资信不佳、经营作风恶劣是导致出口商款货两空的主要因素。第二,结算方式选择不当。国际贸易中,信用证与托收是两种主要的结算方式。前者属于银行信用,后者属于商业信用。在托收方式下,银行只是代理收款,能否收到货款完全取决于进口商的信用,银行不承担任何责任。所以,在对进口商的资信不很了解的情况下,应尽量采用信用证结算方式。本案中,该出口商与进口商首次进行贸易往来,尽管在贸易初期,采用了信用证方式结算,收汇比较顺利,但在以后的货物出口中,盲目乐观,采用了托收方式,造成了收汇风险。第三,提单类型选择不当。提单抬头决定了海运提单的性质和物权的归属,而能否控制物权对于保障出口商货款安全具有极其重要的作用。本案中,出口商忽视了提单抬头对提单性质的影响,盲目采用记名提单,失去了对物权的控制,使进口商得以既不付款赎单,同时又提领了货物,从而导致出口商款货两空。

第二节 空 运 单

当货物采用航空运输,承运人或其代理人在收到货物后会签发一张单据给托运人,这张单据就是空运单,它是将货物空运至目的地的证明。

一、空运单的性质和作用

空运单是承运人收到货物后签发的收据,是承运人和托运人之间运输合同的证明。空运单还可以作为承运人核收运费的依据和海关查验放行的基本单据。但是,空运单不是代表货物所有权的凭证,也不能通过背书转让。收货人提货不是凭空运单,而是凭航空公司的提货通知单。在空运单的收货人栏内,必须详细填写收货人的全称和地址,而不能做成指示性抬头或不记名抬头。空运单和海运提单的比较如表 3.5 所示。

表 3.5　空运单与海运提单的比较

	空运单	海运提单
是否是货物所有权凭证	否	是
抬头方式	记名抬头	记名抬头 不记名抬头(来人抬头) 指示性抬头
能否转让	否	不记名抬头和指示性抬头的提单可以转让

二、空运单正面：承运人名称格式及签字格式

UCP600 第 23 条 a 款 i 项，对空运单据的承运人名称格式及签字格式表述和译文如下：

Article 23　Air Transport Document

a. An air transport document, however named, must appear to：

　i. indicate the name of the carrier and be signed by：

　　* the carrier, or

　　* a named agent for or on behalf of the carrier.

Any signature by the carrier or agent must be identified as that of the carrier or agent.

Any signature by an agent must indicate that the agent has signed for or on behalf of the carrier.

a　空运单据，无论名称如何，必须看似：

　i. 表明承运人名称，并由下列人员签署：

　　* 承运人；或者

　　* 承运人的具名代理人。

承运人或其代理人的任何签字必须标明其承运人或代理人的身份。

代理人签字必须标明其系代表承运人签字。

对 UCP600 第 23 条 a 款 i 项的解读如下：

空运单正面必须注明承运人名称，并且由承运人或其具名代理人签名。签名人的身份必须可以识别（承运人或代理人）；如果签名人是代理人，则要注明他的签名是代表承运人。空运单签字格式归纳在表 3.6 中。

表 3.6　空运单签字格式

签字格式 签字人 \ 承运人名称	繁式承运人名称	简式承运人名称
承运人	承运人全称 + 签字　（例 3.17）	承运人全称 + 承运人身份 + 签字　（例 3.18）
承运人的代理人	代理人全称 + 代理人身份 + 承运人全称 + 签字　（例 3.19）	代理人全称 + 代理人身份 + 承运人全称 + 承运人身份 + 签字（例 3.22）
	代理人全称 + 代理人身份 + 承运人全称 + 承运人身份 + 签字　（例 3.20）	
	代理人全称 + 代理人身份 + 承运人全称 + 签字　（例 3.21）	

表 3.6 中的各项举例如下：

例 3.17　繁式承运人名称：XYZ Air, Carrier
签字格式：　　　XYZ Air
　　　　　　　　signature

例 3.18　简式承运人名称：XYZ Air
签字格式：　　　XYZ Air, Carrier
　　　　　　　　signature

例 3.19　繁式承运人名称：XYZ Air, Carrier
签字格式：　　　ABC Co. Ltd.
　　　　　　　　As Agent for
　　　　　　　　XYZ Air
　　　　　　　　signature

例 3.20　繁式承运人名称：XYZ Air, Carrier
签字格式：　　　ABC Co. Ltd.
　　　　　　　　As Agent for
　　　　　　　　XYZ Air, Carrier
　　　　　　　　signature

例 3.21　繁式承运人名称：XYZ Air, Carrier
签字格式：　　　ABC Co. Ltd.
　　　　　　　　As Agent for
　　　　　　　　the Carrier
　　　　　　　　signature

例 3.22　简式承运人名称：XYZ Air
签字格式：　　　ABC Co. Ltd.
　　　　　　　　As Agent for
　　　　　　　　XYZ Air, Carrier
　　　　　　　　signature

三、空运单的装运日期

UCP600 第 23 条 a 款 iii 项，对空运单的装运日期表述如下：
UCP600 Article 23 Air Transport Document

　　iii. indicate the date of issuance. This date will be deemed to be the date of shipment unless the air transport document contains a specific notation of the actual date of shipment, in which case the date stated in the notation will be deemed to be the date of shipment.

　　Any other information appearing on the air transport document relative to the flight number and date will not be considered in determining the date of shipment.

UCP600 第 23 条 a 款第 iii 项的译文如下：

　　iii. 表明出具日期。该日期将被视为发运日期，除非空运单据载有专门批注注明实际发运日期，此时批注中的日期将被视为发运日期。

　　空运单据中与其他航班号和航班日期相关的信息将不被用来确定发运日期。

示例3.2　空运单

999	LHR	92655452		U				999-92655452

Shipper's Name and Address UNICAM LIMITED ATOMIC ABSORPTION PO BOX 207, YORK STREET, CAMBRIDGE CB1 2SU ENGLAND FAX：01223 374437 TEL：01223 358866	Shipper's account number	Not Negotiable **Air Waybill** Issued by **AIR CHINA INTERNATIONAL CORP.** 　　　　　**CAPITAL INTERNATIONAL AIRPORT** 　　　　　**BEIJING 100621** 　　　　　**P. R. CHINA** Copies 1,2 and 3 of this Air Waybill are originals and have the same validity
Consignee's Name and Address HUBEI PROVINCIAL INTERNATIONAL TRADE CORPORATION 4, JIANGHAN BEILU WUHAN, CHINA	Consignee's account number	It is agreed that the goods described herein are accepted in apparent good order and condition (except noted) for carriage SUBJECT TO THE CONDITIONS OF CONTRACT ON THE REVERSE HEREOF. ALL GOODS MAY BE CARRIED BY ANY OTHER MEANS INCLUDING ROAD OR ANY OTHER CARRIER UNLESS SPECIFIC CONTRARY INSTRUCTIONS ARE GIVEN HEREON BY THE SHIPPER, AND SHIPPER AGREES THAT THE SHIPMENT MAY BE CARRIED VIA INTERMEDIATE STOPPING PLACES WHICH THE CARRIER DEEMS APPROPRIATE. THE SHIPPER'S ATTENTION IS DRAWN TO THE NOTICE CONCERNNING CARRIER'S LIMITATION OF LIABILITY. Shipper may increase such limitation of liability by declaring a higher value for carriage and paying a supplemental charge if required.
Issuing Carrier's Agent Name and City INTER FORWARD FREIGHT SERVICES YORK STREET CAMBRIDGE CB1 2PX		Accounting Information 　　AGENT'S REF：FWAE00561 　　SHIPPER'S REF：100032-1
Agent's IATA Code 99-9 6879/0014	Account No.	

Airport of Departure (Addr. of first Carrier) and requested Routing
LONDON HEATHROW

to	By first Carrier	Routing and Destination	to	by	to	by	Currency	WT/VAL		Other		Declared Value for Carnage	Declared Value for Customs
								PPD	COLL	PPD	COLL		
PEK	CA	LHR/PEK	WUH	CA			GBP	XX		XX		NVD	NVC

Airport of Destination WUHAN AIRPORT CHINA	Flight/Date CA938/22	Flight/Date CA F. AV.	Amount of insurance

Handling Intonation
4 CTNS ADDRESSED INVOICES ATTACHED, PLEASE NOTIFY CONSIGNEE ON ARRIVAL
"FREIGHT PREPAID" IRREVOCABLE DOCUMENTARY CREDIT NUMBER：LC42115103A

No. of pieces RCP	Gross Weight	kg lb	Rate Class Commodity Item No.	Chargeable Weight	Rate Charge	Total	Nature and Quantity of Goods (incl. Dimensions or Volume)
4	147.0	K	Q	176.0 VOL	5.06	890.56	989 AA SPECTROMETER AND ACCESSORIES ONE SET USD 28 000.00 CATALOG NUMBER 942339692352 HELOITS ALPHA PRISM SYSTEM SPECTROMETER AND ACCESSORIES ONE SET USD 8 000.00 P/N 9423UVA1000E HELIOS GAMMA UV-VISIBLE SPECTRO-METER ONE SET USD5084.34 P/N 9423UVG1000E TOTAL：USD41084.34 CIF WUHAN AIRPORT, PACKING CHARGES INCLUDED. **
				** PACKING：BY STANDARD EXPORT PACKING MANUFACTURER：UNICAM LIMITED U. K. SHIPPING MARK：15FGQM49-9001CE(LZH) WUHAN CHINA			
4	147.0						

Prepaid 890.56	Weight Charge	Collect	Other Charges AWA　5.25 CHC　14.50
Valuation Charge			
Tax			
Total other Charges Due Agent 　5.25			Shipper certifies that the particulars on the face hereof are correct and that insofar as any part of the consignment contains dangerous goods, such part is properly described by name and is In proper condition for carriage by air according to the applicable Dangerous Goods Regulations. 　　　　INTER FORWARD FREIGHT SERVICES 　　　　Signature of Shipper or his Agent
Total other Charges Due Carrier 　14.50			
Total Prepaid 　910.31	Total Collect		22 MARCH 2015　　　CAMBRIDGE Executed on (Date) at (Place) Signature of Issuing Carrier or its Agent
Currency Conversion Rates	Charges in Dest Currency.		
For Carrier's Use only at Destination	Charges at Destination		Total Collect Charges

案例 3.2　信用证没有要求实际发运日期[①]

空运单情况：Issuance Date：June 20, 2006

　　　　　　 Flight No. 127

　　　　　　 Date of Dispatch：July 5, 2006

汇票表示：Date of Draft：July 15, 2006

开证行认为,信用证没有要求实际发运日期,空运单签发日期即视为装运日期,故将 6 月 20 日作为装运日,从此至汇票日期（即单据交到银行日）共 25 天,超过 21 天,开证行认为这是延迟交单的不符点而拒付。

受益人认为,空运单有一个专项批注的发运日 7 月 5 日,那是装运日期,从此至汇票日期 7 月 15 日仅 10 天,没有超过 21 天,不是延迟交单的不符点。

过去,根据 UCP500 的规定,国际商会银行委员会认为,即使空运单有了专项批注的发运日期,因为信用证没有要求批注实际发运日,故仍然要以出单日作为装运日,延迟交单的不符点可以成立。

现在,根据 UCP600 的规定,空运单专项批注的发运日 7 月 5 日就是实际发运日期。延迟交单的不符点不成立。

第三节　其他运输单据

除了海运提单和空运单外,国际贸易运输单据还包括铁路运单和联运单据。

一、铁路运输单据

铁路运输可分为国际铁路联运和国内铁路运输两种方式,前者使用国际铁路联运单,后者使用承运货物收据。通过铁路对香港、澳门地区出口的货物,由于国内铁路运单不能作为对外结汇的凭证,故使用承运货物收据这种特定性质和格式的单据（黎孝先, 2007, p.132）。

（一）国际铁路联运运单

国际铁路联运运单是国际铁路联运的主要运输单据,它是参加联运的发送国铁路与发货人之间订立的运输契约,其中规定了参加联运的各国铁路和收、发货人的权利和义务。对收、发货人和铁路都具有法律约束力。当发货人向始发站提交全部货物,并付清应由发货人支付的一切费用,经始发站在运单和运单副本上加盖始发站日期戳记,证明货物已被接妥承运后,即认为运输合同已经生效。

[①] 案例及国际商会银行委员会根据 UCP500 的规定所作出的裁定引自苏宗祥等（2004, pp.334—336）。笔者增加了根据 UCP600 的规定的新的判断意见。

运单正本随同货物到达终到站,并交给收货人,它既是铁路承运货物出具的凭证,也是铁路与货主交接货物、核运杂费和处理索赔与理赔的依据。运单副本与运输合同缔结后交给发货人,是卖方凭以向收货人结算货款的主要证件。

(二)承运货物收据

承运货物收据(Cargo Receipt)是在特定运输方式下所使用的一种运输单据,它既是承运人出具的货物收据,也是承运人与托运人签订的运输契约。中国内地通过铁路运往港、澳地区的出口货物,一般多委托中国对外贸易运输公司承办。当出口货物装车发运后,中国对外贸易运输公司即签发一份承运货物收据给托运人,以作为对外办理结汇的凭证。它还是收货人凭以提货的凭证。

承运货物收据的实际内容和海运提单基本相同,主要区别是它只有第一联为正本。在该正本的反面印有"承运简章",载明承运人的责任范围。该简章第二条规定,由该公司承运之货物,在铁路、轮船、公路、航空及其他运输机构范围内,应根据各该机构的规章办理。可见,承运货物收据不仅适用于铁路运输,也可用于其他运输方式(黎孝先,2007,p.133)。

二、国际多式联运单据

国际多式联运单据(Multimode Transport Document,M.T.D.;Combined Transport Document,C.T.D.),是指证明国际多式联运合同以及证明多式联运经营人接管货物,并负责按照合同条款交付货物的单据。它是适应国际集装箱运输需要而产生的,在办理国际多式联运业务时使用。国际多式联运单据也称为国际多式联运提单(Multimode Transport B/L)。

国际集装箱多式联运经营人在接收集装箱货物时,应由本人或其授权的人签发国际集装箱多式联运单据。多式联运单据并不是多式联运合同,而只是多式联运合同的证明,同时是多式联运经营人收到货物的收据和凭其交货的凭证。根据中国于1997年10月1日施行的《国际集装箱多式联运管理规则》,国际集装箱多式联运单据(简称"多式联运单据")是指证明多式联运合同以及多式联运经营人接管集装箱货物并负责按合同条款交付货物的单据,该单据包括双方确认的取代纸张单据的电子数据交换信息。

(一)多式联运单据的内容

对于国际集装箱多式联运单据的记载内容,《联合国国际货物多式联运公约》以及中国的《国际集装箱多式联运管理规则》都作了具体规定。根据中国的《国际集装箱多式联运管理规则》的规定,多式联运单据应当载明下列事项:

(1)货物名称、种类、件数、重量、尺寸、外表状况、包装形式;
(2)集装箱箱号、箱型、数量、封志号;
(3)危险货物、冷冻货物等特种货物应载明其特性、注意事项;
(4)多式联运经营人名称和主营业场所;

(5) 托运人名称；

(6) 多式联运单据表明的收货人；

(7) 接受货物的日期、地点；

(8) 交付货物的地点和约定的日期；

(9) 多式联运经营人或其授权人的签字及单据的签发日期、地点；

(10) 交接方式,运费的支付,约定的运达期限,货物中转地点；

(11) 在不违背中国有关法律、法规的前提下,双方同意列入的其他事项。

当然,缺少上述事项中的一项或数项,并不影响该单据作为多式联运单据的法律效力。

《联合国国际货物多式联运公约》对多式联运单据所规定的内容与上述规则基本相同,只是公约中还规定多式联运单据应包括下列内容:(1) 表示该多式联运单据为可转让或不可转让的声明;(2) 如在签发多式联运单据时已经确知,应注明预期经过的路线、运输方式和转运地点等。

（二）多式联运单据的转让

多式联运单据分为可转让的和不可转让的。根据《联合国国际货物多式联运公约》的要求,多式联运单据的转让性在其记载事项中应有规定。

可转让的多式联运单据具有流通性,可以像提单那样在国际货物买卖中扮演重要角色。《联合国国际货物多式联运公约》规定,多式联运单据以可转让方式签发时,应列明按指示或向持票人交付:如列明按指示交付,须经背书后转让;如列明向持票人交付,无须背书即可转让。此外,如签发一套一份以上的正本,应注明正本份数;如签发任何副本,每份副本均应注明"不可转让副本"字样。对于签发一套一份以上的可转让多式联运单据正本的情况,如多式联运经营人或其代表人已正当按照其中一份正本交货,该多式联运经营人便已履行其交货责任。

不可转让的多式联运单据则没有流通性。多式联运经营人凭单据上记载的收货人而向其交货。按照《联合国国际货物多式联运公约》的规定,多式联运单据以不可转让的方式签发时,应指明记名的收货人。同时规定,多式联运经营人将货物交给此种不可转让的多式联运单据所指明的记名收货人或经收货人通常以书面正式指定的其他人后,该多式联运经营人即已履行其交货责任。

对于多式联运单据的可转让性,中国的《国际集装箱多式联运管理规则》也有规定。根据该规则,多式联运单据的转让应依照下列规定执行：

(1) 记名单据:不得转让；

(2) 指示单据:经过记名背书或者空白背书转让；

(3) 不记名单据:无须背书,即可转让。

第四节 保险单据

海运、空运、公路和铁路运输过程存在各种风险,因此有必要对货物投保。当被保险货物受到保单责任范围内的损失时,保单就是索赔和理赔的依据。同时,在 CIF 合同中,保单又是卖方向买方提供的出口结汇单据之一。

如前所述,金融单据,尤其是汇票,用于金钱索偿权的转让。提单用于货物所有权的转让,保险单用于货物保障权的转让。

一、保险单据的定义和作用

简单地说,保险单据是保险公司对被保险人签发的承保证书,也是双方之间保险合同的证据。

在国际贸易中,当被保险货物遭受损失时,保险单据是被保险人索赔的主要依据,也是保险公司理赔的主要依据,所以,在货物出险后,只有在同时掌握提单和保险单据的情况下,才是真正掌握了货权(苏宗祥等,2004,p.363)。此外,在 CIF、CIP 等价格条款下,保险单据又是卖方向买方提供的出口单据之一。

二、保险单据的基本当事人

(一)保险人

保险人(Insurer)是经营保险业务的当事人,承保人有取得保险费的权利,有根据承保范围给予赔偿的义务。以保险人身份经营保险业务的机构或个人有:

1. 保险公司(Insurance Company):以公司名义注册的保险经营组织
2. 保险商(Under Writer):个体保险经营人,英国特有。
3. 保险代理(Insurance Agent):保险公司通过签订代理协议聘请的海外机构,代办检验、批改保单等。
4. 保险经纪人(Insurance Broker):代理被保险人投保、赚取佣金的中间人。

(二)被保险人

被保险人(Insured)是指购买保险、有权按保险合同的规定向保险人请求赔偿的当事人。被保险人可以通过背书将请求赔偿的权利转让他人。在 CIF 条件下,由卖方投保,被保险人是信用证卖方(受益人),卖方对保单进行背书,将请求赔偿的权利转让给银行或买方;在 FOB、CFR 条件下,由买方投保,被保险人填写买方名称。

示例 3.3 是一份中国人民保险公司的保险单。

示例 3.3　中国人民保险公司保险单①

中 国 人 民 保 险 公 司
THE PEOPLE'S INSURANCE COMPANY OF CHINA
Head Office: BEIJING　　Established in 1949
海 洋 货 物 运 输 保 险 单
MARINE CARGO TRASPORTATION INSURANCE POLICY

Policy No.

中国人民保险公司（以下简称本公司）
This Policy of Insurance witnesses that The People's Insurance Company of China (hereinafter called "the Company"),

根　据＿＿＿＿＿＿＿＿＿＿＿＿＿＿＿（以下简称被保险人）的要求，
at the request of ＿＿＿＿＿＿＿＿＿＿＿＿＿＿＿ (hereinafter called "the Insured")

由被保险人向本公司缴付约定的保险费，
and in consideration of the agreed premium paid to the Company by the Insured,

按照本保险单承保险别和背面所载条款与下列特款承保下述货物运输保险，
undertakes to insure the undermentioned goods in transportation subject to the conditions of this Policy as per the Clause printed overleaf and other special clauses attached hereon.

特立本保险单。

标记 Marks & Nos.	包装及数量 Quantity	保险货物项目 Description of Goods	保险金额 Amount Insured

总保险金额：
Total Amount Insured:＿＿＿＿＿＿＿＿＿＿＿＿＿＿＿＿＿＿＿＿＿＿＿＿＿＿

保　费　　　　　　　费率　　　　　　　装载运输工具
Premium: as arranged　Rate: as arranged　Per conveyance S.S.＿＿＿＿＿＿

开航日期　　　　　　自　　　　　　　　至
Slg. on or abt. As Per B/L　From ＿＿＿＿＿＿　to ＿＿＿＿＿＿＿＿＿

承保险别
Conditions

所保货物，如遇出险，本公司凭本保险单及其他有关证件给付赔款。
Claims, if any, payable on surrender of this Policy together with other relevant documents.

所保货物，如发生本保险单项下负责赔偿的损失或事故，
In the event of accident whereby loss or damage may result in a claim under this Policy immediate notice 应立即通知本公司下述代理人查勘。
applying for survey must be given to the Company's Agent as mentioned hereunder:
＿＿＿＿＿＿＿＿＿＿＿＿＿＿＿＿＿＿＿＿＿＿＿＿＿＿＿＿＿＿＿＿＿＿＿＿
＿＿＿＿＿＿＿＿＿＿＿＿＿＿＿＿＿＿＿＿＿＿＿＿＿＿＿＿＿＿＿＿＿＿＿＿

赔款偿付地点
Claim payable at ＿＿＿＿＿＿＿

日　期　　　　　　　　　　　　　　　　　中国人民保险公司
Date ＿＿＿＿＿＿＿＿＿＿　　　　　THE PEOPLE'S INSURANCE CO. OF CHINA

---

① 引自李元旭、吴国新(2005, p.152)。

三、保险单的基本内容

保险单既然是保险人与被保险人订立保险合同的正式书面证明,其记载的内容是合同双方履行的依据,那么保险单就必须明确地、完整地记载保险合同双方当事人的权利、义务及责任。保险单的基本内容包括正面记载事项和背面的保险条款。表 3.7 列示了一张保险单的基本内容。

表 3.7 保险单的基本内容

	保险单的基本内容	保险单的具体事项
正面	当事人	保险人
		被保险人
	保险标的物	品名
		数量
		发票号
	费用	保险金额
		保费
		费率
	运输情况	船名
		装期
		装货港、到货港
	赔付条件	险别
		索赔单据
		检验或理赔代理
		赔付地点
		保险单据
		保险单号
		出单日期
反面	保险条款	

示例 3.4 是一份英国 ROYAL & SUNALLIANCE 公司的保险单。

示例 3.4　英国 ROYAL & SUNALLIANCE 公司保险单（正面）

ROYAL & SUNALLIANCE　　　　　　　　　　　ORIGINAL
CERTIFICATE OF MARINE INSURANCE　　　　No. LON 157208

Exporter's Reference　100032-1

THIS IS TO CERTIFY that ROYAL & SUNALLIANCE INSURANCE plc (hereinafter called the Company) has insured under Policy No. **MC912015** the undermentioned goods for the voyage and value stated on behalf of **UNICAM LIMITED ATOMIC ABSORPTION, PO BOX 207, YORK STREET, CAMBRIDGE CB1 2SU ENGLAND　FAX:01223 374437　TEL:01223 358866**

CONDITIONS OF INSURANCE

Institute Cargo Clauses (A) but sending by Air (other than by post) subject to the
Institute Cargo Clauses (Air) (excluding sendings by post)
Institute War Clauses ⎫
Institute Strikes Clauses ⎬ appropriate to the mode of transit to which this certificate applies.
Institute Replacement Clause
Replacement Clause (Second-hand Machinery) ⎫
Institute Classification Clause ⎬ If applicable
Institute Radioactive Contamination Exclusion Clause ⎭

(The Institute Clauses referred to are those current at time of commencement of risk)

Shipped (per Vessel, Aircraft, etc.) **AIRCRAFT** Via **Beijing**	From (commencement of transit) **CAMBRIDGE** To (final destination) **WUHAN, CHINA**	Insured Value and Currency **USD45 192.77**

Marks and Numbers
**HUBEI PROVINCIAL INTERNATIONAL TRADE CORPORATION
4 JIANGHAN BEILU
WUHAN, CHINA**

IRREVOCABLE DOCUMENTARY CREDIT NUMBER: LC42115103A

**CLAIMS PAYABLE IN CHINA
IN CURRENCY OF THE DRAFT.

COVERING AIR TRANSPORTATION
ALL RISKS, WAR RISKS.**

Interest
FOUR CARTONS GROSS WEIGHT 147.0 KGS
989 AA SPECTROMETER AND ACCESSORIES ONE SET
USD28 000.00 CATALOG NUMBER 942339692352
HELIOS ALPHA PRISM SYSTEM SPECTORMETER ONE SET
AND ACCESSORIES USD8 000.00 P/N 9423UVA1000E
HELIOS GAMMA UV-VISIBLE SPECTROMETER ONE SET
USD5 084.34 P/N 9423UVG1000E
TOTAL: USD41 084.34

CIF WUHAN AIRPORT, Incoterms 2010 PACKING CHARGES INCLUDED.
PACKING: BY STANDARD EXPORT PACKING
MANUFACTURER: UNICAM LIMITED, U.K.
SHIPPING MARK: 15FGQM49-9001CE(LZH)
　　　　　　　　　　　WUHAN, CHINA
SHIPPED UNDER DECK BUT CONTAINER SHIPMENTS ON OR UNDER DECK

SURVEYS
In the event of loss or damage for which the Company may be liable, immediate notice must be given to
THE PEOPLE'S INSURANCE COMPANY OF CHINA, 108 HSI CHIAO MIN
HSIANG, P.O.BOX 2149, BEIJING in order that a Surveyor may, if necessary, be appointed.
CLAIMS payable at CHINA by AS ABOVE
Claims Settling Agents are not insurers and are not liable for claims arising on this certificate. The service of legal proceedings upon the Agents is not effective service for the purpose of starting legal proceedings against the Underwriters.
This Certificate is not valid unless countersigned.
UNICAM LIMITED ATOMIC ABSORPTION
PO BOX 207, YORK STREET,
CAMBRIDGE CB1 2SU ENGLAND

　　　　　　　　　　　　　　　　　　　　　　　　　　　　Date of Issue
MISS G A WYATT　　　Authorised Signatory　　　19 MARCH 2015

This Certificate may require to be stamped within a given period in order to conform with the laws of the country of destination. Holders are therefore advised to ascertain the amount of Stamp Duty, if any, required.
THIS CERTIFICATE REQUIRES ENDORSEMENT BY THE ASSURED.

　　　　　　　　　　　　　　　　　　　　　　　　　　　IMPORTANT—See Over

示例 3.4 英国 ROYAL & SUNALLIANCE 公司保险单(背面)

IMPORTANT

Procedure in the event of loss or damage for which Underwriters may be liable
Liability of Carriers, Bailees or other third parties.
　　It is the duty of the Assured and their Agents, in all cases, to take such measures as may be reasonable for the purpose averting or minimising a loss ant to ensure that all rights against Carriers, Bailees and other third parties are properly preserved and exercised. In particular, the Assured or their Agents are required:
　　1. To claim immediately on the Carriers, Port Authorities or other Bailees for any missing packages.
　　2. In no circumstances, except under written protest, to give clean receipts where goods are in doubtful condition.
　　3. When delivery is made by Container, to ensure that the Container and its seals are examined immediately by their responsible official.
　　If the Container is delivered damaged or with seals broken or missing or with seals other than as stated in the shipping documents, to clause the delivery receipt accordingly and retain all defective or irregular seals for subsequent identification.
　　4. To apply immediately for survey by Carriers' or other Bailees' Representatives if any loss or damage be apparent and claim on the Carriers or other Bailees for any actual loss or damage found at such survey.
　　5. To give notice in writing to the Carriers or other Bailees within 3 days of delivery if the loss or damage was not apparent at the time of taking delivery.
　　Note: The Consignees or their Agents are recommended to make themselves familiar with the Regulations of the Port Authorities at the port of discharge.

Documentation of Claims.
　　To enable claims to be dealt with promptly, the Assured or their Agents are advised to submit all available supporting documents without delay, including when applicable:
　　1. Original certificate of insurance.
　　2. Original or copy shipping invoices, together with shipping specification and/or weight notes.
　　3. Original Bill of Lading and/or other contract of carriage.
　　4. Survey report or other documentary evidence to show the extent of the loss or damage.
　　5. Landing account and weight notes at final destination.
　　6. Correspondence exchanged with the Carriers and other Parties regarding their liability for the loss of damage.

　　The Survey Fee is customarily paid by the claimant and included in a valid claim against the Company.

　　This insurance shall be subject to the exclusive jurisdiction of the English Courts. 168

四、保险单据的类别

（一）保险单

保险单（Insurance Policy）又称大保单，是保险合同成立之后保险人签发的证明文件，包括正面内容和背面条款，是完整的承保形式，具有法律效力，对双方当事人均有约束力。

（二）保险凭证

保险凭证（Insurance Certificate）又称小保单，是一种简化的保险单据。小保单的正面内容与大保单相同，但背面没有保险条款。小保单与大保单具有同等法律效力。但近年来，为实现单据规范化，不少保险公司已废除此类保险凭证。

（三）预约保单

预约保单（Open Policy）又称开口保单（Open Cover）、总保单、统保单，是保险公司与被保险人之间订立的长期性的总合同，确定了总保险的货物范围、险别、费率、责任、赔款处理等条款,凡属合同约定的运输货物,在合同有效期内自动承保。

预约保单项下货物,一经确定装船,被保险人立即以保险声明书(Insurance Declaration)的形式,将该批货物的名称、数量、保险金额、船名、起讫港口、航次、开航日期等通知保险人,保险人再签发小保单。

(四) 暂保单

暂保单(Cover Note)是保险人签发正式的保险单之前所出具的临时性证明。出具暂保单时,货物数量、保险金额、船名等尚未确定。在 FOB 或 CFR 条件下,保险人在收到被保险人的装船通知后才签发正式保险单。暂保单用于针对货物启运到签发正式保单这一时段的风险。

保险人和保险经纪人都可以出具暂保单。经纪人出具的暂保单不具备保险单的作用,保险人对经纪人出具的暂保单不负法律责任。

五、审核保险单据的注意要点

(一) 保险人

保险人又称承保人,必须是保险公司或保险商或其代理人,不能是保险经纪人(见 UCP600 第 28 条 a 款,国际商会中国国家委员会,2007,p.66)。

(二) 被保险人

被保险人又称保险抬头人,也就是这张保单的受益人。苏宗祥(1997,p.287)注意到被保险人的填写方式有两种情况:

(1) 当信用证规定如下:

  Insurance document issued to the order of ABC Bank;
  Insurance document issued in the favour of ABC Bank;
  Insurance document issued to our order;
  Insurance document issued in our favour.

被保险人应填写"信用证受益人(卖方)名称 + held to the order of (in favour of) ABC Bank"。

(2) 当信用证要求保险单抬头为中性名称,被保险人可以填写"To whom it may concern"。

(三) 承保险别

根据 UCP600 第 28 条 g 款得出,保险单的险别必须符合信用证所规定的险别。如信用证规定的投保含义不明确,如"通常险"(Usual Risks)或"惯常险"(Customary Risks),银行可按照所提交的保险单据填写的险别,予以接受,对未投保的任何险别不予负责。如信用证未规定应投保的险别,银行将按提交的保险单据予以接受,对未投保的任何险别不予负责。

(四) 保险单日期

苏宗祥(1997,pp.288—289)认为,在 CIF 条件下,如果保险公司提供仓至仓服务,那么就要求保险手续在货物离开出口方仓库前办理。保险单日期相应地填写货物离开仓库的日期,至少应早于提单 ON BOARD 日期。UCP600 第 28 条 e 款规定,保险单日期不得晚于发运日期,除非保险单表明保险责任不迟于发运日生效。

第五节　杂　项　单　据

本章前面介绍了海运提单、空运单、保险单三种最基本的商业单据。除以之外,商业单据还包括发票、装箱单、重量单、原产地证、装运通知、受益人证实的装运通知、卫生检疫证明、质量检验证明、进口许可证等,这些统称为杂项单据。杂项单据侧重于对货物的描述,全面反映合同内容,它们通常是由卖方制作或取得后交付银行审核,或者通过银行转交给买方,也是国际结算中必不可少的单据。本节将介绍其中几种杂项单据。

一、发票

发票(Invoice)是卖方在货物发出时开具的发货凭证,凭证上对所装货物作了比较详细的说明,也是卖方向买方收取出口货款的主要依据。国际结算中,卖方提供的发票,一般是指商业发票,此外还有海关发票、厂商发票、形式发票等,下面分别作介绍。

1. 商业发票

商业发票(Commercial Invoice)是卖方向买方开立的,凭以向买方收取货款的发货价目清单,是装运货物的总说明。它是卖方向买方的发货凭证,是卖方重要的履约证明文件;也是进出口双方办理报关、纳税的重要依据;还是办理索赔和理赔的重要凭证。

商业发票没有统一的格式,但必须符合合同的规定,文字描述必须与信用证完全一致。发票的主要内容有:

(1) 出票人名称和地址。出票人即卖方,应与信用证所规定的受益人的名称、地址相同。

(2) 发票名称。票面须载明"发票"(Invoice)字样。

(3) 发票抬头人(To)。抬头人即买方名称,应与信用证中所规定的严格一致。如果信用证中没有特别的规定,即将信用证的申请人或收货人的名称、地址填入此栏。如果信用证中没有申请人名字则用汇票付款人。总之,按信用证缮制。

(4) 发票号码(No.)。其由各出口公司自行编制。

(5) 发票签发日期(Date)。在全套商业单据中,发票是签发日期最早的单据。发票的签发日期不早于合同的签订日期,不迟于提单的签发日期。

(6) 信用证号码(L/C No.)。当采用信用证支付货款时,填写信用证号码。若信用证没有要求在发票上标明信用证号码,此项可以不填。当采用其他支付方式时,此项不填。

(7) 合同号(Contract No.)。合同号码应与信用证上列明的一致,一笔交易牵涉多个合同的,应在发票上表示出来。

(8) 起讫地(From...To...)。起讫地要填上货物自装运地(港)至目的地(港)的地名,有转运情况应予以表示。这些内容应与提单上的相关部分一致。如果货物需要转运则注明转运地。

（9）唛头（Shipping Marks）。在信用证项下，发票中的唛头应与信用证上规定的唛头严格一致，而且也要与提单、托运单据上的唛头相一致。如果无唛头，填写"N/M"（No mark）。

（10）货物的描述（Quantity & Descriptions）。信用证项下的发票对货物描述应严格与信用证的描述一致。如属托收方式的，发票对货物的描述内容可参照合同的规定结合实际情况进行填制。货物描述内容一般包括名称、数量、规格等。

（11）价格（Price）。价格分为单价（Unit price）和总价（Amount）。发票的单价包括计价货币、计价单位、单位价格金额和贸易术语四个部分，必须与信用证上的单价完全一致。总价应与汇票金额相同。在信用证项下，除非信用证上另有规定，否则总价不能超过信用证金额。

（12）声明文句

信用证要求在发票内特别加列船名、原产地、进口许可证号码等声明文句，制单时必须一一详列。

（13）签发人的签字或盖章

信用证项下，除非信用证另有规定，否则必须由受益人签发发票。发票必须加盖出口商印章，若信用证要求发票手续，必须另加负责人手签，否则视为无效发票。

商业发票的示例见示例3.5，共有三页。

2. 海关发票

海关发票（Customs Invoice）是有些国家的海关制定的一种固定格式的发票，要求国外出口商填写。进口国要求填写这种发票，主要是作为估价完税或征收差别待遇关税或反倾销税的依据。此外，还供编制统计资料之用（黎孝先，2007，p.341）。

海关发票格式与详细内容因国而异，其内容除商品品名、单价、总值等与商业发票相同外，还包括商品的成本价值（Cost/Value of Goods）和商品的生产国家（Country of Origin of Goods）等内容。

在填写海关发票时，一般应注意以下问题：

（1）各个国家（地区）使用的海关发票，都有其固定格式，不能混用。

（2）凡是商业发票和海关发票上共有项目的内容，必须与商业发票保持一致，不得相互矛盾。

（3）在"出口国国内市场价格"一栏，其价格的高低是进口国海关作为是否征收反倾销税的重要依据，应根据有关规定慎重处理。

（4）如成交价格为CIF价格术语，应分别列明FOB价、运费、保险费，这三者的总和应与CIF货值相等。

（5）签字人和证明人均须以个人身份出现，而且这两者不能为同一个人。个人签字均须以手签生效（黎孝先，2007，p.341）。

示例3.6是一份加拿大海关发票。

示例3.5　商业发票

UNICAM		**INVOICE**　RECHNUNG FACTURE FATURA	
UNICAM LIMITED ATOMIC ABSORPTION PO BOX 207, YORK STREET, CAMBRIDGE CB1 2SU ENGLAND FAX：01223 374437　TEL：01223 358866		Invoice number 　　　　100032-1	Account number 　　　　766198
		Invoice date（tax point） 　　　　19/03/15	Seller's reference 　　100032-1 Laura Chambers
		Customer reference 　15FGQM49-9001CE（LZH）	Order date 　　　　03/03/15
		Invoice to　HUBEI PROVINCIAL INTERNATIONAL 　　　　　　TRADE CORPORATION 　　　　　　4 JIANGHAN BEILU 　　　　　　WUHAN, CHINA	
		Customer VAT No：	
Vessel/flight no. and date	Port/airport of loading	Country of origin of goods 　　　SEE BELOW	Country of destination 　　　CHINA
Port/airport of discharge	Place of delivery	Terms of delivery and payment 　Delivery terms：Carriage and Insurance Paid to（CIP） 　Delivery Method：Airfreight 　Payment Terms：Payment under Letter of Credit	

Item	Description		Quantity	Unit price	Amount
001	SOLLAR 989 AA D BEAM AUTO QUADLAMP 　　HS90273000　S/N：500569	942339692352GB HZ =	1	25 593.12	25 593.12
002	AIR Compressor 　　HS90279090	942339003011GB HZ =	1	111.39	111.39
003	Slotted tube atom trap（STAT） 　　HS90279090	942339035011GB HZ =	1	780.70	780.70
004	Chromium Uncoded Hollow　　Cathode Lamp 　　HS902790900	942339020241GB HZ =	1	199.56	199.56
005	Cadmuim Uncoded Hollow　　Cathode Lamp 　　HS902790900	942339020481GB HZ =	1	218.91	218.91
006	Nichel Uncoded Hollow　　Cathode Lamp 　　HS902790900	942339020281GB HZ =	1	199.56	199.56
007	Copper Uncoded Hollow　　Cathode Lamp 　　HS902790900	942339020291GB HZ =	1	172.18	172.18
008	Lead Uncoded Hollow　　Cathode Lamp 　　HS902790900	942339020821GB HZ =	1	199.56	199.56
009	HELIOS ALPHA SPECTROMETER DOUBLE　BEAM 　　HS90273000　S/N：0600118	9423UVA1000EGB HZ =	1	7 677.26	7 677.26
010	10MM UV Silica cell 　　HS902790900	942316810421GB HZ =	7	93.06	651.42
011	SINGLE CELL HOLDER FOR UV SPECTROMETERS 　　HS902790900	9423UV51200EGB HZ =	1	165.76	165.76
012	20MM Glass Cell 　　HS902790900	942316810501GB HZ =	8	34.90	279.20
013	HELIOS GAMMA SPECTROMETERNON-SCANNING, 2NM 　　HS90273000　S/N：061109	9423UVG1000EGB HZ =	1	3 707.78	3 707.78

PFI Page No. 1
QUALITY SYSTEMS REGISTRATION BS EN ISO 9001：1994
Reg. Body：BSI Quality Assurance Reg. No：FM09032
All products are supplied within the scope of the
above Registration unless indicated by a "N"

示例 3.5 商业发票(续)

UNICAM	**INVOICE** RECHNUNG FACTURE FATURA		
UNICAM LIMITED ATOMIC ABSORPTION PO BOX 207, YORK STREET, CAMBRIDGE CB1 2SU ENGLAND FAX: 01223 374437 TEL: 01223 358866	Invoice number 100032-1	Account number 766198	
	Invoice date (tax point) 19/03/15	Seller's reference 100032-1 Laura Chambers	
	Customer reference 15FGQM49-9001CE(LZH)	Order date 03/03/15	

	Invoice to HUBEI PROVINCIAL INTERNATIONAL
	              TRADE CORPORATION
	              4 JIANGHAN BEILU
	              WUHAN, CHINA		

	Customer VAT No:		
Vessel/flight no. and date	Port/airport of loading	Country of origin of goods SEE BELOW	Country of destination CHINA

Port/airport of discharge	Place of delivery	Terms of delivery and payment
		  Delivery terms: Carriage and Insurance Paid to (CIP)
		  Delivery Method: Airfreight
		  Payment Terms: Payment under Letter of Credit	

Item	Description		Quantity	Unit price	Amount
014	100 MM UV Silica cell HS902790900	942316810421GB HZ =	1	93.06	93.06
015	20 MM UV Grade Silica cell HS902790900	942316810521GB HZ =	1	34.88	34.88
	STANDARD EXPORT PACKING PACKING SPECIFICATION/FOUR CARTONS: -- 1/4 @ 113×74×84 CMS CONT: ITEM 001 NETT WT. 92.0 KGS GROSS WT. 102.0 KGS 2/4 @ 58×45×49 CMS CONT: ITEMS 02-08 NETT WT. 15.0 KGS GROSS WT. 19.0 KGS 3/4 @ 56×53×38 CMS CONT: ITEMS 09-12 NETT WT. 12.5 KGS GROSS WT. 13.0 KGS 4/4 @ 56×53×38 CMS CONT: ITEMS 13-15 NETT WT. 12.5 KGS GROSS WT. 13.0 KGS : TOTAL NET WT. 132.0 KGS GROSS WT. 147.0 KGS : : IRREVOCABLE DOCUMENTARY LETTER OF CREDIT NUMBER: LC42115103A : GOODS COMMODITY 989 AA SPECTROMETER AND ACCESSORIES ONE SET USD28 000.00 PFI Page No. 2 QUALITY SYSTEMS REGISTRATION BS EN ISO 9001:1994 Reg. Body: BSI Quality Assurance Reg. No: FM09032 All products are supplied within the scope of the above Registration unless indicated by a "N"				

示例3.5 商业发票(续)

UNICAM		INVOICE RECHNUNG FACTURE FATURA	
UNICAM LIMITED ATOMIC ABSORPTION PO BOX 207, YORK STREET, CAMBRIDGE CB1 2SU ENGLAND FAX: 01223 374437　TEL:01223 358866		Invoice number 　　　　　　　　100032-1	Account number 　　　　　　　766198
		Invoice date(tax point) 　　　　　　　　19/03/15	Seller's reference 　　　100032-1 Laura Chambers
		Customer reference 　　15FGQM49-9001CE(LZH)	Order date 　　　　　　　　03/03/15
		Invoice to　HUBEI PROVINCIAL INTERNATIONAL 　　　　　　TRADE CORPORATION 　　　　　　4 JIANGHAN BEILU 　　　　　　WUHAN, CHINA	
		Customer VAT No:	
Vessel/flight no. and date	Port/airport of loading	Country of origin of goods 　　　SEE BELOW	Country of destination 　　　CHINA
Port/airport of discharge	Place of delivery	Terms of delivery and payment 　　Delivery terms: Carriage and Insurance Paid to (CIP) 　　Delivery Method: Airfreight 　　Payment Terms: Payment under Letter of Credit	

Item	Description	Quantity	Unit price	Amount
	CATALOG NUMBER 942339692352 HELIOS ALPHA PRISM SYSTEM SPECTROMETER ONE SET USD8 000.00 AND ACCESSORIES P/N 9423UVA1000E HELIOS GAMMA UV-VISIBLE SPECTROMETER ONE SET USD5 084.34 P/N 9423UVG1000E 　　　　　　　　　　　　　TOTAL: USD 41 084.34 　　CIP WUHAN AIRPORT, Incoterms 2010, PACKING CHARGES INCLUDED PACKING: BY STANDARD EXPORT PACKING MANUFACTURER: UNICAM LIMITED, U.K. SHIPPING MARK: 15FQM49-9001CE(LZH) 　　　　　　　　WUHAN CHINA : : CONTRACT NO. 15FQM49-9001CE(LZH) AND L/C NO. 　　　　　LC42115103A : : FOR AND ON BEHALF OF UNICAM LIMITER ATOMIC ABSORPTION 　　　　　(Signature) PFI Page No. 3 QUALITY SYSTEMS REGISTRATION BS EN ISO 9001:1994 Reg. Body: BSI Quality Assurance　Reg. No: FM09032 All products are supplied within the scope of the above Registration unless indicated by a "N" 　　　　　　　　　　　　TOTAL NET USD			41 084.34

示例 3.6 加拿大海关发票[①]

Revenue Canada Revenu Canada	**CANADA CUSTOMS INVOICE**
Customs and Excise Douanes et Accise	FACTURE DES DOU ANES CANADIENNE

1 Vendor (Name and Address) /Vendeur (Nom et adresse)	**2 Date of Direct Shipment to Canada**/Date d'expédition directe vers le Canada		
	3 Other References (Include Purchaser's Order No.) /Autres références (Inclure le n de commande de l'acheteur)		
4 Consignee (Name and Address) /Destinataire (Nom et adresse)	**5 Purchaser's Name and Address** (if other than Consignee) /Nom et adresse de l'acheteur (S'il differe du destinataire)		
	6 Country of Transhipment/Pays de transbordement		
	7 Country of Origin of Goods /Pays d'origine des marchandises	IF SHIPMENT INCLUDES GOODS OF DIFFERENT ORIGINS ENTER ORIGINS AGAINST ITEMS IN 12. /SI L'EXPÉDITION COMPREND DES MARCHANDISES D'ORIGINES DIEFÉRENTES, PRÉCISEZ LEUR PROVENANCE EN12.	
8 Transportation Give Mode and Place of Direct Shipment to Canada/Transport Preciser mode et point d'expédition directe Vers le Canada	**9 Conditions of Sale and Terms of Payment** (i. e. Sale, Consignment Shipment. Leased Goods, etc.) /Conditions de vente et modalités de paiement (p. ex. vente, expédition en consignation, location de marchan-dises. etc.)		
	10 Currency of Settlement/Devises du paiement		
11 No. of Pkgs /ND'e De colis	**12 Specification of Commodities** (Kind of Packages, Marks and Numbers, General Description and Characteristics, i. e. Grade, Quality)	**13 Quantity** (State Unit) /Quantité(Préciser l'unité)	Selling Price/Prix de vente
			14 Unit Price **15 Total** /Prix unitaire
18 If any of fields 1 to 17 are included on an attached commercial-invoice. Check this box ☐ /Si tout renseignement relativement aux zones 1 à 17 figure sur une oudes fuctures commerciales ci-attachées, cocher cette case Commercial Invoice No. _____ N° dela fucture commerciale	**16 Total Weight**/Poids Total		**17 Invoice Total** /Total de la facture
	Net	Gross/Bru	
19 Exporter's Name and Address (If other than Vendor) /Nom et adresse de l'exportatur (S'il deffère du vendeur)	**20 Originator** (Name and Address) /Expéditeur d'origine(Nom et adresse)		
21 Departmental Ruling (If applicable) /Décision du Ministère(S'il y a lieu)	**22** If fields 23 to 25 are not applicable, check this box ☐ /Si les zones 23 a 25 sont sans object, cocher cette boite		
23 If included in field 17 indicate amount: /Si compris dans le total a la zone 17 Préciser: (i) Transportation charges, expenses and insurance from the place of direct shipment to Canada. $_____ (ii) Costs for construction, erection and assembly incurred after importation into Canada. $_____ (iii) Export packing $_____	**24** If not included in field 17 indicate amount: /Si non copris dans le total à la zone 17 preciser: (i) Transportation charges. Expenses and insurance to the place of direct shipment to Canada. $_____ (ii) Amounts for commissions other than buying commissions. $_____ (iii) Export packing $_____		**25** Check (If applicable): /Cocher (S'il y a lieu): (i) Royalty payments or subsequent proceeds are paid or payable by the purchaser /Des redevances ou produits ont été ou seront versés par l'ache teur ☐ (ii) The purchaser has supplied goods or services for use in the production of these goods. /L'acheteur a fourni des marchandises ou des services pour la productiondeces march-andises ☐

DEPARTMENT OF NATIONAL REVENUE CUSTOMS AND EXCISE   MINISTERE DU REVENU NATIONAL   DOUANES ET ACCISE

---

① 转引自李元旭、吴国新(2005，p.121)。

3. 厂商发票

厂商发票(Manufacturer's Invoice)是根据进口方的要求,由出口商品的制造厂商开给出口商的售货发票,详述出口商品的具体情况。如果信用证有此单据要求,出口商应提供厂商发票。要求提供厂商发票的主要目的是检查出口国出口商品是否有削价倾销行为,供进口国海关估价、核税以及征收反倾销税之用。

厂商发票的填写应注意:

（1）在单据上部要印有醒目粗体字"厂商发票"(MANUFACTURER'S INVOICE)字样;

（2）抬头人填出口商;

（3）出票日期应早于商业发票日期;

（4）货物名称、规格、数量、件数必须与商业发票一致;

（5）货币应填出口国币制;

（6）货物出厂时,一般无出口装运标记,厂商发票不必缮打唛头,如来证有明确规定,则厂商发票也应打上唛头;

（7）厂方作为出单人,由厂方负责人签字盖章。

4. 形式发票

形式发票(Proforma Invoice)是一种非正式发票,是卖方对潜在的买方报价的一种形式,可以用作邀请买方发出确定的订单。发票上一般注明价格和销售条件,所以一旦买方接受此条件,就能按形式发票内容签订合约。由于形式发票上详细载明了进口货价及有关费用,所以有些国家规定可以凭形式发票申请进口许可证,或作为向海关申报货物价格之用。因此,买方常常需要形式发票,以作为申请进口和批准外汇之用。

二、装箱单

装箱单(Packing List)是表明出口货物的包装形式、规格、数量、毛重、净重、体积的一种单据,是用以说明货物包装细节的详细清单。装箱单作为商业发票的补充单据,便于国外买方在货物到目的港时,核对货物及供海关检查。

装箱单的主要内容包括:

（1）出口企业名称和地址(Exporter's Name and Address);

（2）单据名称(Name of Document):一般用英文粗体标出,如 Packing List (Note)、Packing Specifications、Specifications;

（3）装箱单编号(No.);

（4）出单日期(Date);

（5）唛头(Shipping Mark);

（6）品名和规格(Name of Commodity and Specifications)。

装箱单上关于货物的填写要求与商业发票及信用证描述一致。另外,与装箱单具有类似作用的还有:重量单(Weight Memo),用于说明货物重量细节的详细清单;尺码单(Measurement List),用于说明货物尺码细节的详细清单。

示例 3.7 是一份装箱单/重量单,共三页。

示例3.7 装箱单/重量单

UNICAM   PACKING LIST/WEIGHT MEMO

UNICAM LIMITED ATOMIC ABSORPTION PO BOX 207, YORK STREET, CAMBRIDGE CB1 2SU ENGLAND FAX: 01223 374437 TEL: 01223 358866		Invoice number	Account number 766198
			Invoice date (tax point) 19/03/15	Seller's reference 100032-1 Laura Chambers
			Customer reference 15FGQM49-9001CE(LZH)	Order date 03/03/15

			Invoice to HUBEI PROVINCIAL INTERNATIONAL
			                 TRADE CORPORATION
			                 4 JIANGHAN BEILU
			                 WUHAN, CHINA	

			Customer VAT No:	
Vessel/flight no. and date	Port/airport of loading	Country of origin of goods SEE BELOW		Country of destination CHINA
Port/airport of discharge	Place of delivery	Terms of delivery and payment		

Item	Description		Quantity	Unit price	Amount
001	SOLLAR 989 AA D BEAM AUTO QUADLAMP HS90273000 S/N: 500569	942339692352GB HZ =	1		
002	AIR Compressor HS90279090	942339003011GB HZ =	1		
003	Slotted tube atom trap (STAT) HS90279090	942339035011GB HZ =	1		
004	Chromium Uncoded Hollow Cathode Lamp HS902790900	942339020241GB HZ =	1		
005	Cadmuim Uncoded Hollow Cathode Lamp HS902790900	942339020481GB HZ =	1		
006	Nichel Uncoded Hollow Cathode Lamp HS902790900	942339020281GB HZ =	1		
007	Copper Uncoded Hollow Cathode Lamp HS902790900	942339020291GB HZ =	1		
008	Lead Uncoded Hollow Cathode Lamp HS902790900	942339020821GB HZ =	1		
009	HELIOS ALPHA SPECTROMETER DOUBLE BEAM HS90273000 S/N: 0600118	9423UVA1000EGB HZ =	1		
010	10MM UV Silica cell HS902790900	942316810421GB HZ =	7		
011	SINGLE CELL HOLDER FOR UV SPECTROMETERS HS902790900	9423UV51200EGB HZ =	1		
012	20MM Glass Cell HS902790900	942316810501GB HZ =	8		
013	HELIOS GAMMA SPECTROMETERNON-SCANNING, 2NM HS90273000 S/N: 061109	9423UVG1000EGB HZ =	1		
	QUALITY SYSTEMS REGISTRATION BS EN ISO 9001:1994 Reg. Body: BSI Quality Assurance Reg. No: FM09032 All products are supplied within the scope of the above Registration unless indicated by a "N" Page No. 1				

示例3.7 装箱单/重量单(续)

UNICAM		PACKING LIST/WEIGHT MEMO	
UNICAM LIMITED ATOMIC ABSORPTION PO BOX 207, YORK STREET, CAMBRIDGE CB1 2SU ENGLAND FAX: 01223 374437 TEL:01223 358866		Invoice number	Account number 766198
		Invoice date(tax point) 19/03/15	Seller's reference 100032-1 Laura Chambers
		Customer reference 15FGQM49-9001CE(LZH)	Order date 03/03/15
		Invoice to HUBEI PROVINCIAL INTERNATIONAL TRADE CORPORATION 4 JIANGHAN BEILU WUHAN, CHINA	
		Customer VAT No:	
Vessel/flight no. and date	Port/airport of loading	Country of origin of goods SEE BELOW	Country of destination CHINA
Port/airport of discharge	Place of delivery	Terms of delivery and payment	

Item	Description		Quantity	Unit price	Amount
014	100 MM UV Silica cell HS902790900	942316810421GB HZ =	1		
015	20 MM UV Grade Silica cell HS902790900	942316810521GB HZ =	1		
	STANDARD EXPORT PACKING PACKING SPECIFICATION/FOUR CARTONS: -- 1/4 @ 113×74×84 CMS CONT:ITEM 001 NETT WT. 92.0 KGS GROSS WT. 102.0 KGS 2/4 @ 58×45×49 CMS CONT:ITEMS 02-08 NETT WT. 15.0 KGS GROSS WT. 19.0 KGS 3/4 @ 56×53×38 CMS CONT:ITEMS 09-12 NETT WT. 12.5 KGS GROSS WT. 13.0 KGS 4/4 @ 56×53×38 CMS CONT:ITEMS 13-15 NETT WT. 12.5 KGS GROSS WT. 13.0 KGS : TOTAL NET WT. 132.0 KGS GROSS WT. 147.0 KGS : : IRREVOCABLE DOCUMENTARY LETTER OF CREDIT NUMBER: LC42115103A : GOODS COMMODITY 989 AA SPECTROMETER AND ACCESSORIES ONE SET USD28 000.00 QUALITY SYSTEMS REGISTRATION BS EN ISO 9001:1994 Reg. Body: BSI Quality Assurance Reg. No: FM09032 All products are supplied within the scope of the above Registration unless indicated by a "N" Page No. 2				

示例 3.7　装箱单/重量单(续)

UNICAM		PACKING LIST/WEIGHT MEMO	
UNICAM LIMITED ATOMIC ABSORPTION PO BOX 207, YORK STREET, CAMBRIDGE CB1 2SU ENGLAND FAX: 01223 374437　TEL:01223 358866		Invoice number 　　　　　　100032-1	Account number 　　　　　　766198
		Invoice date(tax point) 　　　　　　19/03/15	Seller's reference 　　100032-1 Laura Chambers
		Customer reference 15FGQM49-9001CE(LZH)	Order date 　　　　　　03/03/15
		Invoice to　HUBEI PROVINCIAL INTERNATIONAL 　　　　　　TRADE CORPORATION 　　　　　　4 JIANGHAN BEILU 　　　　　　WUHAN, CHINA	
		Customer VAT No:	
Vessel/flight no. and date	Port/airport of loading	Country of origin of goods 　　SEE BELOW	Country of destination 　　CHINA
Port/airport of discharge	Place of delivery	Terms of delivery and payment	

Item	Description	Quantity	Unit price	Amount
	CATALOG NUMBER 942339692352 HELIOS ALPHA PRISM SYSTEM SPECTROMETER ONE SET USD8 000.00 AND ACCESSORIES P/N 9423UVA1000E HELIOS GAMMA UV-VISIBLE SPECTROMETER ONE SET USD5 084.34 P/N 9423UVG1000E 　　　　　　　　　　　TOTAL: USD 41 084.34 　　CIP WUHAN AIRPORT, Incoterms 2010, PACKING CHARGES INCLUDED PACKING: BY STANDARD EXPORT PACKING MANUFACTURER: UNICAM LIMITED, U.K. SHIPPING MARK: <u>15FQM49-9001CE(LZH)</u> 　　　　　　　WUHAN CHINA : : CONTRACT NO. 15FQM49-9001CE(LZH) AND 　　　　　　L/C NO. LC42115103A : QUALITY SYSTEMS REGISTRATION BS EN ISO 9001:1994 Reg. Body: BSI Quality Assurance　Reg. No: FM09032 All products are supplied within the scope of the above Registration unless indicated by a "N" Page No. 3			

三、原产地证书

原产地证书(Certificate of Origin, C/O)是由出口国政府有关机构签发的一种证明货物的原产地或制造地的法律文件。原产地证书主要用于证明出口货物的原产地,以此作为进口国海关对进口商品实行差别关税、进口限制和不同进口配额、不同税率的依据文件,也是出口通关、结汇和有关方面进行贸易统计的重要依据。

在中国企业的出口业务中,原产地证书有一般原产地证书(C/O 产地证)、普惠制原产地证书(GSP 产地证,或称 Form A)、输欧盟纺织品产地证等,具体选择使用哪一种产地证,需要根据信用证条款确定。在中国,原产地证书可以由国家出入境检验检疫局和中国国际贸易促进委员会签发。

示例 3.8 是一般原产地证书,示例 3.9 则是一份普惠制原产地证书。

示例 3.8　一般原产地证书

ORIGINAL

1. Exporter(full name and address)	CERTIFICATE NO **CERTIFICATE OF ORIGIN** **OF** **THE PEOPLE'S REPUBLIC OF CHINA**			
2. Consignee(full name, address, country)				
3. Means of transport and route	5. For certifying authority use only			
4. Country/region of destination				
6. Marks and numbers	7. Number and kind of packages description of goods	8. H. S. Code	9. Quantity	10. Number and date of invoices
11. Declaration by the exporter The undersigned hereby declares that the above details and statement are correct, that all the goods were produced in China and that they comply with the Rules of Origin of the People's Republic of China. ------------------------------ Place and date, signature and stamp of certifying authority signatory	12. Certification It is hereby certified that the declaration by the exporter is correct. ------------------------------ Place and date, signature and stamp of authorized			

示例3.9 普惠制原产地证书(Form A)

ORIGINAL

1. Goods consigned from (Exporter's business name, address, country)	Reference No: **GENERALIZED SYSTEM OF PREFERENCES CERTIFICATE OF ORIGIN** (Combined declaration and certificate) **FORM A** **Issued in** THE PEOPLE'S REPUBLIC OF CHINA (country) See Notes, overleaf
2. Goods consigned to (Consignee's name, address, country)	
3. Means of transport and route (as far as known)	4. For official use

5. Item number	6. Marks and numbers of packages	7. Number and kind of packages; description of goods	8. Origin criterion (see Notes overleaf)	9. Gross weight or other quantity	10. Number and date of invoices

11. Certification It is hereby certified, on the basis of control carried out, that the declaration by the exporter is correct. ---------- Place and date, signature and stamp of certifying authority signatory	12. Declaration by the exporter The undersigned hereby declares that the above details and statements are correct, that all the goods were produced in **CHINA** ---------- (country) and that they comply with the origin requirements specified for those goods in the Generalized System of Preferences for goods exported to ---------- (importing country) ---------- Place and date, signature of authorized signatory

普惠制原产地证书(Form A)的填制要求如下：

证书号：普惠制原产地证书标题栏(右上角)，填上检验检疫机构编定的证书号。

第1栏：出口商名称、地址、国家。此栏出口商公司名称应与注册时相同，必须填上国家、地址。

第2栏：收货人的名称、地址。除欧盟28国和挪威外，此栏须填上给惠国最终收货人的名称，不可填中间转口商的名称。

第3栏：运输方式及路线。(就所知道而言)一般应填上装货、到货地点(启运港、目的港)及运输方式(如海运、陆运、空运)。

第4栏：供官方使用。此栏由签证当局填写，正常情况下此栏空白。特殊情况下，签证当局在此栏加注。

第5栏：商品顺序号。如同批出口货物有不同品种，则按不同品种分列"1"、"2"、"3"……以此类推。单项商品，此栏填"1"。

第6栏：唛头及包装号。填具的唛头应与货物外包装上的唛头及发票的唛头一致；中国境内原产的产品，唛头不得出现中国境外的国家和地区制造的字样；如货物无唛头应填"N/M"。

第7栏：包件数量及种类，商品的名称。包件数量必须有英语和阿拉伯数字同时表示，注意：

(1) 如果包件数量上千以上，则千与百单位之间不能有"AND"连词。

(2) 数量、品名要求在一页内填完，如果内容过长，则可以合并包装箱数、品名。

(3) 包装必须填具体的包装种类。例如：POLYWOVEN BAG，DRUM，PALLET，WOODEN CASE……不能只填写"PACKAGE"。如果没有包装，应填写"NUDE CARGO"(裸装货)，"IN BULK"(散装货)，"HANGING GARMENTS"(挂装)。

(4) 商品名称必须具体填明，不能笼统填"MACHINE"(机器)、"GARMENT"(服装)等。对一些商品，例如玩具电扇，应注明为"TOYS：ELECTRIC FANS"，不能只列"ELECTRIC FANS"(电扇)。

(5) 商品的商标、牌名(BRAND)及货号(ARTICLE NUMBER)一般可以不填。商品名称等项列完后，应在下一行加上表示结束的符号，以防止加填伪造内容。国外信用证有时要求填写合同、信用证号码等，可加填在此栏空白处。

第8栏：原产地标准。主要有以下几种：

(1) 完全原产品，不含任何非原产成分，出口到所有给惠国，填写"P"。

(2) 含有非原产成分的产品，出口到欧盟、挪威、瑞士和日本，填写"W"，其后加上出口产品的H.S.品目号。

(3) 含有非原产成分的产品，出口到加拿大，填写"F"。条件：非原产成分的价值未超过产品出厂价的40%。

(4) 含有非原产成分的产品，出口到俄罗斯、乌克兰、白俄罗斯、哈萨克斯坦、捷克、斯洛伐克六国，填写"Y"，其后加上非原产成分价值占该产品离岸价格的百分比，例如"Y

38%"。条件:非原产成分的价值未超过产品离岸价的50%。

(5) 输往澳大利亚、新西兰的货物,此栏可以留空。

第9栏:毛重或其他数量。注:此栏应以商品的正常计量单位填,例如"只"、"件"、"双"、"台"、"打"等。例如:"3200 DOZ."或"6270 KGS."。以重量计算的则填毛重,只有净重的填净重亦可,但要标上"N.W."(NET WEIGHT)。

第10栏:发票号码及日期。注:此栏不得留空。月份一律用英文(可用缩写)表示,例如"PHK50016 Apr.6,2015"。此栏的日期必须按照正式商业发票填具,发票日期不得迟于出货日期。

第11栏:签证当局的证明。此栏填签证机构的签证地点、日期。注:此栏日期不得早于发票日期(第10栏)和申报日期(第12栏),而且应早于货物的出运日期(第3栏)。

第12栏:出口商的声明。进口国横线上填最终进口国,进口国必须与第3栏目的港的国别一致。

另外,申请单位应授权专人在此栏手签,标上申报地点、日期,并加盖申请单位中英文印章。手签人笔迹必须在检验检疫局注册登记,并保持相对稳定。此栏日期不得早于发票日期(第10栏)(最早是同日)。盖章时应避免覆盖进口国名称和手签人姓名。此证书一律不得涂改,不得加盖校对章。

四、装运通知

装运通知(Shipping Advice)又称装运声明(Shipping Statement/Shipping Declaration),一般是根据信用证或合同要求,在货物离开启运地后,由出口商发给进口商的通知一定数量的货物已经启运的通知文件。它一方面使进口商了解船舶在航行中的动态,以便及时接货;另一方面则起着保险通知的作用。

示例3.10是一份装运通知。

五、受益人证实的装运通知

受益人证实的装运通知(Beneficiary's Certified Copy of Shipping Advice)是指受益人在先前发送给收货人的装运通知副本上签字(盖章)予以证实,通常用作信用证项下的押汇单据之一。

示例3.11是一份受益人证实的装运通知。

示例 3.10　装运通知[1]

中国纺织品进出口总公司上海分公司
CHINA NATIONAL TEXTILES IMPORT&EXPORT CORPORATION
SHANGHAI BRANCH
27. CHUNGSHAN ROAD E.1.
SHANGHAI, CHINA
TEL:8621-65342517　FAX:8621-65724743

To: M/S

装运通知
SHIPPING ADVICE

发票号码 No.	日　期 Date ....

装船口岸 From	目的地 To ....
信用证号码 Letter of Credit No.	开证银行 Issued by ....

唛号 Marks & Nos.	货名数量 Quantities and Description	总值 Amount

上列货物装运船名
The above goods shipped per s.s. ....
开航日期
Sailing on or about ....

中国纺织品进出口总公司上海分公司
China National Textiles Imp. & Exp. Corporation
SHANGHAI BRANCH
SHANGHAI, CHINA

---

[1] 引自李元旭、吴国新(2005, p.232)。

示例 3.11　受益人证实的装运通知

UNICAM

```
UNICAM LIMITED ATOMIC ABSORPTION
PO BOX 207, YORK STREET,
CAMBRIDGE CB1 2SU ENGLAND
FAX: 01223 374437    TEL: 01223 358866


FAX MESSAGE

TO          : HUBEI PROVINCIAL INTERNATIONAL TRADE CORPORATION
              4 JIANGHAN BEILU, WUHAN, CHINA
FROM        : UNICAM LIMITED ATOMIC ABSORPTION PO BOX 207, YORK STREET,
              CAMBRIDGE CB1 2SU ENGLAND  FAX: 01223 374437  TEL: 01223 358866
RE          : Irrevocable Documentary Credit Number: LC42115103A
-------------------------------------------------------------------------------
As per the terms and conditions of the above mentioned Letter of Credit shipment details are as follows:
B/L (AWB) No.       : 999-92655452
Flight No.          : CA938 to Beijing
                      CA First Available to Wuhan
Shipping Date       : 22 March 2015
Contract No.        : 15FQM49-9001CE(LZH)
Commodity           : 989 AA Spectrometer and accessories one set USD28 000.00
                      Catalog number 942339692352
                      Helios Alpha Prism System Spectrometer one set USD8 000.00
                      and accessories P/N 9423UVA1000E
                      Helios Gamma UV-visible Spectrometer one set USD5 084.34
                      P/N 9423UVG1000E           TOTAL: USD41 084.34
                      CIP Wuhan Airport, Incoterms 2010, packing charges included
                      Packing: By Standard Export Packing
                      Manufacturer: Unicam Limited, U.K.
                      Shipping Mark: 15FQM49-9001CE(LZH)
                                     WUHAN CHINA
Quantity            : 4 Cartons (15 Items)
Weight              : Total Gross 147.0 Kgs
Value of Shipment   : USD41 084.34


Kind regards                              CERTIFIED TRUE COPY
                                          SIGNED   (Signature)
UNICAM LIMITED ATOMIC ABSORPTION
```

六、检验证书

检验证书(Inspection Certificate)是检验检疫机构对商品实施检验检疫后出具的证明文件,它是买卖双方交接货物、支付货款、办理索赔和理赔的重要依据。检验证书的具体作用如下:

第一,作为货物是否符合合同规定的凭证。在国际货物买卖中,卖方的主要义务是按合同规定的数量、品质交货。检验证书是由独立于买卖双方之外的第三方提供的,用以证明卖方所交付货物是否符合合同规定的数量、品质、包装等条款。

第二,作为报关单据。进出口检验检疫是一国对外贸易管制的重要内容之一,许多国家的法律法规都规定,在有关货物出入境时,当事人必须向海关提交符合规定的检验证书,否则海关不予放行。中国同样规定,对列入《出入境检验检疫机构实施检验检疫的进出境商品目录》中的商品实施强制检验,当事人办理报关手续时,必须提供检验证书作为报关单据。

第三,作为议付单据。在某些进出口业务中,根据买卖双方的自行约定,信用证项下所要求的单据包括检验证书。在此情况下,卖方向银行办理交单议付时,必须提供检验证书。

第四,作为索赔和理赔的依据。在国际货物买卖中,如果收货人提出索赔和有关责任方办理理赔,须出示由检验检疫机构签发的有关品质、数量、重量、价值、残损等证书,用以证明事实状态、明确责任归属。

在国际贸易实践中,常见的检验证书有以下几种:

(1) 品质证书(Inspection Certificate of Quality);
(2) 数量证书(Inspection Certificate of Quantity);
(3) 重量证书(Inspection Certificate of Weight);
(4) 价值证书(Inspection Certificate of Value);
(5) 原产地证书(Inspection Certificate of Origin);
(6) 卫生检验证书(Sanitary Inspection Certificate);
(7) 验残检验证书(Inspection Certificate on Damaged Cargo),即证明进出口商品残损情况、估算残损贬值程度、判定致损原因的证书。

此外,还有兽医检验证书、消毒检验证书、植物检疫证明等。检验检疫证书的具体式样见示例3.12。

除了由检验检疫机构出具的检验证书,在实际业务,也有由卖方/厂商自行出具的检验证书,如示例3.13所示。

示例 3.12　检验检疫证书①

中华人民共和国出入境检验检疫
ENTRY-EXIT INSPECTION AND QUARANTEE
OF THE PEOPLE'S REPUBLIC OF CHINA

正本
ORIGINAL

编号 No.

检 验 证 书
INSPECTION CERTIFICATE
OF QUALITY, QUANTITY AND WEIGHT

发货人
Consignor _____
收货人
Consignee _____
品名
Description of Goods _____
包装种类及数量
Number and Type of Packages _____
运输工具
Means of Conveyance _____

标记及号码
Mark & No.

检验结果
RESULTS OF INSPECTION
　　QUALITY：

　　QUANTITY：

　　WEIGHT：

印章　　　　　签证地点 Place of Issue _____　　签证日期 Date of Issue _____
Official Stamp　授权签字人 Authorized Officer _____　　签名 Signature _____

我们已尽所知和最大能力实施上述检验，不能因我们签发本证书而免除买方或其他方面根据合同和法律所承担的产品质量责任和其他责任。All inspections are carried out conscientiously to the best of our knowledge and ability. This certificate does not in any respect absolve the seller and other related parties from his contractual and legal obligations especially when product quality is concerned.

---

① 引自李昭华、潘小春(2012, p.195)。

示例3.13 卖方自行出具的品质检验证书

UNICAM LIMITED ATOMIC ABSORPTION

MANUFACTURER CERTIFICATE OF QUALITY
IRREVOCABLE DOCUMENTARY CREDIT NUMBER: LC42115103A

MANUFACTURER: UNICAM LIMITED ATOMIC ABSORPTION
PO BOX 207, YORK STREET,
CAMBRIDGE CB1 2SU ENGLAND
FAX: 01223 374437　TEL:01223 358866

GOODS
COMMODITY
989 AA SPECTROMETER AND ACCESSORIES ONE SET USD28 000.00
CATALOG NUMBER 942339692352
HELIOS ALPHA PRISM SYSTEM SPECTROMETER ONE SET USD8 000.00
AND ACCESSORIES
P/N 9423UVA1000E
HELIOS GAMMA UV-VISIBLE SPECTROMETER ONE SET USD5 084.34
P/N 9423UVG1000E
TOTAL: USD 41 084.34
CIF WUHAN AIRPORT, PACKING CHARGES INCLUDED
PACKING: BY STANDARD EXPORT PACKING
MANUFACTURER: UNICAM LIMITED, U.K.
SHIPPING MARK: 15FQM49-9001CE(LZH)
　　　　　　　　WUHAN CHINA
CONTRACT NO: 　15FQM49-9001CE(LZH)

TESTED FOR: 　HUBEI PROVINCIAL INTERNATIONAL
　　　　　　　TRADE CORPORATION
　　　　　　　4 JIANGHAN BEILU, WUHAN, CHINA

REF NO: 　10032-1

WE HEREBY CERTIFY THAT THE EQUIPMENT DESCRIBED ABOVE HAS BEEN FULLY TESTED IN ACCORDANCE WITH STANDARD PROCEDURE AND CONFORMS TO CONTRACT SPECIFICATIONS IN EVERY RESPECT.
PROCEDURES ARE IN ACCORDANCE WITH STANDARDS SET BY EN ISO 9001:1994.

SIGNED
　　(Signature)
FOR COMMERCIAL MANAGER

UNICAM LIMITED ATOMIC ABSORPTION, PO BOX 207, YORK STREET,
CAMBRIDGE CB1 2SU ENGLAND
FAX: 01223 374437　TEL:01223 358866

 **本章小结**

本章讨论国际结算中的商业单据。商业单据是以实现货物流通为目的的工具。本章将商业单据划分为两大类:(1) 核心商业单据:运输单据(海运提单、空运单、铁路运单、联运单据等)和保险单据。其中,海运提单用于货物所有权的转让,保险单用于货物保障权的转让。(2) 杂项商业单据:发票、装箱单、原产地证书、装运通知、检验证书等。其中,发票用于描述货物名称及价格,装箱单用于描述货物的装箱明细,原产地证书用于标明货物的原产地及国别,装运通知描述货物的运输状况,检验证书表明货物的数量或质量已经通过买卖双方约定的机构验证。本章重点介绍了海运提单、空运单和保险单,简要介绍了发票、装箱单、原产地证书、装运通知和检验证书。提单的主要内容是提单的类别、正面签字格式、货物已装船的标注和识别、预期船和预期装、卸港问题。空运单的格式与海运提单相似,但它不是物权凭证,收货人只能是记名抬头,不可转让。

复习思考题

一、名词解释

不记名提单　指示提单　1/3 正本提单　大保单　小保单

二、简答

1. 按照提单的抬头区分,提单分为哪几种?简述它们之间的异同。

2. 如何注明/识别货物已装船?

3. 提单的承运人名称是 Pan American Shipping Liner, Inc., 由代理人 Transarea International Cargo Ltd. 签发提单,签字格式是什么?

4. 什么是联合运输提单(CT B/L)?什么是联运提单(Through B/L)?两者有何异同?

5. 管辖提单的国际公约有哪些?

6. 发票有哪几种?各有何作用?

第四章

国际结算中的往来银行和支付系统

【学习目标】

- 了解往来银行的含义及其划分
- 理解联行及代理行
- 理解 SWIFT 和 SWIFT 报文结构
- 理解支付系统的含义及构成
- 掌握支付系统如何运作
- 理解主要全球结算货币的支付系统
- 理解 CHIPS 的运作

国际结算已经发展成为全球性的银行网络清算活动,没有哪一家银行能独立完成国际结算业务,而是众多银行在跨国货币的收付中相互合作,携手组织成一个纵横交错的全球银行间网络,从而形成无可替代的国际结算的中介服务体系(庞红课件[①],2007,第二章)。

第一节　国际结算中的往来银行

往来银行是指与某一银行(本行)共同完成国际结算业务的其他银行或机构。根据本行与其他银行或机构的注资关系,往来银行可以划分为注资机构和代理行两类,其中,注资机构又进一步分为派出机构和联行两类。往来银行的划分如图4.1所示。

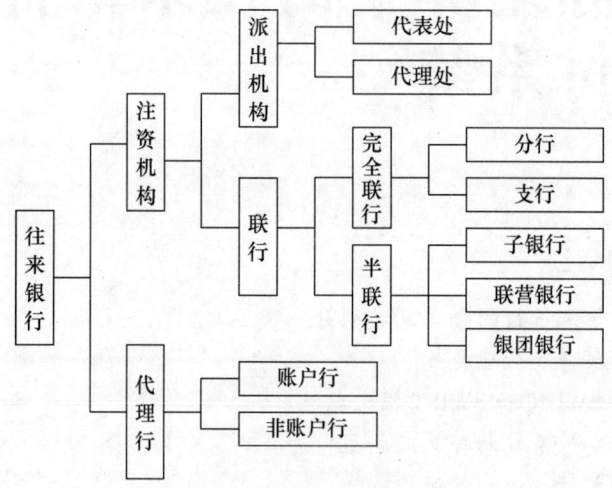

图 4.1　往来银行的划分

在图4.1中,本行对所有注资机构(包括派出机构和联行)都有资金注入,这种资金关系是本行与注资机构携手共同进行国际结算业务的纽带。本行对代理行则无资金注入,代理协议是本行与代理行携手共同进行国际结算业务的纽带。

一、注资机构

(一)派出机构

本行在境内外设立的代表处和代理处,都是本行的派出机构,它们深入异地金融环境,探询业务前景,起到耳目作用。

1. 代表处

代表处(Representative Office)是商业银行设立的非营业性机构,不能经营真正的银

---

① 庞红课件(2007)是指庞红等(2007)的教材的附属影像课件,主要是庞红的授课录像。笔者对该课件的标注,既指课件的书面内容,也指授课人口述内容。下同。

行业务,主要职能是探询新的业务前景,寻找新的盈利机会,开辟当地信息资源,还要代表母国银行进行公关活动,相当于本行的联络办公室。代表处是银行注资机构中级别最低、最简单的形式。但当一个银行准备在异国建立分行,一定要先有它的代表处。例如,东亚银行武汉代表处在 2007 年升格为分行。因此,代表处是分行和支行的过渡形式(庞红课件,2007,第二章)。

2. 代理处

代理处(Agency Office)又称办事处,是商业银行设立的能够转移资金和发放贷款,但不能在东道国吸收当地存款的金融机构。代理处是本行的一个组成部分,不具备法人资格,它是介于代表处和分行之间的机构。代理处可以从事一系列非银行存款业务。由于不能吸收当地存款,所以其资金来源于母国银行,或者可以从东道国银行间市场上同业拆借资金。

(二) 联行

联行(Sister Bank)是指银行根据业务发展的需要,设立在境内外最主要的一种盈利性机构,包括分行、支行、子银行、联营银行与银团银行五种形式。根据本行注入的资金程度,可将这五种形式划分为完全联行和非完全联行。

1. 分行

分行(Branch Bank)是商业银行设立的营业机构,它不是独立的法人,无论是在法律上,还是在业务上,它都是总行的有机组成部分。分行不仅要受到母国和东道国的法律、规章的制约,其业务范围也要与总行保持一致,总行对分行的活动负有完全的责任。

2. 支行

支行(Subbranch Bank)是分行下设的营业机构。支行的地位类似于分行,只是它直接属分行管辖,层次比分行低,业务范围比分行小。截至 2015 年 7 月,中国银行在海外设立了 90 多家分支行,比如中国银行纽约分行、中国银行新加坡分行,后者在分行下面有加东支行和唐城支行,它们都受到中国银行新加坡分行管辖。

3. 子银行

子银行(Subsidiary Bank)也称附属银行,是商业银行设立的间接营业机构,是按东道国法律注册的独立银行。子银行股权的全部或大部分属其母行,母行对它有控制权。子银行的经营范围较广,通常它能从事东道国国内银行所能经营的全部银行业务活动,在某些情况下,还能经营东道国银行不能经营的某些银行业务。子银行除可经营银行业务外,还可经营非银行业务,如证券、投资、信托、保险业务等。

4. 联营银行

联营银行(Affiliate Bank)也是按东道国法律注册的独立银行,它在法律地位、性质和经营特点上同子银行类似,区别是:联营银行的每一个投资者(包括母行)拥有少于 50%的股权,而子银行的全部或大部分股份可以被母行拥有。联营银行可以由两国或多国投资者建立,也可以由外国投资者通过购买当地银行部分股权而形成,其业务种类和数量视参股银行的性质而定(庞红等,2007,p.23)。

5. 银团银行

银团银行(Consortium Bank)通常是由两个以上不同国籍的跨国银行共同投资、按东道国法律注册的独立的合营银行,任何一个投资者所持有的股份都不超过50%。组成银团银行的母行大都是世界著名的跨国银行,银团银行一般在国际金融和国际贸易的中心城市注册。它的业务对象大部分是各国政府和跨国公司,大多进行的是单个银行无法经营的成本高、风险大、专业技术强、规模较大的业务。银团银行很少面向个人提供零售业务。

二、代理行

(一) 代理行的含义

世界上任何一家银行都不可能在全部与本国发生债权债务关系的国家建立注资机构,这样成本太大,也没有必要。银行一般选择与各个国家的其他银行建立代理关系,进行国际结算。银行通过签订代理协议(Correspondent Arrangement; Agency Arrangement, AA),委托其他国家/地区的银行办理国际结算业务,受托银行称为委托银行的代理行。

委托协议分为单方委托协议(One Side AA)和相互委托协议(Reciprocal AA)。签订双方委托协议的两家银行互为代理行。

对一家银行来说,代理行实际上不附属于本行,代理行关系就是不同国家银行之间建立的结算关系。通过代理行开展国际结算业务是最常见的方法。这种方法只需支付代理费即可,成本较低。

(二) 账户行和非账户行

代理行有两种类型:账户行和非账户行。

代理行之间,除了代理关系,还可能开立存款账户。这种等级比较高的代理行叫做账户行,也称甲种代理行。账户行间的支付,大都通过开立的账户进行结算。选择建立账户行,一般应是业务往来多、资金实力雄厚、支付能力强、经营作风好、信誉卓著、地理位置优越以及世界主要货币国家的银行。账户行必然是代理行,而代理行并不一定是账户行。

没有相互开设存款账户的代理行,即为非账户行,也称乙种代理行。非账户行之间的货币收付需要通过第三家银行的参与才能实现,这家银行拥有双方代理行的账户。如中国向以色列出口100箱长裤,双方没有互相开设账户,但双方都在香港的汇丰银行开设有港币账户。在进行国际货款收付时,就通过香港的汇丰银行进行结算(庞红课件,2007,第三章)。

国际商业银行之间互设账户,就像存款人在储蓄所开户一样,不同之处在于:这里的存款人并非某一具体个人,而是另外一家银行罢了。例如,一国的商业银行A在另一国的商业银行B处开设存款账户,从而B成为代理行,A成为被代理行(见图4.2)。

如果两家银行互设对方的货币账户,那么两家银行互为代理行。图4.3以中国和美国的两家银行互设美元和人民币账户为例说明互为代理行的情况。

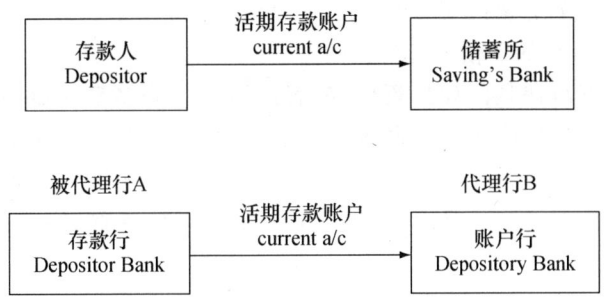

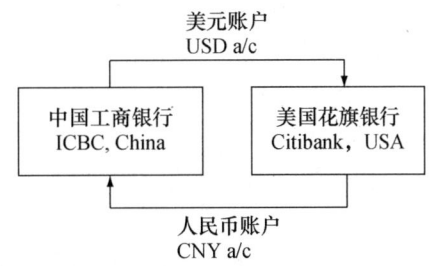

图 4.2 代理行作为被代理行的存款行

图 4.3 代理行、被代理行互为存款行

（三）往账与来账

代理行之间相互开立的存款账户又叫往来账户。

在本国银行的立场上，本国银行在外国银行开立的账户叫往账（Nostro Account）。它通常是用外国货币开立的。比如，中国工商银行在美国花旗银行开立的美元账户，对于中国工商银行而言就是往账。工商银行可以用这个账户上的货币在国外直接进行支付。

在本国银行的立场上，外国银行在本国银行开立的账户叫做来账（Vostro Account）。它通常是用本国货币开立的。比如，汇丰银行在中国建设银行开立的人民币账户，外国银行可以用这个账户上的货币在当地直接支付。来账也可以用外国货币开立，比如汇丰银行也可以在中国建设银行开立美元账户。

事实上，本国银行的往账就是外国银行的来账。图 4.3 中，中国工商银行在美国花旗银行开立的美元账户，对于工商银行而言是往账，对花旗银行而言是来账。

代理行之间委办各项国际业务所涉及的货币收付行为，表现为有关银行之间账户上余额相应的增加与减少。如果甲行在乙行的存款增加，说明甲行从乙行收到相应的金额；如果存款减少，说明甲行付给乙行相应金额。在银行术语中，"增加金额"叫做"贷记"（To Credit），"减少金额"叫做"借记"（To Debit）。如果乙行对甲行说"已贷记你行账"，表明乙行在甲行的账户上增加一笔金额；如果乙行对甲行说"请借记我行账"，那么甲行就在乙行的账户上减掉一笔金额。

（四）代理行关系的建立

代理行关系一般由双方银行的总行直接建立，分支行不能独立对外建立代理行关系。这一般要经过三个步骤：

1. 考察候选代理行的资信

即进行资信调查与评估。如果资信好，就能够开展许多金融业务。这个过程中，可以利用总行掌握的资源和信息进行调查。例如，中国银行有其国际业务部，工作人员有各个银行的资料，尤其是它们的信用等级、经营作用及经营理念。以此为依据，可以考察对方是否可以成为代理行。一般而言，银行只同那些资信良好、经营作风正派的海外银行建立代理关系。

2. 签订代理协议并互换控制文件

如果双方银行同意相互建立代理关系，则应签订代理协议。为使代理业务真实、准确、快捷、保密，代理行之间还要相互发送控制文件。

代理协议一般包括双方银行名称、地址、代理范围(代理业务项目、代理币种、开立账户)、协议生效日期、代理期限、适用分支行以及控制文件构成。代理协议的具体内容见示例4.1。以中国银行为例，当中国银行与汇丰银行建立代理关系时，会告诉汇丰银行，中国银行的哪些分支行从事国际结算业务，例如中国银行上海分行、天津分行(庞红课件,2007,第三章)。

控制文件(Control Documents)是指代理行之间委托业务时的凭据。一般由下列项目构成：密押、印鉴和费率表。

(1) 密押、SWIFT密押

密押(Test Key)，也称电传密押，是两家银行事先约定的专用押码，在发送电报或电传时，由发送行在电文中加注密押，经接收行核对，用以确认电报或电传的真实性。国际结算中所有资金转移均通过电报或电传进行，因此应由绝对可靠的人经营，使用1—2年后应当更换新的密押，以确保安全(苏宗祥、徐捷,2008,p.88)。

SWIFT密押(SWIFT Authentication Key)是独立于电传密押之外、在代理行之间交换的、仅供双方在收发SWIFT电讯时使用的密押。SWIFT密押对全部电文，包括所有的字母、数字和符号进行加押，其准确程度远远超过电传密押。SWIFT密押由两组各由字母A—F和数字0—9共32个随机产生的字符串组成。交换SWIFT密押的两行可以各用各押，也可共用你押或我押。双方在各自的SWIFT密押文件中输入约定的押值，并互发测试电报予以证实，此后，双方的收发电将由SWIFT系统密押文件自动审核。SWIFT密押对全部文件包括所有字母、数字和符号进行加押，其准确程度远远超过电传密押。按照SWIFT守则规定，代理行之间的SWIFT密押每半年更换一次。SWIFT正式报文第1类、第2类、第3类、第4类、第5类、第6类、第7类、第8类均为押类电报，第9类和第10类则不须加押。

(2) 印鉴

中文字面含义是印章的鉴别样本，英文字面含义是授权签字的样本集子。印鉴(Booklet of Authorized Signature)是银行有权签字人的印章、签字的样本。银行之间的信函、凭证、票据等，经有权签字人签字后，寄至收件银行，由收件银行将签名与所留印鉴进行核对，如果相符，即可确认其真实性。代理行印鉴由总行互换，包括总行及所属建立了代理关系的分行的有权签字人的签字式样。

示例 4.1　代理协议①

Agency Arrangement

Bank A and Bank B through friendly negotiation and on the basis of equality and mutual benefits agree to establish correspondent relationship for the cooperation of banking business as follows:

Office concerned:
Bank A including its xxx branches
Bank B including its xxx branches
Additional branches will be included through negotiation whenever business requires.

Control documents:
Each party will send its booklet of Authorized Signatures and Schedule of Terms and Conditions to the other party.
Each party's telegraphic test key is supplied to the other party for mutual use.

Currency for transactions:
U.S. Dollars, Hong Kong Dollars, Euro, Pound Sterling
Other currencies will be included through negotiation whenever it is necessary.
Account will be opened through negotiation according to the development of business.

Business transactions:
1. Remittance
Each party may ask the other party to pay by draft, mail transfer, telegraphic transfer. At the time of drawing cover is to be remitted to the designated account of the paying party.
2. Letter of Credit
Each party may issue by mail or by cable the letter of credit to the other party nominated as advising bank. Appropriate instruction is to be embodied in each credit advice with regard to reimbursement.
3. Collection
Each party may send collections directly to the other party with specific instruction in each individual case regarding the disposal of proceeds.
4. Each party may request the other party to provide the credit standing of their clients.

This arrangement becomes effective immediately on the date of signing of both parties and will terminate after receipt of either party's advise three months prior to the date of termination.

Bank A　　　　　　　　　　　　　　　　　　　　　　　　Bank B

(3) 费率表

费率表(Schedule of Terms and Conditions)是银行承办各项业务的收费标准,一方银行委托业务,按被委托银行收费标准收费。一般由总行制定并对外发布,各分支行据此

---

① 引自苏宗祥(1997,p.386)。

执行。对方银行委托我方银行办理业务,按照我方银行费率表收取费用;我方银行委托国外银行办理业务,则按对方银行费率收费。费率应定得适当、合理:收费过高会削弱我方银行竞争力,失去许多业务机会;收费过低则影响经济效益。

3. 双方银行确认控制文件

收到对方银行发来的控制文件后,如无异议,即可确认,此后便照此执行。

三、选择往来银行的优先次序

选择往来银行进行国际结算,通常以完全联行为最优,非完全联行次之,非账户行最后,即完全联行→不完全联行→账户行→非账户行。

虽然联行与代理行、账户行与非账户行都可办理国际结算的有关业务,但它们对己方银行的影响是不同的。在办理结算和外汇业务时,联行是最优选择。这是因为本行与联行是一个不可分割的整体,同在一个总行的领导下,不仅相互之间非常熟悉和了解,而且从根本上说是利益共享、风险共担的。因此让海外联行开展有关业务,海外联行必然会尽最大努力圆满地完成所委托的业务,保证服务质量,减少风险,而且能使肥水不流外人田,将业务留在本行系统。

但联行数量毕竟有限,因此在绝大多数没有联行的地区还得依靠代理行来进行。与建立联行关系相比,代理行关系的建立成本更低、更灵活、更普遍,在国际结算中具有相当重要的地位。在代理关系中,账户行的关系更密切、更方便。因此,账户行选择的优先地位仅次于联行。与账户行之间的业务委托也十分方便,只要通过账务往来即可完成委托。在同一城市或地区有多个账户行的情况下,要选择资信最佳的银行办理业务。

在没有联行和账户行的少数地区,要开展业务只能委托非账户行的代理行。因为建立了代理关系的银行还是相互比较了解的,只不过资金的收付不太方便,需要通过其他银行办理,手续复杂些,所需时间也要相对延长。

第二节 SWIFT:环球银行间金融通信协会

一、SWIFT 简介

SWIFT(Society for Worldwide Interbank Financial Telecommunication)即环球银行间金融通信协会,是一个国际银行同业间非营利性的合作组织,负责设计、建立和管理 SWIFT 国际网络,总部设在比利时首都布鲁塞尔,成立于 1973 年 5 月,最高权力机构为董事会。以下是 SWIFT 中文官方网站的"公司信息"①:

> SWIFT 是一个由会员机构拥有的合作组织。借助 SWIFT,全球金融业得以快速、确凿而富有信心地开展业务运营。全球 200 多个国家/地区的 10 800 多家金融机构和企业信赖我们,借助我们的系统每天交换数百万条标准化金融报文。这项工

---

① 网址:http://www.swift.com/about_swift/company_information/company_information? lang=zh,2015 年 5 月 15 日登录。

作涉及安全交换专有数据并确保其保密性和完整性。

我们的角色是双重的。我们提供使客户能够安全并可靠地连接并交流金融信息的专有通信平台、产品与服务。我们也作为促进机构,将金融业界带到一起,共同协作来形成市场做法和制定各项标准,并讨论彼此共同关注问题的解决方案。

SWIFT 使客户能够实现金融交易的自动化和标准化,从而在业务运营中降低成本、减少风险并提高效率。通过使用 SWIFT 系统,客户也得以创造新的业务机会和收入流。

SWIFT 总部设在比利时,并在全球各大金融中心和发展中市场中设有分支机构。

我们不把持资金,不代表客户管理账户,也不持续存储金融信息。

SWIFT 于 1980 年连接到香港。中国银行于 1983 年加入 SWIFT,成为中国内地第一家 SWIFT 会员银行,1985 年开通使用该系统,成为中国与国际金融标准接轨的重要里程碑(苏宗祥、徐捷,2008,p.90)。正如 SWIFT 名称所示,这是一个金融交易的通信系统,本身并不包括结算和清算,只是通信网络。当银行与 SWIFT 联机后,这家银行的很多业务都可由 SWIFT 和电脑自动处理。加入该协会的各个会员银行都必须交纳初始入会费和年费,具体的数目根据其类别而定。此外,用户收发电文需要交纳费用,收费标准的依据是电文的单位长度,由其具体的类型为可分为 325 或 1 950 个字符等。还有,收发电文的数目与所经过的路线也是费用的衡量因素。目前,欧洲、北美和一些拉丁美洲及亚洲的银行,包括中国的四大国有商业银行都可以使用这一系统(勒生,2007,p.16)。

与以往的信函、电报和电传相比,SWIFT 对于某些结算方式中银行处理业务的模式进行了简化,使国际结算变得更加便利、廉价,只要会员银行的 SWIFT 专用电脑及其终端设备正常运行,任何会员银行都可以在任何时候收发电讯。

二、SWIFT 银行识别代码

SWIFT 的会员银行都有自己特定的银行识别代码,相当于各个银行的身份证号,在 SWIFT 电文中由电脑自动判读、识别各个金融机构。银行识别代码由该协会提出,并被国际标准化组织认可,其缩写是 BIC(Bank Indentifier Code)。在电汇时,汇出行按照收款行的银行识别代码发送付款电文,就可将款项汇至收款行。

银行识别代码由以下几个部分构成:

(1)银行代码(Bank Code):由四位易于识别的银行行名字头缩写字母构成;

(2)国家代码(Country Code):根据国际标准化组织的规定由两位字母构成;

(3)地区代码(Location Code):由两位数字或字母构成,用于标明银行所在国家的地理位置;

(4)分行代码(Branch Code):由三位数字或字母构成,用于标明银行的分支机构。

例如,中国银行上海分行的 SWIFT 银行识别代码是 BKCHCNBJ300。其中:BKCH 是中国银行的银行代码,由"Bank of China"缩写而成;CN 是中国的国家代码;BJ 表明中国银行的总部位于北京;300 代表上海分行。

具体的银行识别代码可登陆 SWIFT 网站(http://www.swift.com)查询。

同时,SWIFT 还为没有加入 SWIFT 组织的银行,按照此规则编制了一种在电文中代替输入其银行全称的代码。所有此类代码均在最后三位加上"BIC"三个字母,用来区别于正式 SWIFT 会员银行的 SWIFT 银行识别代码。

三、SWIFT 报文类别

SWIFT 报文类别编码由"MT"(Message Type 的缩写)加上三个数字构成,即"MT×××"。从报文类别编码可以看出该报文的大致内容和目的。例如,MT200 意味着"请求将发报行的头寸调拨至其他金融机构的该行账户上"。报文类别编码中每位数字的含义如下:

第一位数字:表示报文的一级分类"类别"(Category),包括 0—9,共计 10 个分类。

  第 1 类:客户汇款与支票(Customer Transfer Checks);
  第 2 类:金融机构头寸调拨(Financial Institution Transfer);
  第 3 类:外汇买卖和存放款(Foreign Exchange);
  第 4 类:托收与光票(Collection, Cash Letters);
  第 5 类:证券(Securities);
  第 6 类:贵重金属和辛迪加(Precious Metals and Syndication);
  第 7 类:跟单信用证和保函(Documentary Credits and Guarantees);
  第 8 类:旅行支票(Travelers Checks);
  第 9 类:银行账务(Statement);
  第 0 类:SWIFT 系统电文。

本书涉及的类别有第 1 类、第 2 类、第 4 类和第 7 类。

第二位数字:表示报文的二级分类"群组"(Group),每一"类别"包含若干"群组"。

第三位数字:表示报文的三级分类"类型"(Type),每一"群组"包含若干"类型"。

SWIFT 报文实际上采用的是分层树状结构(Hierachical Tree Structure)分类,下面以 MT200、MT202、MT210 为例说明 SWIFT 报文的分层树状结构分类。

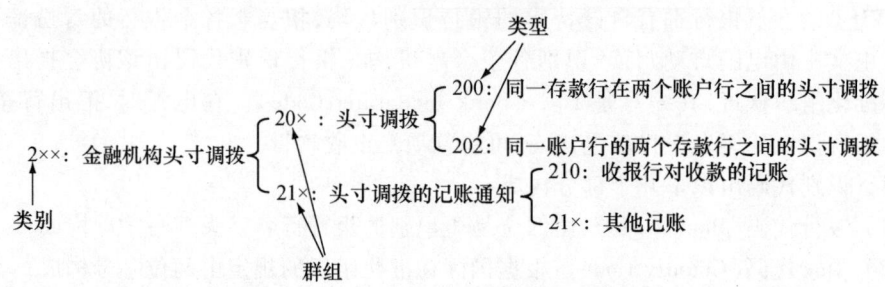

图 4.4 SWIFT 报文的分层树状结构分类

图 4.4 的三个报文同属第 2 类,即金融机构头寸调拨报文,MT200、MT202 同属第 2 类的第 0 群组,MT210 属第 2 类的第 1 群组。

四、SWIFT 报文结构

SWIFT 报文由三个区段(Block)组成,即文头、正文和文尾。

(一)文头

文头(Header Block)包括三个子区段:

(1)基本文头(Basic Header Block):基本文头是强制性、不可或缺的信息,用以提供电文的基本资料。在发出的报文中,基本文头提供发报人信息;在收到的报文中,基本文头提供收报人信息。

(2)应用文头(Application Header Block):应用文头提供报文本身的信息,包括报文种类、发报人或收报人、报文传送等级、发电时间等。

(3)用户文头(User Header Block):用户文头包括标识符、报文用户参考号等。

(二)正文

正文(Text Block)显示各项 Field 及条款,即 Tag + Field Name + 条款。

(三)文尾

文尾(Trailer Block)控制报文、说明特殊情况或提供特殊资料。文尾包括两个子区段:用户文尾(User Trailers)和系统文尾(System Trailers)。常见文尾如下:

1. 用户文尾

(1)MAC(Message Authentication Code);
(2)PAC(Proprietary Authentication Code);
(3)CHK(Checksum);
(4)TNG(Training);
(5)PDE(Possible Duplicate Emission)。

2. 系统文尾

(1)CHK(Checksum);
(2)SYS(System Originated Message);
(3)TNG(Training)。

表4.1 概括了 SWIFT 报文的结构及各子区段内容。

表4.1 SWIFT 报文的结构及各子区段内容

区段	子区段	显示内容
文头	基本文头	收到报文:收报人的基本信息 发出报文:发报人的基本信息
	应用文头	输入报文:电文种类、收报人、报文传送等级 输出报文:电文种类、发报人、发报时间、收报时间、等级
	用户文头	对报文设定参考值,仅限于输入报文时指定,在收报人所收报文及系统报文上出现
正文		显示各项 Field 及条款 即 Tag + Field Name + 条款
文尾	用户文尾	说明特殊情况,提供特殊资料
	系统文尾	

示例4.2 是一个完整的 MT103 报文(苏宗祥、徐捷,2008,p.95)。

示例 4.2　MT103 报文

```
1:F 01 MSBCCNBJA x x x x 3149 158281                                      基本文头
2:O 103 1608 070507CHASUS33D x x x x 1833644500 070508 0408 N             应用文头
   ---------------------- Message Header --------------------
   SWIFT Output:FIN 103 Single Customer Credit Transfer
   Sender:CHASUS33 x x x                                                   用户文头
   Receiver:MSBCCNBJ x x x
   ---------------------- Message Text ----------------------
20:Sender's Reference
     ABCD123
23B:Bank Operation Code
     CRED
32A:Val Dted/Curr/Interbnk Settld Amt
     Date          : 07 May 2015
     Currency      : USD(US DOLLAR)
     Amount        : #2 000.50#
33B:Currency/Instructed Amount
     Currency      : USD(US DOLLAR)
     Amount        : #2 008.50#
50K:Ordering Customer-Name & Address
     /00987654321
     ABCD COMPANY
52A:Account With Institution-BIC
     MSBCCNBJ002                                                           主文区段
59 :Beneficiary Customer-Name & Address
     /00123456789
     SHANGHAI EFGH CO., LTD
70 :Remittance Information
     /RFB/66666666
71A:Details of Charges
     BEN
71F:Sender's Charges
     Currency      : USD(US DOLLAR)
     Amount        : #8.00#
72 :Sender to Receiver Information
     /TIME/16:06
     /INS/ABA/026009593
     ///FEDREF/0507B6B7HU6R003382
   ---------------------- Message Trailer --------------------
{MAC:05F44FF1}                                                             用户文尾
{CHK:453FBFF0BC28}                                                         系统文尾
```

第三节　国际结算中的支付系统

一、支付系统的含义

支付系统,也称清算系统,是指以票据交换所为中心,连接多边银行进行结算与清算的有机整体(庞红课件,2007,第一章)。

在上面的表述中,票据交换所是关键所在。票据交换所(Clearing House)是指银行同业交换票据和清算轧差的场所。它是西方国家的银行经过长期的实践所建立的(庞红课件,2007,第一章)。在下面的图4.5与图4.6中,我们用一个百家银行的模型来说明,两百多年前在英国如何形成票据交换所。

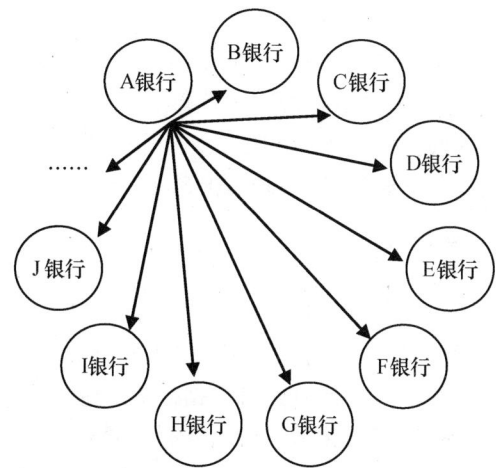

图 4.5　银行之间形成的环形系统

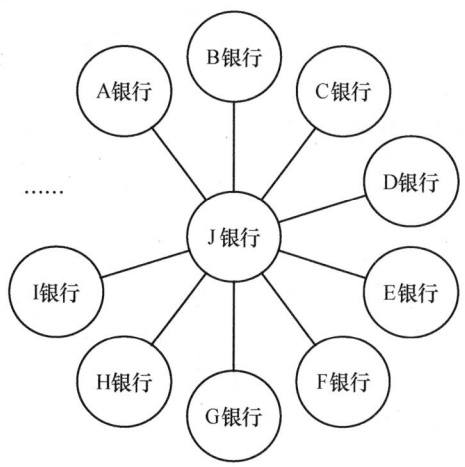

图 4.6　银行与票据交换所形成的车轮系统

在1774年之前,全世界都没有票据交换所。假定英国在1773年有100家银行,它们之间如何进行票据交换呢?A银行要到其他99家银行都开立存款账户,其他99家银行也要在A银行开立存款账户,A银行就有99本往账,99本来账。100家银行共计9 900本往账,9 900本来账,往账与来账合计19 800本。每家银行都要有一个交换员,扛着账本挨个找其他99家银行去轧差。这种老式的系统是环形系统。现在,我们在这100家中找一家银行J,让它到环形系统的中央,作为票据交换所,其余99家银行间不再互设往来账,都在票据交换所开立存款账户,形成一个车轮系统。这个车轮中央的银行就是历史上的英格兰银行。现在,只要在英格兰银行设立99本存款账户就可以完成英国的票据结算(庞红课件,2007,第一章)。在1774年6月8日,伦敦出现了世界上第一家票据交换所,由英格兰银行实行最后的票据交换(庞红等,2005,p.313)。

票据交换所固然十分重要,但仅有它还无法实现国际结算,必须要在世界范围内构建支付系统。支付系统是清偿债权债务关系及转移资金的一种金融安排。具体来说,它必须具备票据交换所总部与各个地方的分支机构,以及卫星、电脑、服务器等现代化通信设备为主导的基础设施;此外,货币转移的国际惯例、资金清算的专业技术手段等也不可或缺。支付系统的任务是快速、有序、安全地实现货币所有权在经济活动参与者间的转移,它对于国际结算而言具有重要意义(贺瑛,2006,p.298)。

二、支付系统的构成

支付系统由四部分构成:城市、票据交换所、各家银行、支付工具。

在贸易和金融活动较集中的城市,由央行授权成立票据交换所,票据交换所设立各家会员银行的存款账户,借助支付工具来完成票据清算。通过清算和结算,来实现金融机构之间,甚至国家与国家之间的资金转移、调拨和支付(庞红课件,2007,第三章)。

支付系统的核心是票据交换所,通常由这个国家的中央银行担当。在国际结算与清算中,一切货币的收付最终必须在该货币的清算中心进行结算。经营国际业务的银行都在国际货币的清算中心开立账户,否则会影响正常的货币收付。比如,美元的清算中心在纽约,日元的清算中心在东京。因此,经营美元国际业务的银行,必须在纽约开立账户;经营日元国际业务的银行,必须在东京开立账户(苏宗祥、徐捷,2008,p.89)。在中国,人民币的票据交换所由中国人民银行担当。进行人民币结算的中国境内的银行都在中国人民银行开立账户。

三、支付系统的作用

支付系统无论在一国国内还是在国际社会中都发挥着"血液传输"机制和枢纽的作用。在银行同业之间,支付系统进行支付指令的发送与接收、对账与确认,收付数额的统计轧差,金额或净额的清算和结算,以顺利实现金融机构之间乃至全社会范围内的资金转移、调拨和支付(庞红课件,2007,第三章)。

四、支付系统的基本问题[①]

（一）银行转账的原则

银行转账遵循下列基本原则：

（1）银行票据成为转移资金的重要工具，即成为存款账户的支付凭证。无论多么复杂的债权债务关系，对银行而言，无非是从一个客户的存款账户上付出，收进另一个客户的存款账户。银行结算提供的是一种收付服务。

（2）任何一笔收付，银行总是先借后贷。

（3）同一银行的支票，内部转账；不同银行的支票，交换转账。

（二）支付系统的基本要素

构成一个支付系统，至少要包含五个最基本的要素：付款人、付款人的开户行、票据交换所、收款人的开户行、收款人。在现实生活中，每天发生的国际结算业务有成千上万笔，围绕一家票据交换所的收、付款人也成千上万，收、付款人的开户行也是数百个不同机构。特别是在一些国际结算发达的国家，票据交换所还会按大的行政区域、州或省、市、地区建立多层次框架，才能完成一国的货币收付和债权债务清偿。在支付系统中最核心、起最关键作用的就是票据交换所。通过票据交换所连接许多银行，就可以完成国际清算。银行同业之间彼此不开立往来账户，通常由一个地区的中央银行牵头，成立票据交换所，各银行或票据交换所的会员都在票据交换所里开立存款账户。这样，票据交换所就成为银行同业之间相互交换票据、清算轧差的场所。

（三）票据交换、轧差、平衡原理

票据交换，亦称票据清算，一般指同一城市（或区域）各金融机构对相互代收、代付的票据，按照规定时间和要求通过票据交换所集中进行交换并清算资金的一种经济活动。

轧差是指银行与银行之间的借记与贷记不需要逐笔清算，而是通过债权、债务关系的相互抵消，轧出一个净值，将这个净值记入账。

现在假定上海为人民币结算的清算中心，并假定这个清算中心有200家银行，而其中的工、农、中、建四家银行为上海票据交换所的会员行，其余190多家银行分别在这四家银行中找一家银行开立同业往来账户，以便代理交换票据。中国人民银行上海分行作为这个清算中心的牵头行，负责建立票据交换所，并要求工、农、中、建四家银行在交换所开立存款账户，以利交换结算。表4.2是上海清算中心票据交换所某年1月5日提出的交换报告表。

[①] 本部分主要参考：庞红等，2005，pp.305—314。

表 4.2　票据交换所交换报告表

20××年1月5日　　　　　　　　　　　　　　　　　　　　　　　单位:人民币(万元)

换出票据＼换进票据	工商银行	农业银行	中国银行	建设银行	贷方总金额	贷方净金额
工商银行		3 000	2 000	700	5 700	
农业银行	4 000		1 000	200	5 200	600
中国银行	3 000	400		1 500	4 900	1 000
建设银行	200	1 200	900		2 300	
借方总金额	7 200	4 600	3 900	2 400	18 100	
借方净金额	1 500			100		

资料来源:庞红等(2007,p.311)。

横行是会员行换出票据的金额,即向其他会员行收取款项的金额,横行三项之和称为贷方总金额。

纵列是会员行换进票据的金额,即向其他会员行付出款项的金额,纵列三项之和称为借方总金额。

对角线是会员行内部转账的金额,已经达到平衡,故表中没有反映出来。

对此交换报告的分析结论如下:

(1)在票据交换所里形成交换报告表的过程,包括计算出总交换额和总轧差额的全过程,视为清算。而把转账划拨、真实地记账视为结算。因此,清算界定为多个票据的交换及轧差,结算界定为每个票据的交割。

(2)票据交换所里交换的金额很大(18 100万元),而真正轧差的余额却很小(1 600万元)。

(3)在交换所里的总平衡是算总账。工商银行和建设银行的账户分别付出(借记)1 500万元和100万元,付给谁,看不出来。农业银行和中国银行分别收进(贷记)600万元和1 000万元,向谁收进的,也看不出来。但是,四家银行各得其所,他们在央行的账上都达到了平衡。这体现了票据交换所在同业之间相互抵消债权债务,经过交换轧差达到平衡的原理。这一原理成为支付系统的核心,称为伦敦金融城原理。

(四)国际支付系统的基本要求

国际支付系统的基本要求是:

(1)任何外币票据不能进入本币票据交换所。票据一定要进入票据面值所表示的货币发行国,才能进行清算,而且最好是在这种货币的发行和清算中心去交换。例如,美元汇票应去纽约清算,日元汇票应去东京清算,以此类推。

(2)跨国流动的票据,其出票人和收款人可以是全球任何地方的个人或企业,但票据的付款人或担当付款的人必须是所付货币清算中心的银行。例如,中粮公司从美国进口小麦,支付美元,其最终付款人肯定是中粮公司,但是,美元的付款人或担当付出美元的人必须是在美元清算中心的一家银行,即可由中行纽约分行或其代理行来充当付款人。

(3)为遵守国际支付系统对付款人的严格要求,各国银行纷纷将外币存款账户开设在该币种的发行和清算中心,以便顺利地完成跨国的货币收付。

（五）国际支付系统的主要特征

国际支付系统的主要特征有：

（1）分布于发达国家或地区。发达国家的金融产业水平较高，社会信用机制和支付清算体系比较完善，支付系统建设得早，它们不仅成为国内支付体系的主动脉，也发展成为国际性的支付系统。

（2）分布于主要的储备和结算货币。支付系统之所以成为国际支付系统，最基本的条件是，其所支付处理的货币均为世界主要储备和结算货币，即通用货币。因此通用货币所在国家的支付系统被国际社会所接纳并予以广泛采用，这是综合国力体现于国际货币格局的一种形式。

（3）分布于国际金融中心所在地。国际支付系统的中心机构，通常都建在著名的国际金融中心所在地，这是因为国际贸易、国际金融活动集中在这里开展，必然引发交易频繁的资金调拨、支付活动。如：CHIPS设在美国纽约，TARGET设在德国法兰克福，CHAPS设在英国伦敦。

（4）受到所属国中央银行的高度关注。中央银行负有代表国家维持对外金融关系、参与国际金融活动、管理官方储备、监管外汇收支与资本流动等重要职责。这些职责必然涉及跨国支付清算。因为这事关国家的国际地位与国际信誉，因此中央银行往往通过直接或间接的方式介入或干预国际支付系统的管理，以促使其稳健运行。

五、美元的支付系统

表4.3归纳了转移和支付美元的五种方式。

表4.3 转移和支付美元的五种方式

方式	是否属于支付系统	适用范围
CHIPS	是	国际银行间清算
FEDWIRE	是	境内银行间清算
BOOK TRANSFER	否	同一银行内部转账
CHECK	否	适用于在美国的收款人，其开户行不能确定
ACH	是	美国国内退休金、养老金、保险费、薪金发放

在表4.3中，BOOK TRANSFER（内部转账）和CHECK（支票）不属于支付系统，另外三种属于支付系统。CHIPS和FEDWIRE是分别用于美元的国际支付和美国境内支付的支付系统，CHIPS的48家会员银行之间的相互冲账通过CHIPS进行，会员银行之间当天的余额冲平（轧差）则必须通过FEDWIRE进行，故下面着重讨论CHIPS和FEDWIRE。

（一）CHIPS

1. CHIPS的含义

Clearing House Inter-bank Payment System，简称CHIPS，中文是"纽约清算所银行间支付系统"，它由100多家美国银行和外国银行在纽约的分支机构组成。该机构于1970年4

月建立,逐步发展成为纽约银行间电子支付系统,如今已成为全球最大的私营支付清算系统之一。CHIPS 的功能是经办国际银行间的资金交易和电子资金划转及清算,由纽约清算所协会(New York Clearing House Association,NYCHA)负责其运行。2007 年,经该系统支付的美元金额占国际银行全部美元收付的 95%(庞红课件,2007,第三章)。其每天平均交易量超过 34 万笔,金额约 1.9 万亿美元。由于美元是目前国际交易最主要的支付手段,因而 CHIPS 在国际结算中有着十分重要的地位。

2. CHIPS 所依托的央行

在参加 CHIPS 的 100 多家美国银行和外国银行在纽约的分支机构中,有 48 家是清算银行,它们在美联储设立账户,作为联储系统的会员银行,能够直接参与清算交割(苏宗祥、徐捷,2008,p.102)。各家非会员银行须在一家会员银行开立账户作为它们自己的清算银行,用于每天 CHIPS 头寸的清算。会员银行要把它们的电子支付头寸通过设在联储的账户进行最后清算。

3. CHIPS 的运作

参加 CHIPS 的银行必须向纽约清算所申请,经该所批准后接收为 CHIPS 会员银行,每个会员银行均有一个美国银行公会号码(American Bankers Association Number),即 ABA 号码,作为参加 CHIPS 清算时的代号。每个 CHIPS 会员银行所属客户在该行开立的账户,由清算所发给通用识别号码(Universal Identification Number),即 UID 号码,作为收款行的代号(苏宗祥、徐捷,2008,p.102)。

只有通过 CHIPS 支付和收款的双方都是 CHIPS 会员银行时,才能经过 CHIPS 直接清算。通过 CHIPS 的每笔收付均由付款一方开始进行,由付款一方的 CHIPS 会员银行主动通过其 CHIPS 终端机发出付款指示,注明账户行 ABA 号码和收款行 UID 号码,经过 CHIPS 计算机中心传递给另一家 CHIPS 会员银行,收在其客户的账户上,而收款行则不能通过它的 CHIPS 终端机直接向付款行索款,但它可以拍发索款电,注明 ABA 号码和 UID 号码及最终受益人名称,要求付款行通过 CHIPS 付款。

所有的会员银行都与 CHIPS 系统即时连线,接收或传送有关美元收/付的电文。全世界所有办理美元外汇业务的银行,会在这 48 家 CHIPS 会员银行中的一家或几家开立美元账户。因此,通过 CHIPS,全世界所有银行都能间接地将美元汇往世界各地。其实,美元都停留在 CHIPS 体系内,只是由会员甲转到会员乙手上,也就是说,所有美元只是在这 48 家银行的账上转来转去,而从未离开过纽约市。

CHIPS 的清算时间为美国东部时间起息日前一天早上 9 点到当日下午 5 点,共 20 个小时。CHIPS 租用了高速传输线路,有一个主处理中心和一个备份处理中心。每日营业终止后,进行收付差额清算,每日下午 6 点(美国东部时间)完成资金转账。CHIPS 并不像 FEDWIRE 真的有账户可以转,而只是一种记账的方式,替目前的 48 家会员银行相互冲账。在 CHIPS 系统关闭以后,通知所有会员银行,通过 FEDWIRE 于当天冲平各自的正余额或负余额。表 4.4 报告了 CHIPS 三家银行某日的收付轧差。

表 4.4 CHIPS 三家银行的收付轧差

20××年×月×日   单位:万美元

换出＼换进	银行甲	银行乙	银行丙	贷方总金额	贷方净金额
银行甲		100	300	400	
银行乙	300		400	700	100
银行丙	200	500		700	
借方总金额	500	600	700	1 800	
借方净金额	100				

资料来源:根据苏宗祥、徐捷(2008,p.103)改写。

银行甲在收到 CHIPS 通知后,必须在下午 5:15 之前发送付款指示到 FEDWIRE 系统,支付 100 万美元到 CHIPS 系统开在纽约联邦储备银行的账户。银行乙会在下午 5:30 左右收到 FEDWIRE 系统的通知:从 CHIPS 收讫 100 万美元。银行丙当天收、支相抵,无须做任何收付动作。

4. CHIPS 的信息处理

CHIPS 接受的 SWIFT 付款格式为 MT103、MT200、MT202,并且转化为 CHIPS 自己所规定的格式(苏宗祥、徐捷,2008,p.106)。CHIPS 在提供清算的时候按照业务量收取相关费用,并根据不同的付款指令和指令是否符合 CHIPS 标准收取不同的服务费(苏宗祥、徐捷,2008,pp.106—107)。

CHIPS 的信息处理流程如图 4.7 所示。

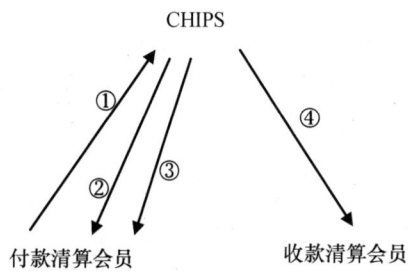

图 4.7 CHIPS 的信息处理流程

信息处理说明:

(1)向 CHIPS 发送付款信息。

(2)若付款信息有效,则被 CHIPS 系统接收并进入付款队列,同时系统反馈给付款方"Payment Message Stored Response";若付款信息无效,系统即发送"Payment Message Cancelled Response"。

(3)当被存储的付款信息被最终处理后,系统发送"Payment Resolve Notification"给付款会员。

(4)一笔付款被成功发出时,CHIPS 系统立即向收款会员发出"Receive Notification"。

(二) FEDWIRE

FEDWIRE 全称是"Federal Reserves Wire Transfer System",即联储电划系统。它建立

于 1918 年,是美国境内的美元电子支付系统,大多用于纽约州以外的美国境内银行间的资金划拨。美国跨州电汇划拨款项需要通过 FEDWIRE 直接由联邦储备银行进行操作和管理(庞红等,2005,p.320;苏宗祥、徐捷,2008,p.108)。

FEDWIRE 主要处理各银行间的清算业务,诸如头寸调拨、票据清算、证券清算和账户余额划转。另外,该系统还起着为美国政府提供各种金融信息和相关政策的作用。FEDWIRE 有 1 万多家会员银行。它实时处理美国国内大额资金的划拨业务,逐笔清算资金。每天平均处理的资金及传送证券的金额超过 1 万亿美元,平均每笔金额 330 万美元。

一般稍具规模的美国银行都会使用美联储所提供的"FEDWIRE 与美联储即时连线系统",但一些小银行尚未加入该系统,便要通过其他银行作为转账中介。FEDWIRE 每星期一至星期五从凌晨 12:00 开始到下午 6:30(美国东部时间)开放,客户汇款在下午 6:00(美国东部时间)截止。联机参加者可以通过主机或一个电脑连接联邦储备银行发送电文指令,不需要人工干预。离线参加者可利用电话把指令发给联邦储备银行。无论是电文或电话指令,一旦指令被确证核实后,美联储会做两件事情:一是借记该会员行在美联储的账户,同时贷记受益人在美联储的账户;二是将该会员行的电文转送到受益人银行,当受益人银行收到美联储的电文,便可放心地按照电文指示将款项转入受益人的账户。

客户通过 FEDWIRE 清算的流程如图 4.8 所示(苏宗祥、徐捷,2008,p.108)。

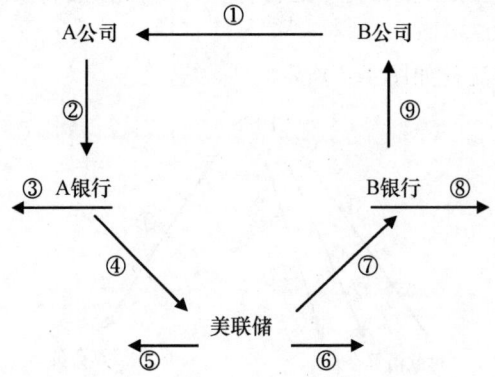

图 4.8 客户通过 FEDWIRE 清算的流程

具体流程如下:
(1) B 公司要求 A 公司支付款项;
(2) A 公司向 A 银行申请付款;
(3) A 银行借记 A 公司的账户;
(4) 作为 FEDWIRE 会员,A 银行直接向美联储发送付款指示;
(5) 美联储借记 A 银行账户;
(6) 美联储贷记 B 银行账户;
(7) 美联储通过系统向收款的 B 银行发送收款通知;
(8) B 银行根据系统通知贷记收款人 B 公司的账户;
(9) B 银行向受益人 B 公司发送贷记通知。

FEDWIRE 仅接受 SWIFT 的 MT200、MT202 格式,并且将其格式转化为与 FEDWIRE 配套的格式。由美联储担保单笔对单间的借记与贷记。任何一笔交易,只要其付款指令正确将立即生效,并根据相关信息直接借记与贷记,以保证那些与 FEDWIRE 有明确账户关系的会员行在账户上有充足资金(苏宗祥、徐捷,2008,p.109)。

六、英镑的支付系统

英镑的支付系统叫做"清算所自动支付系统",缩写为"CHAPS",全称为"Clearing House Automated Payment System"。继美国的 CHIPS 成立之后,英国于 1984 年设立 CHAPS,使用电脑来处理票据交换业务(庞红等,2005,p.323)。

CHAPS 目前有包括英格兰银行在内的 14 家会员银行,会员之间通过分组交换服务发送和接受 CHAPS 支付指令。会员银行在英国有上万个分支机构,都可以使用 CHAPS 服务。国际间的大额英镑交易也都通过 CHAPS 系统完成清算(庞红课件,2007,第三章)。

参加 CHAPS 的银行进出自动系统的付款电报都使用统一格式。它的 8 个信息通道分别都有对出入的收付电报自动加押和核押的软件装置以及信息储存装置。除此之外,每个通道都有一个自动加数器,它可以把发给或来自其他通道的付款电报所涉及的金额根据不同的收款行(指其他交换银行)加以累计,以便每天营业结束时,交换行之间进行双边对账和结算,其差额通过它们在英格兰银行的账户划拨结清(庞红等,2005,p.324)。

七、欧元的支付系统[①]

欧元区的支付系统分为两类:第一类是大额支付清算系统,主要包括 TARGET 支付清算系统。此外,还有三家区域性的大额净额清算系统,分别是芬兰的 POPS 系统、西班牙的 SPI 系统、法国的巴黎 PNS 系统。第二类是跨境零售支付系统,主要包括 EAF 清算系统。下文对 TARGET、EBA 和 EAF 清算系统作简单的表述。

(一) TARGET 支付清算系统

欧洲货币局于 1995 年 5 月宣布拟建立一个跨国界的欧元支付系统 TARGET(Trans-European Automated Real Time Gross Settlement Express Transfer System),即欧元实时总额自动清算系统。1999 年 1 月 1 日,建在德国法兰克福的 TARGET 正式启动。

TARGET 系统的会员是欧元区各国的中央银行。欧洲的任何一家商业银行或金融机构,在所在国中央银行开立汇划账户,各国央行将本国的系统(RTGS,Real Time Gross Settlement Express Transfer System)与 TARGET 相连接,就可以进行欧元的跨国清算了。

(二) EBA 清算系统

EBA 清算系统属于欧洲银行协会(European Bank Association)所有,专门用于欧洲银行间欧洲货币单位(ECU)的清算。它成立于 1985 年,总部设在巴黎。1999 年 1 月 1 日之后,EBA 清算系统以 1∶1 的兑换率将 ECU 换成欧元,成为各国银行间零售小额欧元交易支付系统。

---

① 本部分主要参考:庞红课件,2007,第三章。

(三) EAF 清算系统

EAF(Euro Access Frankfurt National Clearing System)即欧洲法兰克福清算系统,是一个马克清算系统,由德国中央银行负责经营管理,现在,EAF 清算的货币已由马克转换为欧元。

本章小结

任何一笔国际结算,都需要往来银行的参与。往来银行是指与某一银行(本行)共同完成国际结算业务的其他银行或机构。联行与代理行是往来银行非常重要的组成部分。联行包括分行、支行、子银行、联营银行与银团银行五种。代理行是委托行通过签订代理协议,委托其他国家/地区的银行办理国际结算业务的受托银行。往来银行是出口商所在地(货物流动起点、金钱流动终点)银行与进口商所在地(货物流动终点、金钱流动起点)银行形成的银行网络。国际支付系统则是在国际结算货币发行国的清算中心(金钱流动中枢)的银行形成的银行网络。

SWIFT 作为银行间的通信网络,在国际结算中发挥了重要作用。SWIFT 的会员银行通过 SWIFT 报文进行通信。

从两百多年前在英国形成的票据交换所,到如今遍布世界的支付系统,实现了金融机构之间乃至全球范围内的资金转移、调拨和支付。其中影响力较大的有 CHIPS、FEDWIRE、CHAPS、TARGET 等支付系统。

复习思考题

一、名词解释

代理行　账户行　联行　密押　印鉴　支付系统　票据交换所　轧差　CHIPS　FEDWIRE　CHAPS　TARGET　SWIFT

二、简答

1. 某市有 30 家银行,为完成票据交换,环形系统和车轮系统各需要多少账本?请说明理由。

2. 简述银行转账的原则。

3. 表 4.2 是票据交换所交换报告表。请对表中的横行和纵列金额作出说明,简述对交换报告的分析结论。

4. 简述国际支付系统的基本要求。

5. 简述国际支付系统的主要特征。

6. 美元的转移和支付有哪些方式?为什么要着重讨论 CHIPS 和 FEDWIRE?

7. SWIFT 是不是支付系统?它在国际支付系统中起何作用?

第五章

国际贸易结算方式

【学习目标】

- 理解汇款的三种方式(M/T、T/T、D/D)的主要特点及其业务流程
- 掌握付款委托书的填写及当事人之间的账户关系分析
- 掌握汇出行与汇入行之间的头寸拨付
- 理解跟单托收的四种方式(D/P即期、D/P远期、D/A、D/P·T/R)的主要特点及其业务流程
- 掌握托收指示的填写及当事人之间的账户关系分析
- 掌握代收行与托收行之间的款项汇交
- 理解信用证的主要类别、业务流程及信用证方式的特点
- 掌握BP通知书的填写及当事人之间的账户关系分析
- 了解银行保函和备用信用证
- 掌握结算方式的演变

国际贸易结算方式是指国际贸易结算的主体实现国际结算货币与货物对流的具体条件和程序。如前所述,金融票据是以实现金钱流通为目的的工具,商业单据是以实现货物流通为目的的工具。任何国际贸易结算方式都要运用结算工具①和商业单据,通过往来银行和国际支付系统,采取国际通行的程序和步骤,实现可兑换货币的转移,达到清偿债权债务的目的。因此,本章是第二、三、四章知识的融合和运用。国际贸易结算的主要方式有:汇款、托收、信用证、银行保函及备用信用证。本章将讨论每一种结算方式的运用条件和程序,各种结算方式中银行之间的款项拨付、汇交和偿付,以及相应的国际结算惯例。

第一节 汇 款

在 11 世纪前后,国际贸易结算的结算工具由金银向票据过渡。当时,出现了专门从事货币兑换业务的兑换商。地中海沿岸城邦国家的国际贸易商们开始使用货币兑换商签发的兑换证书来转移和兑换不同国家的金币和银币,这就是票汇的雏形。兑换证书的使用,弥补了金银汇兑功能的空间移动缺陷。因此,汇款是最先出现的结算方式。汇款业务的操作相对简单,调拨资金相对迅速,在当今国际贸易结算中仍有广泛的应用。此外,汇款既适用于贸易结算也适用于非贸易结算,它是转移资金的一种重要手段。

一、汇款的含义、当事人、类别及流程

(一) 汇款的含义

汇款(Remittance)是指银行(汇出行)应汇款人的要求,以往来银行作为付款行(汇入行),将钱款付给收款人的一种结算方式。

在国际贸易中,如买卖双方采用汇款方式结算,货款与货物的对流有两种情况:要么是买方预付货款,卖方后发货物;要么是卖方先发货物,买方后付货款。银行只是参与结算,并不对债权人承担付款的责任。因此,汇款方式建立在买卖双方相互提供的信用基础上,属于商业信用。

(二) 汇款的基本当事人

1. 汇款人

汇款人(Remitter)是指委托银行帮其付款的当事人,通常是进口商或其他债务人。

2. 收款人

收款人(Payee/Beneficiary)是指接受汇款金额的当事人,通常是出口商或其他债权人。

---

① 苏宗祥等(2004,p.97)认为,结算工具通常是指金融票据、通信手段和支付凭证。

3. 汇出行

汇出行(Remitting Bank)是指接受汇款人的汇款委托,办理该业务的银行,通常是汇款人所在地银行。

4. 汇入行

汇入行(Paying Bank)又称解付行,是指接受汇出行委托,向收款人支付款项的银行,通常是收款人所在地银行。

(三) 汇款的类别

按照所采用的结算工具的不同,汇款可以分为信汇、电汇和票汇三种,如表 5.1 所示。

表 5.1 汇款的类别

	中文名称	英文名称	结算术语	结算工具
通过银行划拨	信汇	Mail Transfer	M/T	邮寄
	电汇	Telegraphic Transfer	T/T	电讯
借助银行即期汇票	票汇	Remittance by Banker's Demand Draft	D/D	汇票

(四) 汇款的业务流程

1. 信汇

信汇(M/T)是指汇出行应汇款人的申请,将付款委托书邮寄给汇入行,授权解付一定金额给收款人的一种汇款方式。

信汇方式的特点是费用较为低廉,但资金在途时间长,收款人收到汇款的时间较迟。

2. 电汇

电汇(T/T)是指汇出行应汇款人的申请,将付款委托书用电讯方式提交给汇入行,授权解付一定金额给收款人的一种汇款方式。电讯方式包括电报(Telegram)、电传(Telex)、SWIFT。

电汇方式的特点是收款人可迅速收到汇款且安全系数高,但费用也较高。

以买方湖北国贸公司(HBITC)向卖方 UNICAM 公司支付 41 084.34 美元为例,信汇与电汇方式的业务流程如图 5.1 所示。

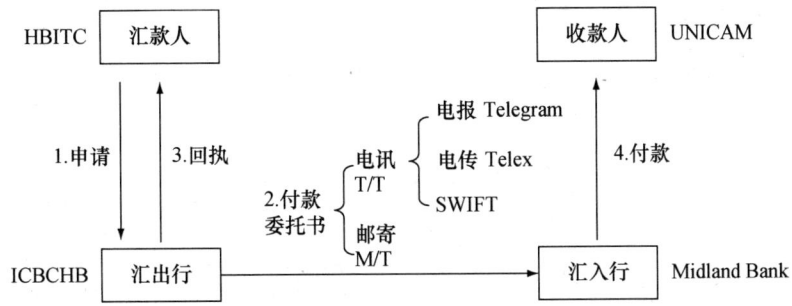

图 5.1 M/T、T/T 的业务流程

图 5.1 的当事人为:汇款人是买方湖北国贸公司(HBITC);收款人是卖方 UNICAM 公司;汇出行是湖北工商银行(ICBCHB);汇入行是英国米德兰银行(Midland Bank)。

3. 票汇

票汇(D/D)是指汇出行应汇款人的申请,开立以其往来银行为受票人的银行即期汇票(Banker's Demand Draft),支付一定金额给收款人的一种汇款方式。

票汇与电汇、信汇的不同在于,票汇的汇入行无须通知收款人取款,而由收款人持票向汇入行提示付款。这种汇票经收款人背书,可以流通转让(有"限制转让和流通"的规定的汇票除外),而电汇、信汇的收款人则不能将收款权转让。因此,票汇具有较大的灵活性,使用也较为方便。以买方湖北国贸公司(HBITC)向卖方 UNICAM 公司支付 41 084.34 美元为例,票汇方式的业务流程如图 5.2 所示。

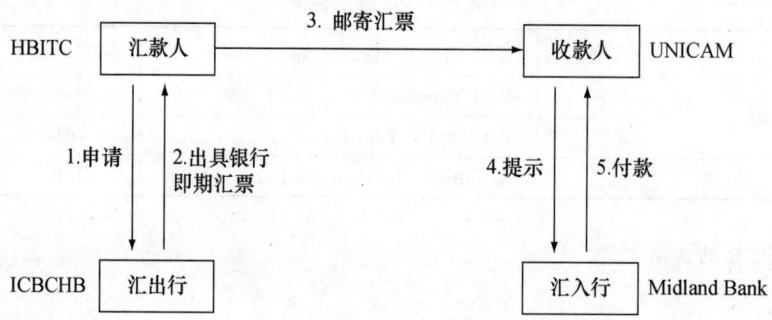

图 5.2 D/D 业务流程

图 5.2 的当事人同图 5.1 的当事人。

Q&A 5.1 D/D 中汇票的当事人

Q:在 D/D 方式中,汇出行向汇款人出具银行即期汇票,该汇票的基本当事人分别是谁?

A:出票人是汇出行湖北工商银行(ICBCHB),受票人是汇入行米德兰银行(Midland Bank),收款人是卖方 UNICAM 公司。

二、三种汇款方式的比较

信汇、电汇和票汇三种方式在结算工具、银行证实方式、速度、安全性、费用、能否转让等方面存在不同,其比较如表 5.2 所示。

表 5.2 信汇、电汇、票汇的比较

	信汇(M/T)	电汇(T/T)	票汇(D/D)
结算工具	邮寄	电报、电传、SWIFT	银行汇票
银行证实方式	印鉴	密押、SWIFT 密押	印鉴

（续表）

	信汇（M/T）	电汇（T/T）	票汇（D/D）
速度	慢	快	中
安全性	较安全	安全	不安全
费用	中	高	低
能否转让	否	否	能

与其他结算方式相比，汇款方式具有如下特点：

1. 商业信用

汇款虽是以银行为媒介进行国际结算，但银行在此过程中仅承担收付委托款项的责任，而对买卖双方在履行合同中的义务并不提供任何担保。汇款的实现，取决于工商企业和个人的信用，属于商业信用。

2. 风险大

对于货到付款的卖方或对于预付货款的买方来说，能否按时收款或能否按时收货，完全取决于对方的信用。如果对方信用不好，则可能钱货两空，因此，买卖双方必定有一方要承担较大的风险。这就要求经营者加强信用风险管理。

3. 资金负担不平衡

对于货到付款的卖方或对于预付货款的买方来说，资金负担较重，整个交易过程中需要的资金，或者由卖方负担，或者由买方负担，资金负担极不平衡。

4. 手续简便，费用低廉

汇款结算的手续比较简单，银行的费用也较少。因此，在交易双方相互信任的情况下，或在跨国公司的各子公司之间，或公司内部的贸易结算，均可以采用汇款方式（黎孝先，2007，pp. 203—204）。

Q&A 5.2 三种汇款方式的演变

Q：三种汇款方式是同时出现的还是有一个先后出现的演变过程？

A：细心的读者会发现，图5.2所示的票汇业务流程与第一章图1.1所示票据兑换过程极为相似，所不同的是，图1.1中的货币兑换商变成了图5.2中的银行。可见，票据兑换过程就是票汇的雏形，换言之，票汇是最先出现的汇款方式。

票汇虽然弥补了金银汇兑功能的空间移动缺陷，但它仍然需要债务人（买方）自己将汇票传递给债权人（卖方）。为使货款的空间转移完全由银行来完成，就出现了信汇和电汇。由于信函的出现先于电报，故信汇的出现先于电汇。

三、采用电报/电传的电汇

采用电报或电传方式的电汇，其付款委托书的格式如下：

FM：_____（汇出行名称）

TO：_____（汇入行名称）

DATE：_____（发电日期）

TEST：_____（密押）

OUR REF NO. _____（汇款编号）

NO ANY CHARGES FOR US（我行不负担费用）

PAY <u>AMT</u>（金额） VALUE DATE（起息日期） TO <u>BENEFICIARY</u>（收款人）

MESSAGE：_____（汇款附言）

ORDER：_____（汇款人）

COVER：_____（头寸拨付）

关于电报或电传的格式说明：

（1）在一份电报或电传中，可以在电文最后写一句"NO ANY CHARGES FOR US"，或者"YOUR CHARGES FOR BENEFICIARY"。

（2）收款人的表示，以图 5.1 为例，分两种情况：

① 收款人的账户行是第三家银行（BANK OF ENGLAND）。

例：PAY TO BANK OF ENGLAND（账户行）FOR CREDIT OF A/C NO. 86-27-123456 OF UNICAM。

② 收款人的账户行是汇入行（MIDLAND BANK）。

例：PAY TO YOURSELVES FOR CREDIT OF A/C NO. 86-27-62506167 OF UNICAM。

（3）汇款附言有时写成：DETAILS OF PAYMENT。

（4）"ORDER"就是"BY ORDER OF"，有时可写为"B/O"。

（5）头寸拨付，即汇出行如何将汇款偿付给汇入行，也要分多种情况。本节在第六部分中将对此予以详细阐述。

示例5.1　图5.1中的付款委托书

TO：MIDLAND BANK, LONDON

FM：INDUSTRIAL AND COMMERCIAL BANK OF CHINA, HUBEI

DATE：SEP. 30TH, 2015

TEST ＊＊＊＊ OUR REF TT123456/15 PAY USD41 084.34 VALUE SEP 30,2015 TO YOURSEVES FOR CREDIT OF A/C NO.86-27-62506167 OF UNICAM LIMITED FOR SPECTROMETER ORDER HUBEI INTERNATIONAL TRADE CORPORATION YOUR CHARGES FOR BENEFICIARY COVER DEBIT US

【解读】

汇出行：INDUSTRIAL AND COMMERCIAL BANK OF CHINA, HUBEI

汇入行：MIDLAND BANK, LONDON

汇款金额：USD41 084.34

收款人：UNICAM LIMITED

汇款人：HUBEI INTERNATIONAL TRADE CORPORATION

收款人的账户行是：MIDLAND BANK, LONDON

示例 5.2　付款委托书[①]

TO:THE CHASE MANHATTAN BANK N.A., NEW YORK
FM:BANK OF CHINA, BEIJING
DATE:SEP. 30TH, 2015
TEST＊＊＊＊ OUR REF TT109900/15 PAY USD200 000 VALUE SEP 30,2015 TO BANQUE NATIONALE DE TUNISIE FOR CREDIT OF A/C NO. Y10-0127-033254 OF CORPORATION INTERNATIONAL DES EAUX ET DE I' ELECTRICITE DE CHINE MESSAGE REMIT FOR CUSTOMS DUTY ETC ORDER INTERNATIONAL WATER AND ELECTRIC CORP. BEIJING YOUR CHARGES FOR BENEFICIARY COVER DEBIT US

【解读】
汇出行:BANK OF CHINA, BEIJING
汇入行:THE CHASE MANHATTAN BANK N.A., NEW YORK
汇款金额:USD200 000
收款人:CORPORATION INTERNATIONAL DES EAUX ET DE I' ELECTRICITE DE CHINE
汇款人:INTERNATIONAL WATER AND ELECTRIC CORP. BEIJING
收款人的账户行是:BANQUE NATIONALE DE TUNISIE

四、采用 SWIFT 的电汇

在 SWIFT 汇款业务中,三种最常用的 SWIFT 报文格式分别是:MT103、MT200 和 MT202。它们各自的含义和用途如表 5.3 所示。

表 5.3　MT103、MT200 和 MT202 的含义和用途

报文格式	MT 格式名称	用途
MT103	客户汇款 (Customer Transfer)	两个贸易公司之间的汇款
MT200	单笔金融机构头寸调拨至发报行自己账户 (Financial Institution Transfer for Its Own Account)	同一存款行在两个账户行之间的头寸调拨
MT202	单笔普通金融机构头寸调拨 (General Financial Institution Transfer)	具有同一账户行的两个存款行之间的头寸调拨

MT103 部分项目名称(Field Name)译文如表 5.4 所示。

表 5.4　MT103 部分项目名称译文

项目代号 Tag	项目名称	译文
20	Sender's Reference	发报行编号
23B	Bank Operation Code	交易代码
32A	Value Date/Currency/Interbank Settled Amount	起息日期/币种/调拨金额
50a/k	Ordering Customer	汇款人
51A	Sending Institution	发报行

[①] 引自苏宗祥等(2004, pp.104—105)。

（续表）

项目代号 Tag	项目名称	译文
52a	Ordering Institution	汇出行
53a/b/d	Sender's Correspondent	发报行的代理行
54a/b/d	Receiver's Correspondent	收报行的代理行
56a/b/d	Intermediary Institution	中间行
57a/b/c/d	Account Institution	收款人账户行（汇入行）
59a	Beneficiary Customer	收款人
70	Remittance Information	附言

汇款的具体操作方法体现在示例5.3和示例5.4中。

示例5.3　MT103 客户汇款①

2015年4月7日，A公司指示其开户行民生银行上海分行汇出USD 1 958给荷兰银行阿姆斯特丹分行，作为B公司的货款。B公司在荷兰银行的账号为5687151。所有的银行费用由汇款人和收款人共同承担。

汇款流程如图5.3所示。

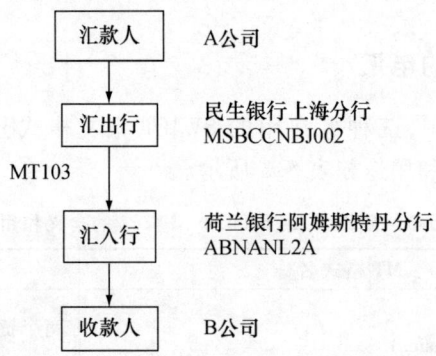

图5.3　A公司向B公司的汇款流程

【解读】

(1) 汇出行(民生银行上海分行)是汇款人(A公司)的账户行；

(2) 汇入行(荷兰银行阿姆斯特丹分行)是收款人(B公司)的账户行；

(3) 汇出行与汇入行之间有账户行关系；

(4) 故汇出行就是发报行，汇入行就是收报行，只需一次发送MT103就可以完成结算和清算，不需要有中间行参与清算；

(5) 交易代码:CRED(贷记)，发报行要求收报行(荷兰银行阿姆斯特丹分行)在收款人(B公司)的账户上贷记USD1 958；

(6) 汇入行与收报行相同时，报文不显示57A。

---

① 根据苏宗祥、徐捷(2010，p.116)改写。

示例5.4 MT103客户汇款[①]

C公司指示其开户行工商银行上海分行汇付 USD850.00 到 D 公司开在新加坡发展银行新加坡分行的账户,账号为729615-941,起息日为2015年3月20日。该笔款项为2月份的业务费用。工商银行上海分行指示汇丰银行纽约分行付款。汇丰银行纽约分行和新加坡发展银行新加坡分行的美元账户都开在花旗银行纽约分行。汇款人和收款人都同意各自承担费用。花旗银行纽约分行的费用为10美元。汇款流程如图5.4所示。

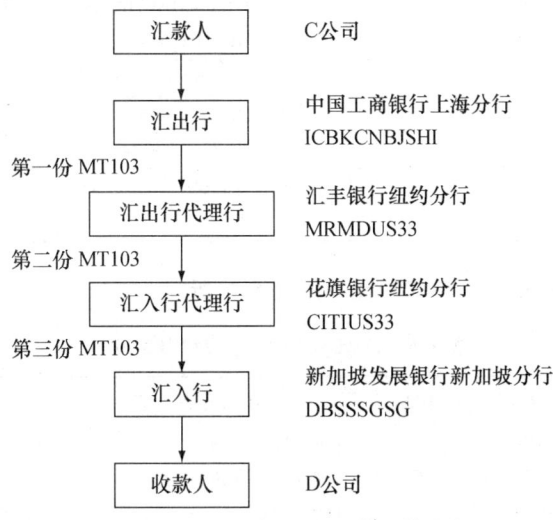

图5.4 C公司向D公司的汇款流程

【解读】

(1)汇出行(工商银行上海分行)是汇款人(C公司)的账户行,汇入行(新加坡发展银行新加坡分行)是收款人(D公司)的账户行。

(2)汇出行与汇入行之间没有账户行关系,工商银行上海分行的代理行(汇丰银行纽约分行)与汇入行(新加坡发展银行新加坡分行)有共同账户行(花旗银行纽约分行),故需要接力发送三次MT103才能完成结算和清算。[②]

(3)中国工商银行上海分行充当第一份MT103的发报行,其收报行是汇丰银行纽约分行。中国工商银行上海分行要求汇丰银行纽约分行在新加坡发展银行新加坡分行的账户上贷记USD850,指明收款人名称及账号。

(4)汇丰银行纽约分行充当第二份MT103的发报行,其收报行是花旗银行纽约分行。汇丰银行纽约分行要求花旗银行纽约分行在新加坡发展银行新加坡分行的账户上贷记USD850,指明收款人名称及账号。

(5)花旗银行纽约分行充当第三份MT103的发报行,其收报行是新加坡发展银行新加坡分行。花旗银行纽约分行要求新加坡发展银行新加坡分行在D公司的账户上贷记USD840(实际汇款金额,USD850扣除发报行费用USD10)。

[①] 根据苏宗祥、徐捷(2010, p.117)改写。

[②] 苏宗祥、徐捷(2010, pp.128—132)阐述了两种清算流程:(1)头寸付款方式,即汇出行分别发送MT103、MT202COV给汇入行和汇出行代理行;(2)链式付款方式,即汇出行、汇出行代理行、汇入行代理行接力向汇入行发送MT103。本示例采用链式付款方式。

示例 5.3 中使用的 MT103 报文如表 5.5 所示。

表 5.5 示例 5.3 的 MT103 报文

发报行	MSBCCNBJ002 中国民生银行上海分行
报文类别	MT103
收报行	ABNANL2A 荷兰银行阿姆斯特丹分行
发报行编号	20：0204OR07000005
银行交易代码	23B：CRED
起息日、币种、金额	32A：150407 USD1 958
汇款人实际汇款币种、金额	33B：USD1 958
汇款人	50K：A COMPANY
收报人及账号	59：/5687151 B COMPANY
费用承担	SHA

示例 5.4 中使用的三份 MT103 报文如表 5.6 所示：

表 5.6 示例 5.4 的三份 MT103 报文

	第一份 MT103	第二份 MT103	第三份 MT103
发报行	ICBKCNBJSHI 中国工商银行上海分行	MRMDUS33 汇丰银行纽约分行	CITIUS33 花旗银行纽约分行
报文类别	MT103	MT103	MT103
收报行	MRMDUS33 汇丰银行纽约分行	CITIUS33 花旗银行纽约分行	DBSSSGSG 新加坡发展银行新加坡分行
发报行编号	20：XXXXXXXXXX	20：YYYYYYYYYY	20：ZZZZZZZZZZ
银行交易代码	23B：CRED	23B：CRED	23B：CRED
起息日、币种、金额	32A：150407 USD850	32A：150407 USD850	32A：150407 USD840
汇款人实际汇款币种、金额	33B：USD850	33B：USD850	33B：USD850
汇款人	50K：C COMPANY	50K：C COMPANY	50K：C COMPANY
汇出行	—	52A：ICBKCNBJSHI	52A：ICBKCNBJSHI
汇入行	57A：DBSSSGSG 新加坡发展银行新加坡分行	57A：DBSSSGSG 新加坡发展银行新加坡分行	—
收款人及账号	59：/729615-941 D COMPANY	59：/729615-941 D COMPANY	59：/729615-941 D COMPANY
汇款信息	70：FEB 2015 EXPENSES	70：FEB 2015 EXPENSES	70：FEB 2015 EXPENSES
费用承担	SHA	SHA	SHA
发报行费用	—	—	71F：USD10
发报行给收报行的信息	—	72：/INS/ICBKCNBJSHI （中国工商银行上海分行）	72：/INS/ICBKCNBJSHI （中国工商银行上海分行）

五、留学各种开支的结算方式

在留学费用支付中,可以选择的结算方式有:(1) 中国各银行的贷记卡;(2) 电汇;(3) 留学地各银行的借记卡及支票;(4) 留学地现金。留学地各银行的借记卡、支票及现金只能在学生抵达就读学校后才能获得。

下面以留学美国为例,说明在各种开支中如何运用上述结算方式。

1. 网申申请费

中国各银行的贷记卡是支付网申申请费的首选方式。美国学校为吸引学生申请,对于使用贷记卡支付申请费,既不限制卡别,也不加收网络便利费(Convenience Fee)。申请人在所申请学校的网站上输入付款金额、贷记卡持卡人姓名、贷记卡卡号、贷记卡有效期限、安全码,即可完成支付。

2. 录取接受定金

由于申请人可以申请多所学校,有可能获得多个学校的录取,故一些美国学校要求被录取的学生支付定金以确认接受录取。对于使用贷记卡支付录取接受定金,有些美国学校对卡别有限制,加收网络便利费,例如,普渡大学不接受 VISA 卡,对其他卡别加收 2.75% 的网络便利费。如果申请人没有美国学校所接受的贷记卡,那就只能采用电汇。如果申请人有美国学校所接受的贷记卡,则需要比较使用贷记卡和电汇所产生的费用,选择费用低的结算方式。

中国银行电汇收费标准为:电讯费固定收取人民币 150 元,手续费按汇款美元金额折合人民币的 1‰ 收取,下限为人民币 50 元,上限为人民币 150 元。

3. 机票

中国各银行的贷记卡是支付机票票款的首选方式。对于使用贷记卡支付票款,航空公司网站既不限制卡别,也不加收网络便利费。购票人在航空公司网站上输入付款金额、贷记卡持卡人姓名、贷记卡卡号、贷记卡有效期限、安全码,即可完成支付。

4. 学费

参阅上述"录取接受定金"的做法。

5. 住宿费

校内住宿费通常和学费一起支付给学校,参阅上述"录取接受定金"的做法。

校外住宿费分为公寓租金和私人房东租金两种情况。

中国各银行的贷记卡是支付公寓租金的首选方式。对于使用贷记卡支付租金,公寓网站既不限制卡别,也不加收网络便利费。租房人在公寓网站上输入付款金额、贷记卡持卡人姓名、贷记卡卡号、贷记卡有效期限、安全码,即可完成支付。使用美国当地借记卡也可支付公寓租金。

私人房东租金通常采用支票或现金支付方式。

6. 图书费

中国各银行的贷记卡及美国当地借记卡均可用于网购图书。

7. 日常开支

中国各银行的贷记卡及美国当地借记卡均可用于当地超市购物、网购及售货机购物。少数中餐需要支付现金。

六、汇款的偿付

汇款业务中,汇出行委托汇入行解付款项不是无偿的,汇出行应及时将汇款金额拨交给汇入行,这种行为叫做汇款的偿付(Reimbursement of Remittance Cover),俗称头寸拨付。

头寸拨付按拨款与解付的先后,可以分为先拨后付和先付后拨两种情况。先拨后付是指,汇出行先将汇款金额拨交给汇入行,汇入行后解付给收款人。先付后拨是指,汇出行指示汇入行先解付,后向汇出行索偿,或按委托指示的规定索偿。

付款委托书中关于头寸的说明,即如何进行汇款偿付,称为偿付指示,或头寸拨付指示。根据汇出行与汇入行的账户关系,汇款的偿付有以下几种情况:

1. 汇出行是汇入行的账户行

若汇出行是汇入行的账户行,汇出行应在付款委托书中作出如下头寸拨付指示:"We have credited the sum to your account with us."(我行已在贵行账户中贷记该金额。)

其头寸拨付流程如图5.5所示,汇入行收到该指示后,可向收款人解付。

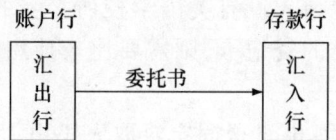

图5.5 头寸拨付流程:汇出行是汇入行的账户行

2. 汇入行是汇出行的账户行

若汇入行是汇出行的账户行,汇出行应在付款委托书中作出如下头寸拨付指示:"Please debit the sum to our account with you."(请从我行在贵行的账户中借记该金额。)

其头寸拨付流程如图5.6所示。汇入行收到该指示,即可向收款人解付,同时向汇出行发出借记报单。

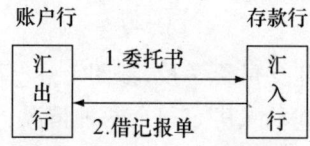

图5.6 头寸拨付流程:汇入行是汇出行的账户行

3. 汇出行A与汇入行B彼此不是账户行,但双方都以第三家银行C为账户行

若汇出行A和汇入行B彼此不是账户行,但双方都以第三家银行C为共同账户行(即碰头行)时,汇出行应在付款委托书中作出如下头寸拨付指示:"We have authorized C to debit the sum to our account and to credit the sum to your account with them."(我行已授权C行从我行在C行账户中借记该金额,并从贵行在C行账户中贷记。)

其头寸拨付流程如图5.7所示。B收到该指示,并收到C寄来的贷记报单,即可向收款人解付。C在向B寄交贷记提单时,同时向A寄交借记报单。

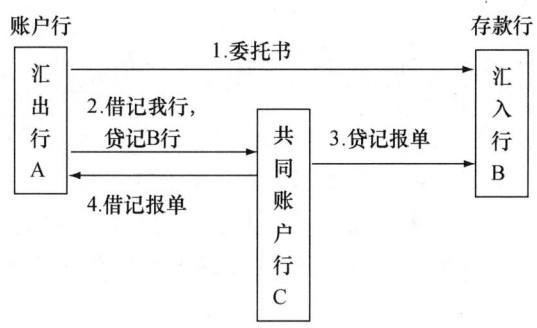

图5.7 头寸拨付流程：汇出行与汇入行有共同账户行

4. 汇出行 A 与汇入行 B 彼此既不是账户行，也没有共同账户行

若汇出行 A 与汇入行 B 彼此既不是账户行，也没有共同账户行，但 A、B 分别以 C、D 为账户行，而 C、D 之间则有上述三种关系之一，汇出行应在付款委托书中作出如下头寸拨付指示："We have authorized C to debit the sum to our account and to remit the sum to your account with D."（我行已授权 C 行从我行在 C 行账户中借记该金额并汇入贵行在 D 行的账户。）

其头寸拨付流程如图5.8所示。B 在收到其账户行 D 的贷记报单后，即向收款人解付。

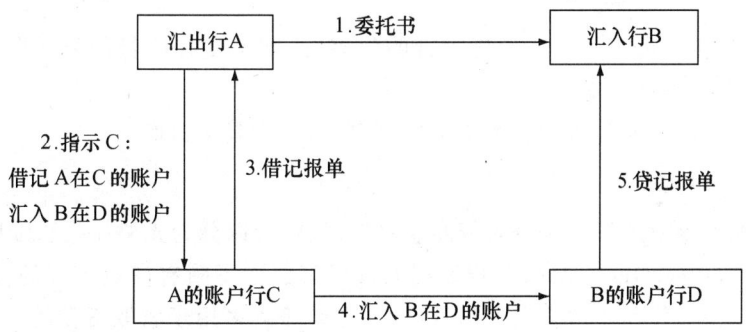

图5.8 头寸拨付流程：汇出行与汇入行有不同账户行

Q&A 5.3 汇款方式的缺陷

Q：汇款方式有什么缺陷？

A：在汇款方式下，买方向卖方支付货款与卖方向买方交付货物这两个环节互不制约，要么是预付货款，要么是货到付款。如果是预付货款，则对买方来说，存在卖方不履行交货义务的风险；反之，如果是货到付款，则对卖方来说，存在买方不履行付款义务的风险。

在日常生活中，"一手交钱、一手交货"的钱货交割方式体现了付款与交货的相互制约。"一手交钱、一手交货"的前提条件是买卖双方当面结算。在国际贸易中，买卖双方处于不同国家，空间距离遥远。卖方委托银行去找买方"当面"结算，把"一手交钱、一手交货"演变成"一手交钱、一手交单"，用支付或承兑汇票及交付货运单据来相互制约，就形成跟单托收。

第二节 托 收

与汇款方式相比,托收方式的一个显著改进就是把日常生活中"一手交钱、一手交货"的钱货相互制约移植到票据结算中,用支付或承兑汇票与交付货运单据来相互制约。托收是比较常见的国际贸易结算方式。为了与信用证区别开,在中国,习惯上把托收称作"无证托收"。在国际贸易结算中,绝大多数托收都采用跟单托收的方式。本节主要介绍跟单托收。

一、托收的含义、类别及流程

(一)托收的简略定义

托收(Collection)是指债权人开立汇票,委托银行向债务人收取款项。

托收的基本当事人如下:

委托人(Principal)是指委托银行向付款人收款的当事人,通常是出口商。

托收行(Remitting Bank)是指接受委托人的委托,向付款人收取款项的银行,通常是出口地银行。

代收行(Collecting Bank)是指托收行的代理行,即接受托收行的委托向付款人收取款项的银行,通常是进口地银行。

付款人(Drawee)是指承担付款义务的当事人,通常是进口商。

(二)托收的类别

根据委托人签发的汇票是否附带商业单据,托收可以分为光票托收和跟单托收。

光票托收(Clean Collection)是指委托人仅凭汇票而不附有商业单据的托收方式,即仅凭汇票委托银行代为收款。在国际贸易中,光票托收多用于收取货款的尾数、佣金、样品费以及其他贸易从属费用等小额款项(黎孝先,2007,p.206)。

跟单托收(Documentary Collection)是指委托人签发的汇票中附有商业单据的托收,跟单托收所附商业单据主要有提单、保险单、装箱单等。在国际贸易中,货款的托收大多采用跟单托收。在跟单托收的情况下,按照代收行向进口方交单的不同条件,可以分为付款交单和承兑交单。① 其中,根据付款期限的不同,付款交单又可以分为即期付款交单和远期付款交单。跟单托收的种类可以用表5.7来归纳。

表5.7 跟单托收的类别

代收行向进口方交单的条件 (钱货制约方式)	英文	术语	期限
付款交单	Documents against Payment	D/P	即期 D/P at sight
			远期 D/P ×× days
承兑交单	Documents against Acceptance	D/A	远期 D/A ×× days

---

① 也分别称为凭付款交单和凭承兑交单。

（三）托收的业务流程

1. 即期付款交单

即期付款交单（D/P at sight）是跟单托收的方式之一，代收行凭付款人即期付款向付款人交付单据。以卖方 UNICAM 公司委托银行向买方湖北国贸公司（HBITC）收取 41 084.34 美元为例，即期付款交单的业务流程如图 5.9 所示。

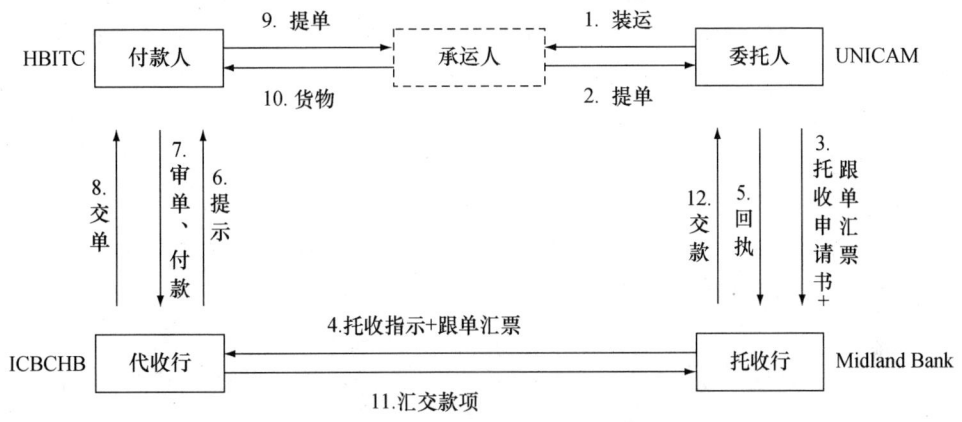

图 5.9　D/P 即期业务流程

在图 5.9 中，承运人不是托收业务的当事人，但由于货物的装运、提单的签发以及货物的提取均涉及承运人，故在业务流程中用虚线框表示承运人，下同。

图 5.9 的当事人有：委托人是卖方 UNICAM 公司；付款人是买方湖北国贸公司（HBITC）；托收行是英国米德兰银行（Midland Bank）；代收行是工商银行湖北分行（ICBCHB）。

2. 远期付款交单

远期付款交单（D/P after sight）是跟单托收的方式之一，代收行凭付款人远期付款向付款人交付单据。以卖方 UNICAM 公司委托银行向买方湖北国贸公司（HBITC）收取 41 084.34 美元为例，远期付款交单的业务流程如图 5.10 所示。

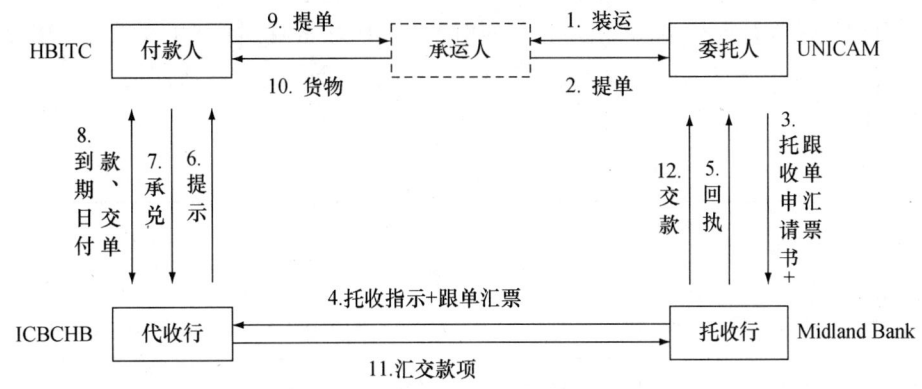

图 5.10　D/P 远期业务流程

图 5.10 的当事人与图 5.9 的当事人相同。

Q&A 5.4 D/P 远期存在的问题

Q：代收行（工商银行）向付款人（湖北国贸）提示单据，付款人承兑汇票后要等到汇票到期日，例如 30 天之后，才能付款、获得单据提货。这会导致什么问题？

A：货物运抵目的地时，买方因未获得单据而迟迟不能提货，其后果是产生报关滞报金、额外的仓储费。

3．承兑交单

承兑交单（D/A）是跟单托收的方式之一，代收行凭付款人承兑汇票向付款人交付单据。以卖方 UNICAM 公司委托银行向买方湖北国贸公司（HBITC）收取 41 084.34 美元为例，承兑交单的业务流程如图 5.11 所示。

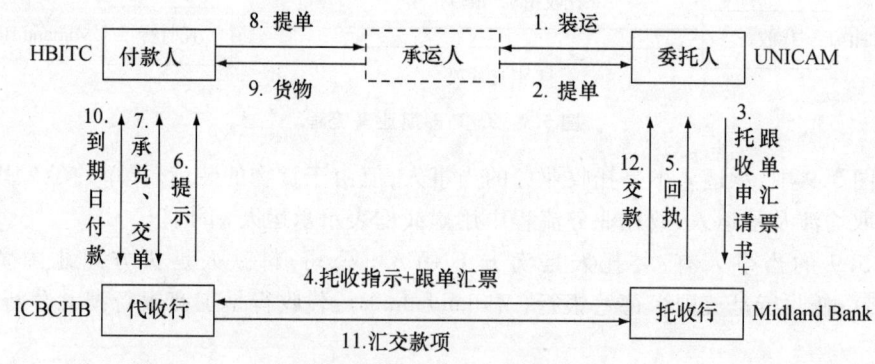

图 5.11 D/A 业务流程

图 5.11 的当事人与图 5.9 的当事人相同。

由上述图 5.9、图 5.10、图 5.11 可以看出，跟单托收的三种方式的区别主要是汇票期限不同、代收行向付款人的交单条件不同，以及由此造成进口方（付款人）的提货时间不同。下面假设代收行向付款人提示汇票的时间为 10 月 1 日，将 D/P 即期、D/P 远期、D/A 三种托收方式下付款人承兑、付款人付款、代收行交单以及付款人提货的时间比较如表 5.8 所示。

表 5.8 D/P 即期、D/P 远期、D/A 对比

托收类别	汇票期限	代收行提示/付款人见票	付款人承兑	付款人付款	代收行交单	付款人提货
D/P 即期	即期	10 月 1 日	无	10 月 1 日	10 月 1 日	10 月 3 日
D/P 30 天	见票后 30 天	10 月 1 日	10 月 1 日	11 月 1 日	11 月 1 日	11 月 3 日
D/A 30 天	见票后 30 天	10 月 1 日	10 月 1 日	11 月 1 日	10 月 1 日	10 月 3 日

Q&A 5.5 D/A 和 D/P 远期的意义

Q：在实际业务中，D/A 和 D/P 远期有何意义？

A：D/A 的意义在于，它实际上起到了为买方提供融资的作用：买方只需承兑汇票而不必付款即可获得提单提货，然后尽快出售货物，以使在汇票的付款到期日时有足够资金付款。因此，D/A 既是结算方式，也是融资方式。

D/P 远期仅仅是一种结算方式，对买方没有融资作用。进出口商们自然想到对 D/P 远期进行改良，使它既保留 D/P 的特征：凭付款交单，也具有 D/A 的融资作用。这就产生了下述 D/P·T/R。

4. D/P 远期的变形：D/P·T/R

D/P·T/R 称为远期付款交单凭信托收据借单，是指由出口人主动授权银行凭信托收据借单给进口人，进口人承兑汇票后凭信托收据先行借单提货，日后进口人到期拒付的风险由出口人自己承担。

信托收据（Trust Receipt）是进口人向代收行借单时所出具的一种书面信用担保文件，用来表示愿意以托收行的委托人身份代为提货、报关、存仓、保险或出售，并承认货物所有权仍属代收行。示例 5.5 是一份信托收据的具体内容。

示例 5.5 信托收据[①]

TRUST RECEIPT

TO：BANK×××　　　　　　　　　　　　　Place：_____ Date：_____

Received from the Said Bank (a full set of shipping documents evidencing) the merchandise having an invoice value of _____ say _____ as follows：

MARKS AND NUMBERS	QUANTITY	DESCRIPTION OF MERCHANDISE	STEAMER

and in consideration of such delivery in trust, the undersigned hereby undertakes to land, pay customs duty and/or other charges or expenses, store, hold and sell and deliver to purchasers the merchandise specified herein, and to receive the proceeds as Trustee for the Said Bank, and the undersigned promises and agrees not to sell the said merchandise or any part thereof on credit, but only for cash and for a total amount not less than the invoice value specified above unless otherwise authorized by the Said Bank in writing.

The undersigned also undertakes to...

The undersigned further acknowledges assents and agrees that in the event the whole or any part of the merchandise specified herein is sold or delivered to a purchaser of purchasers any proceeds derived or to be derived from such sale or delivery shall be considered the property of the Said Bank and the undersigned hereby grants to the Said Bank full authority to collect such proceeds directly from the purchaser(s) without reference to the undersigned.

The guarantor, as another undersigned, guarantees to the Said Bank the faith and proper fulfillment of the terms and conditions of this Trust Receipt.

Guaranteed by：　　　　　　　　　　　　　　　　　　　　　　Signed by：
_____　　　　　　　　　　　　　　　　　　　　　　　　_____

[①] 引自苏宗祥等（2004，p.139）。

D/P·T/R、D/A、D/P 即期/远期的区别如表 5.9 所示。

表 5.9　D/P·T/R、D/A、D/P 即期/远期对比

	D/P·T/R	D/A	D/P 即期/远期
交单条件	开立信托收据+承兑	承兑	付款
提货时间	即期	即期	即期/远期
付款期限	远期	远期	即期/远期
货物所有权	托收行	进口商	进口商
出口商风险	中	大	小

5. 使用托收应注意的问题

第一,托收属于商业信用。托收虽然通过银行中介进行结算,但银行只是接受卖方的委托,按卖方的指示办事,不承担付款的责任,也不提供银行信用,卖方能否按时收款和买方能否按时提货,完全取决于买卖双方的信用。

第二,托收方式对买方有利,对卖方不利。托收方式对于卖方来说是先发货后收款,如果是承兑交单,卖方还可能要在货到后才能收回全部货款,这实际上是卖方向买方提供信用。如果买方倒闭,丧失付款能力,或者因为市场行情下跌,买方借故不履行合同,拒不付款,此时将对卖方造成较大的损失。因此,对于新客户或信誉不好的客户,不宜使用托收方式。

第三,在三种交单方式中,相对而言,D/P 即期对卖方最有利,D/A 对买方最有利。因此,对于卖方而言,如果采用托收方式,也要尽量采用 D/P 即期。

二、托收的国际惯例及其对托收的定义

为统一托收业务的做法,适应国际贸易发展的需要,国际商会曾于 1958 年草拟《商业单据托收统一规则》,这是托收规则的最早版本。目前使用的托收国际惯例是国际商会第 522 号出版物《托收统一规则》(Uniform Rules for Collection, ICC Publication No. 522),也称为 URC522,于 1996 年开始实施。

URC522 共 7 部分,共 26 条;包括总则及定义,托收的形式和结构,提示方式,义务与责任,付款,利息、手续费及其他费用,其他规定。URC522 的适用范围如下:

(1) URC522 仅适用于在托收指示中注明适用该规则的托收;

(2) URC522 仅规范银行托收业务;

(3) URC522 规范的托收业务必须是单据的托收,而不涉及由第三者仅以口头方式代债权人向债务人索款的托收。

URC522 对托收的定义如下:

Collection defined in URC522[①]

Article 2　Definition of Collection

For the purposes of these Articles:

---

① 英文定义转引自沈瑞年等(1999, pp.561—562)。

a. "Collection" means the handling by banks of documents as determined in Sub-Article 2(b), in accordance with instructions received, in order to

　　i　obtain payment and/or acceptance, or

　　ii　deliver documents against payment and/or against acceptance, or

　　iii　deliver documents on other terms and conditions.

b. "Documents"means financial documents and/or commercial documents:

　　i　"financial documents" means bills of exchange, promissory notes, cheques, or other similar instruments used for obtaining the payment of money,

　　ii　"commercial documents" means invoices, transport documents, documents of title or other similar documents, or any other documents whatsoever, not being financial documents.

上述定义的中文译文如下：

第 2 条　托收的定义

就本规则而言：

a. 托收是指银行按照所得到的指示对第 2 条(b)款所确定的单据进行处理,以便

　　i　获得付款和/或承兑,或

　　ii　凭付款和/或凭承兑交付单据,或

　　iii　凭其他条款和条件交付单据

b. 单据是指金融票据和/或商业单据

　　i　金融票据是指汇票、本票、支票或用于获得钱款支付的其他类似工具

　　ii　商业单据是指发票、运输单据、所有权凭证或其他类似单据,或者是不属于金融票据的其他任何单据。

三、托收指示

托收业务离不开托收指示。托收行向代收行寄送托收单据时,必须同时寄送一份托收指示,对交单条件等所有托收事项作出一整套指示,以便代收行遵照执行。

（一）托收指示的涵义

托收指示,就是托收行向代收行寄送托收单据的面函(Cover Letter),是托收行对所有托收事项作出的指令组合。寄送托收单据的面函在 URC322 之前称为"托收委托"(Collection Advice),在 URC322 中称为"托收命令"(Collection Order),在 URC522 中称为"托收指示"(Collection Instruction)。URC522 对托收指示的规定如下：

（1）一切托收单据必须附有一项单独的托收指示书,指示书表明以 URC522 为准则,代收行仅允许依该托收指示书行事；

（2）银行将不从审核单据中获取托收指示；

（3）除非托收指示中另有授权,从哪个当事人/银行那里收到托收单据,就遵从该当事人/银行的托收指示,代收行对其他当事人/银行的指令不予理会。

（二）托收指示的主要内容

示例 5.6 是一份工商银行使用的托收指示。

示例5.6 托收指示[1]

```
         The Industrial & Commercial Bank Of China
                    Collection Instruction
                                                    ┌─────────────┐
                                                    │  ORIGINAL   │
                                                    └─────────────┘
       ┌─────────────────────────┐
   To: │                         │       Date _____
       └─────────────────────────┘
   Dear Sirs,                            Our Ref No. _____
   We send you herewith the under-mentioned item(s)/documents for collection.
```

Drawer:	Draft No.: Date:	Due Date/Tenor
Drawee(s):	Amount:	
Goods:	From	To
By/Per	On	

Documents	Draft	Invoice	B/L	Ins. Policy/Cert.	W/M	C/O		
1st								
2nd								

Please follow instructions marked "×":
☐ Deliver documents against payment/acceptance.
☐ Remit the proceeds by airmail/cable.
☐ Airmail/cable advice of payment/acceptance.
☐ Collect charges outside _____ from drawer/drawee.
☐ Collect interest for delay in payment _____ days after sight at _____% P.A.
☐ Airmail/cable advice of non-payment/non-acceptance with reasons.
☐ Protest for non-payment/non-acceptance.
☐ Protest waived.
☐ When accepted, please advise us giving due date.
☐ When collected, please credit our account with _____.
☐ Please collect and remit proceeds to _____ Bank for credit of our account with them under their advice to us.
☐ Please collect proceeds and authorize us by airmail/cable to debit your account with us.
Special Instructions: For The Industrial & Commercial Bank of China
This collection is subject to
Uniform Rules for Collection   _____
(1995 Revision) ICC Publication No. 522   Authorized Signature(s)

基于示例5.6,托收指示的主要内容可概括如下:代收行名称、地址;出票人名称、地址;汇票号码、出票日前、付款期限、金额;受票人名称;托收单据明细;交单条件(从 D/P、D/A 中选定一种);汇交款项(用信汇还是电汇);退票时是否需要拒绝证书;收款指示;托收行名称、地址。

---

[1] 引自苏宗祥、徐捷(2008,p.160)。

图 5.9 中的托收指示如示例 5.7 所示。

示例 5.7　图 5.9 中的托收指示①

Midland Bank
Collection Instruction

ORIGINAL

To: The Industrial and Commercial Bank of China, Hubei Branch

Dear Sirs,　　　　　　　　　　　　　　　　　　Date _____
　　　　　　　　　　　　　　　　　　　　　　　Our Ref No. _____

We send you herewith the under-mentioned item(s)/documents for collection.

Drawer: Unicam Limited Atomic Absorption	Draft No.: 6666 Date: 8th April, 2015	Due Date/Tenor sight Sight
Drawee(s): Hubei International Trade Corp.	Amount: USD41 084.34	
Goods: Spectrometer	From London	To Wuhan
By/Per	On	

Documents	Draft	Invoice	B/L	Ins. Policy/Cert.	W/M	C/O			
1st	2	4	3	2	2	1			
2nd									

Please follow instructions marked "×":

× Deliver documents against payment/~~acceptance~~.
☐ Remit the proceeds by airmail/cable.
× ~~Airmail~~/cable advice of payment/~~acceptance~~.
× Collect charges outside <u>UK</u> from ~~drawer~~/drawee.
× Collect interest for delay in payment <u>7</u> days after sight at <u>5%</u> P. A.
☐ Airmail/cable advice of non-payment/non-acceptance with reasons.
☐ Protest for non-payment/non-acceptance.
× Protest waived.
☐ When accepted, please advise us giving due date.
☐ When collected, please credit our account with _____.
× Please collect and remit proceeds to <u>City</u> Bank for credit of our account with them under their advice to us.
☐ Please collect proceeds and authorize us by airmail/cable to debit your account with us.

Special Instructions:　　　　　　　　　　　　　For Midland Bank
This collection is subject to
Uniform Rules for Collection　　　　　　　　　　_____
(1995 Revision) ICC Publication No. 522　　　　Authorized Signature(s)

图 5.9 中的汇票如示例 5.8 所示。

---

① 笔者没有英国 Midland Bank 的托收指示格式,现使用中国工商银行的托收指示格式代替。

示例 5.8　图 5.9 中的汇票

EXCHANGE FOR	USD41 084.34		Cambridge	8th April	**20** 15
At　Sight		**pay this**	Second		**Bill of Exchange**
First of same tenor and date unpaid					**to the Order of**
Unicam Limited Atomic Absorption, PO Box 207, York Street, Cambridge CB1 2SU					
"Drawn under Sales Contract No. 123456"					
US Dollars Forty one Thousand & Eighty four Dollars .34					
Value Received				**Which place to Account**	
To　HUBEI INTERNATIONAL TRADE CORPORATION				UNICAM LIMITED	
				ATOMIC ABSORPTION	
WUHAN　　　　　　　　BILL NO: 6666					
CHINA					

（三）托收指示中的收款指示

示例 5.6 所示的托收指示下半页罗列了一系列的指令（Instructions），其中，最后三项指令就是收款指示。收款指示是托收指示的一项重要内容，托收行根据它与代收行之间的账户关系，对代收行如何汇交托收款项作出指示。根据托收行与代收行之间的账户关系，收款指示分为三种情况：

1. 代收行是托收行的账户行

如果代收行是托收行的账户行，收款指示为："When collected please credit our account with you under your cable/telex/SWIFT/airmail advice to us."（收妥款项时，请贷记我行在贵行的账户，并以电报/电传/SWIFT/航邮通知我行。）

代收行贷记托收行账户，并发出贷记报单。代收行向托收行汇交款项的流程如图 5.12 所示。

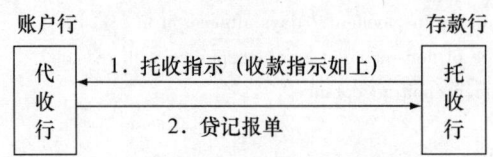

图 5.12　汇交流程：代收行是托收行的账户行

2. 托收行是代收行的账户行

如果托收行是代收行的账户行，收款指示为："Please collect the proceeds and authorize us by cable/telex/SWIFT/airmail to debit your account with us."（请代收款项并以电报/电传/SWIFT/航邮授权我行借记贵行在我行的账户。）

代收行发出支付委托书（Payment Order），授权托收行借记自己的账户。托收行完成借记后，向代收行发出借记报单。代收行向托收行汇交款项的流程如图 5.13 所示。

3. 托收行与代收行彼此不是账户行

如果托收行与代收行彼此不是账户行，托收行以第三家银行 C 为账户行，托收行向代收行发出的收款指示为："Please collect and remit the proceeds to C for credit of our account with them under their cable/telex/SWIFT/airmail advice to us."（请代收款项并将款项汇至 C 行，贷记我行在 C 行的账户，并请该行以电报/电传/SWIFT/航邮通知我行。）

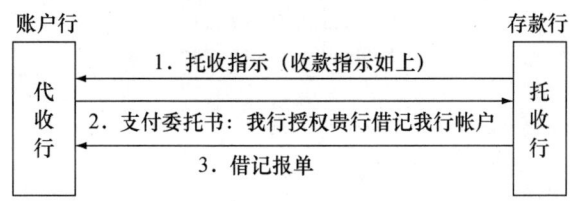

图 5.13 汇交流程：托收行是代收行的账户行

代收行收妥款项后，将款项汇至 C 行，并要求 C 行贷记托收行账户。代收行向托收行汇交款项的流程如图 5.14 所示。

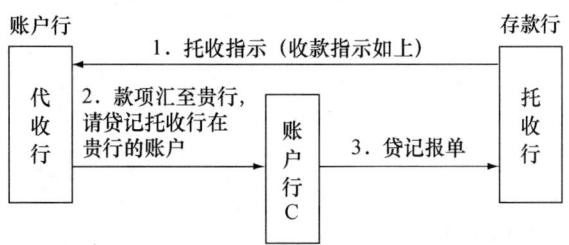

图 5.14 汇交流程：托收行与代收行彼此不是账户行

案例 5.1 填写托收指示及汇票

交易当事人及托收要求如下：

买方：Hubei International Trade Corporation, 4 Jianghan Beilu, Wuhan

卖方：International Business Machine, Inc. USA

品名：Personal Computers, from New York, NY, USA to Wuhan, China

金额：Contract Value USD10 000. -CIP Wuhan, China

付款条件：D/P at sight

托收行：Citibank of China New York Branch

代收行：The Industrial & Commercial Bank of China, Hubei Branch

托收单据一批寄单，包括：

即期汇票　2 张，号码 BE001，日期 2015 年 11 月 1 日，金额 USD10 000.

发票　　　3 份，号码 INV001

提单　　　3 份

保险单　　1 份

重量单　　1 份

产地证　　1 份

代收行收妥款项后电告托收行；在中国的银行费用由买方承担；见票后第 7 天开始按 5% 年利率计算延迟付款利息；免除拒绝证书；托收行是代收行的美元账户行。

（1）按上述情况填写托收指示；

（2）按上述情况填写汇票。

填写的托收指示如下：

Citibank Of China
Collection Instruction

ORIGINAL

To: The Industrial and Commercial Bank of China
　　　Hubei Branch　　　　　　　　　　　　　　Date _____
Dear Sirs,　　　　　　　　　　　　　　　　　　　Our Ref No. _____
We send you herewith the under-mentioned item(s)/documents for collection.

Drawer: International Business Machine, Inc.	Draft No.: BE001　Date: 8th April, 2015	Due Date/Tenor sight Sight
Drawee(s): Hubei International Trade Corp.	Amount: USD10 000.00	
Goods: Personal Computers	From New York, USA	To Wuhan, China
By /Per	On	

Documents	Draft	Invoice	B/L	Ins. Policy/Cert.	W/M	C/O			
1st	2	3	3	1	1	1			
2nd									

Please follow instructions marked " × ":
× Deliver documents against payment/~~acceptance~~.
☐ Remit the proceeds by airmail/cable.
× ~~Airmail~~/cable advice of payment/~~acceptance~~.
× Collect charges outside USA from ~~drawer~~/drawee.
× Collect interest for delay in payment 7 days after sight at 5% P. A.
☐ Airmail/cable advice of non-payment/non-acceptance with reasons.
☐ Protest for non-payment/non-acceptance.
× Protest waived.
☐ When accepted, please advise us giving due date.
☐ When collected, please credit our account with _____.
☐ Please collect and remit proceeds to _____ Bank for credit of our account with them under their advice to us.
× Please collect proceeds and authorize us by airmail/cable to debit your account with us.

Special Instructions:　　　　　　　　　　　　　　　For Citibank of China
This collection is subject to
Uniform Rules for Collection
(1995 Revision) ICC Publication No. 522　　　　　　Authorized Signature(s)

填写的汇票如下：

EXCHANGE FOR	USD10 000.00	Cambridge 8th April	**2015**
At	Sight　　　　*pay this*	Second	***Bill of Exchange***
	First of same tenor and date unpaid		***to the Order of***

Unicam Limited Atomic Absorption, PO Box 207, York Street, Cambridge CB1 2SU
Drawn under Sales Contract No. × × ×
US Dollars Ten Thousand Dollars only.

Value Received　　　　　　　　　　　　　　　　***Which place to Account***
To　　　Hubei International Trade Corporation　　International Business
　　　　　　　　　　　　　　　　　　　　　　　　　　　Machine, Inc.

CHINA

案例 5.2 托收指示阅读及分析[①]

EVERBRIGHT BANK OF CHINA
SHANGHAI CHINA

DATE JULY 15, 2015

	Please always quote our Ref No. OC 400EB088222
TO: Collecting Bank: HONG KONG AND SHANGHAI BANKING CORP. LTD 500 HENNESSY RD., CAUSEWAY BAY HONG KONG	Drawer: CHINA PACKING I./E SHANGHAI COMPANY
	Drawee: POLYBLESS LIMITED RM 6, 6/F, EASTERN HARBOUR CENTRE 28, HOI CHAK ST QUARRY BAY, H.K.

Dear Sirs: We send you herewith the under mentioned item(s) for collection.

Draft/Inv No.	Tenor/Due Date	Amount
B0805148P-135	D/P AT SIGHT	USD20 839.50

The relative documents are disposed as follows

B/L C/R AWB	Invoice	Pack./wt Spce/Meas. List	From A Origin Cert.	Quality/ Quantity/ Anal. Cert			Draft	Forwarded by Air Mail
3/3	2	2					2	1ST
			Remaining documents					2ND

Remarks
Please follow instructions marked "×":
× Please Deliver documents against payment.
□ In case of time bill, please advise us the date of maturity after acceptance.
× If dishonor, please do not protest but see that goods are properly warehoused and insured against fire risk on our behalf and advise us of non-payment/non-acceptance giving definite reasons.
× All your charges are to be borne by Drawee.
× Upon collection please remit VIA CHIPS the above amount to CITIBANK, NEW YORK (ABA008) A/C UID364228 at sight under telex advice to us quoting our above OC number.
This collection is subject to URC ICC Publication No. 522

for EVERBRIGHT BANK OF CHINA
Authorized signature

仔细阅读上述托收指示,并请回答下列问题:
(1) 托收指示所对应的结算术语有哪些?
(2) 列写当事人名称及相应的公司/银行的名称。
(3) 分析 EVERBRIGHT BANK OF CHINA 与 HONG KONG AND SHANGHAI BANK-ING CORP. LTD.之间的账户关系,EVERBRIGHT BANK OF CHINA 与 CITIBANK, NEW

[①] 托收指示引自徐秀琼(1996,示样4)。

YORK 之间的账户关系。

答案如下:
(1) 托收指示所对应的结算术语是:D/P 即期。
(2) 当事人名称及相应的公司/银行的名称如下:
委托人:CHINA PACKING I./E SHANGHAI COMPANY;
付款人:POLYBLESS LIMITED;
托收行:EVERBRIGHT BANK OF CHINA;
代收行:HONG KONG AND SHANGHAI BANKING CORP. LTD。
(3) 银行间账户关系分析:

EVERBRIGHT BANK OF CHINA 与 HONG KONG AND SHANGHAI BANKING CORP. LTD. 之间的账户关系,因为收款指示要求 HONG KONG AND SHANGHAI BANKING CORP. 将款项汇至 CITIBANK, NEW YORK。

EVERBRIGHT BANK OF CHINA 与 CITIBANK, NEW YORK 之间的账户关系,理由同上,EVERBRIGHT BANK OF CHINA 是存款行,CITIBANK, NEW YORK 是账户行。

四、跟单托收中的 SWIFT 报文

跟单托收中使用的 SWIFT 报文如表 5.10 所示。

表 5.10 跟单托收中 SWIFT 报文的名称和用途①

SWIFT 报文	用途
MT400 Advice of Payment MT400 付款通知	通知托收款项下的付款或部分付款以及该托收款项的结算。
MT410 Acknowledgement MT410 确认	确认收到托收委托书。
MT412 Advice of Acceptance MT412 承兑通知	通知收报行某托收委托书项下的一笔或多笔汇票已承兑。
MT416 Advice of Non-payment /Non-acceptance MT416 拒绝付款或拒绝承兑通知	通知一笔跟单托收业务被付款人拒绝付款或拒绝承兑。
MT420 Tracer MT420 查询	查询托收项下寄出的单据。
MT422 Advice of Fate and Request for Instruction MT422 通知单据情况并要求给予指示	通知收报行关于代收行所收到的单据的情况。
MT430 Amendment of Instruction MT430 修改托收指示	对托收指示进行修改。

---

① 引自苏宗祥、徐捷(2008, pp. 187—192)。

Q&A 5.6　托收面函的 SWIFT 报文

Q：托收面函可否采用 SWIFT 报文？

A：迄今为止，托收面函尚不能采用 SWIFT 报文，因为面函要跟附各项纸质的原始单据，而纸质的原始单据无法通过 SWIFT 传送，只能通过邮寄传送。但是，可以预期，随着单据电子化的进一步发展，在原始单据实现完全电子化并可以通过网络传送之后，托收面函就可以采用 SWIFT 报文了。

Q&A 5.7　跟单托收中钱货制约的有效性

Q：跟单托收较好地解决了汇款方式中钱与货不能相互制约的问题。跟单托收的钱货制约在什么情况下有效，什么情况下失效？

A：跟单托收的钱货制约在买方始终要货的情况下有效，在买方改变初衷、不再要货的情况下失效。

Q：什么因素会导致买方改变初衷、不再要货呢？

A：货物的行情下跌，或者买方出现资金困难、无力支付货款，等等，都会导致买方改变初衷、不再要货。

第三节　信　用　证

在汇款方式中，出口商向进口商交单（即交货）与进口商向出口商付款互不制约。跟单托收克服了这一缺陷，它使代收行向进口商交单与进口商付款/承兑相互制约。但是，对出口商而言，跟单托收仍然存在钱货制约的失效问题。实际上，托收和汇款都存在一个共同缺陷：付款人的信用基础都是商业信用。出口商们不得不寻求新的结算方式，使得付款责任由进口商承担转变为由信用等级更高的银行来承担。

随着银行参与国际贸易结算，逐步形成了信用证结算的方式。这种方式实现了由银行取代进口商承担付款责任的历史性转变，保证出口商安全迅速地收到货款，进口商按时收到货运单据。因此，信用证方式进一步提升了付款人的信用等级，同时也为进出口双方提供了资金融通的便利。所以，自信用证出现以来，这种结算方式发展迅速，并在国际贸易中得到广泛应用。现在，信用证付款已成为国际贸易中一种重要的结算方式。

一、信用证的简略定义

信用证的英文表述是"Letter of Credit"，结算术语为 L/C。

信用证是指银行（开证行）应买卖双方中一方（申请人）的请求，开给另一方（受益人），保证在一定条件下支付确定数额的钱款的凭证。其条件通常是受益人提交符合信用证条款规定的单据。

二、信用证的业务流程

不同类别的信用证,其业务流程在具体环节上会有所不同,但其基本流程大致相同。现以买方湖北国贸公司(HBITC)用信用证方式向卖方 UNICAM 公司支付 41 084.34 美元为例,介绍最典型的即期议付信用证的业务流程,如图 5.15 所示。

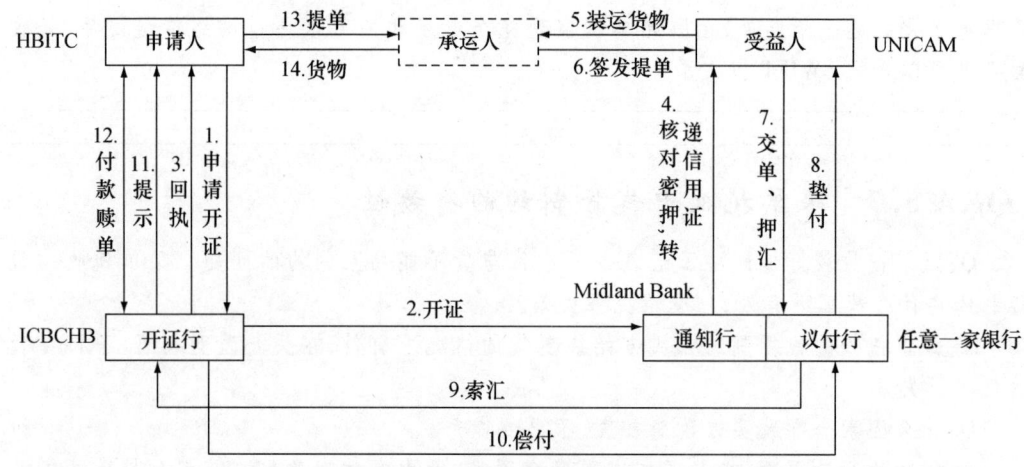

图 5.15 即期议付信用证业务流程

在图 5.15 中,承运人不是信用证业务的当事人,但由于货物的装运、提单的签发以及货物的提取均涉及承运人,故在业务流程中用虚线框表示承运人。

图 5.15 的当事人如下:申请人是买方湖北国贸公司(HBITC);受益人是卖方 UNI-CAM 公司;开证行是工商银行湖北分行(ICBCHB);通知行是英国米德兰银行(Midland Bank);议付行可以是英国任意一家银行,比如,议付行也可以是通知行,但议付行通常是受益人的往来银行。

Q&A 5.8 通知行的作用

Q:为什么开证行不将信用证直接开给受益人,而要通过通知行转递?

A:如果开证行将信用证直接开给受益人,受益人无法识别所收到的文件是否的确来自一家银行。通知行的作用主要是核对信用证的确由开证行开立。

Q&A 5.9 偿付行

Q:在图 5.15 中,开证行 ICBCHB 能直接偿付美元给英国的议付行吗?

A:不能。如本书第四章第三节所述,国际支付系统的基本要求之一是,出票人和收款人的所在地可以是全球任何地方,但付款人或担当付款的人必须是所付货币清算中心的银行。图 5.15 的信用证的币种是美元,则不能由 ICBCHB 直接偿付议付行,而必须由

ICBCHB 在美元清算中心纽约的联行或代理行偿付议付行。因此,图 5.15 实际上隐去了另一个当事人:偿付行。

三、信用证实例

示例 5.9 给出了图 5.15 中的信用证实例。

示例 5.9 SWIFT 信用证

```
*   Own Address:ICBKCNBJHUB      INDUSTRIAL AND COMMERCIAL BANK OF
*                                CHINA
*                                WUHAN
*                                (HUBEI PROVINCIAL BRANCH)
*   Input Message Type:700       ISSUE OF A DOCUMENTARY CREDIT
*   Sent to:       MIDLGB22XXXX  MIDLAND BANK PLC
*                                LONDON
*                                (ALL U.K. OFFICES)
*   Priority/Obsol. Period:Normal/100 Minutes
*   27     /SEQUENCE OF TOTAL
*           1/2
*   40A    /FORM OF DOCUMENTARY CREDIT
*           IRREVOCABLE
*   20     /DOCUMENTARY CREDIT NO.
*           LC42115103A
*   31C    /DATE OF ISSUE
*           150226
*                                                    15-02-26
*   40E    APPLICABLE RULES
           UCP LATEST VERSION
*   31D    /DATE AND PLACE OF EXPIRY
*           150515 IN U.K.
*                                                    15-05-15
*   50     /APPLICANT
*           HUBEI PROVINCIAL INTERNATIONAL
*           TRADE CORPORATION
*           4 JIANGHAN BEILU, WUHAN, CHINA
*   59     /BENEFICIARY-NAME & ADDRESS
*           UNICAM LIMITED ATOMIC ABSORPTION
*           PO BOX 207, YORK STREET, CAMBRIDGE
*           CB1 2SU ENGLAND
*           FAX:01223 374437 TEL:01223 358866
```

```
* 32B   /CURRENCY CODE, AMOUNT
*         USD41084.34
*                              US Dollar
*         41084.34
* 41D   /AVAILABLE WITH.../BY-NAME, ADDRESS
*         ANY BANK
*         BY NEGOTIATION
* 42C   /DRAFTS AT SIGHT
*         FOR 100 PCT OF THE INVOICE VALUE
* 42A   /DRAWEE-BIC
*         ICBKCNBJHUB
*                     INDUSTRIAL AND COMMERCIAL BANK OF CHINA
*                     WUHAN
*                     (HUBEI PROVINCIAL BRANCH)
* 43P   /PARTIAL SHIPMENTS
*         NOT ALLOWED
* 43T   /TRANSSHIPMENT
*         ALLOWED
* 44E   /PORT OF LOADING/AIRPORT OF DEPARTURE
*         MAIN BRITISH AIRPORTS
* 44F   /PORT OF DISCHARGE/AIRPORT OF DESTINATION
*         WUHAN AIRPORT CHINA
* 44C   /LATEST DATE OF SHIPMENT
*         150430
*                              15-04-30
* 45A   /DESCR GOODS AND/OR SERVICES
*         COMMODITY
*         989 AA SPECTROMETER AND ACCESSORIES ONE SET USD28 000.00
*         CATALOG NUMBER 942339692352
*         HELIOS ALPHA PRISM SYSTEM SPECTORMETER ONE SET USD8 000.00
*         AND ACCESSORIES
*         P/N 9423UVA1000E
*         HELIOS GAMMA UV-VISIBLE SPECTROMETER ONE SET USD5 084.34
*         P/N 9423UVG1000E
*                              TOTAL:     USD41084.34
*              CIF WUHAN AIRPORT, Incoterms 2010
*                  PACKING CHARGES INCLUDED.
*         PACKING: BY STANDARD EXPORT PACKING
*         MANUFACTURER: UNICAM LIMITED, U.K.
*         SHIPPING MARK: 15FGQM49-9001CE(LZH)
*                     WUHAN CHINA
```

```
*  71B  /CHARGES
*         ALL BANKING CHARGES AND INTEREST
*         IF ANY OUTSIDE THE OPENING BANK
*         WILL BE BORNE BY THE BENEFICIARY
*  48   /PERIOD FOR PRESENTATION
*         15   DAYS
*  49   /CONFIRMATION INSTRUCTIONS
*         WITHOUT
*  78   /INSTRUCTIONS TO PAY/ACC/NEG BK
*         ALL DOCUMENTS MUST BE FORWARDED TO INDUSTRIAL N
*         COMMERCIAL BANK OF CHINA HUBEI PROVINCIAL BRANCH HANKOU
*         OFFICE ADD: 1/F., JINMAO BLDG., 4 NORTH JIANGHAN ROAD HANKOU,
*         CHINA IN ONE COVER UPON RECEIPT OF DOCUMENTS DRAWN IN
*         COMPLIANCE WITH TERMS AND CONDITIONS OF THE CREDIT, WE
*         SHALL REIMBURSE YOU BY T/T ACCORDING TO YOUR INSTRUCTIONS.
*  72   /SENDER TO RECEIVER INFORMATION
*         /TELEBEN/
*  27   /SEQUENCE OF TOTAL
*         2/2
*  20   /DOCUMENTARY CREDIT NO.
*         LC42115103A
*  46B  /DOCUMENTS REQUIRED
*         +SIGNED COMMERCIAL INVOICE IN 4 COPIES MENTIONING CONTRACT
*           NO. 15FGQM49-9001CE(LZH) AND L/C NO. 42115103A.
*         +AIR WAYBILLS SHOWING FREIGHT PREPAID INDICATING FREIGHT
*           AMOUNT AND CONGINED TO APPLICANT.
*         +INSURANCE POLICY/CERTIFICATE IN 2 FOR 110 PCT OF THE INVOICE
*           VALUE SHOWING CLAIMS PAYABLE IN CHINA IN CURRENCY OF THE
*           DRAFT, BLANK ENDORSED, COVERING AIR TRANSPORTATION ALL
*           RISKS.
*         +PACKING LIST/WEIGHT MEMO IN 4 COPIES INDICATING
*           QUANTITY/GROSS AND NET WEIGHTS OF EACH PACKAGE AND
*           PACKING CONDITIONS AS CALLED FOR BY THE L/C.
*         +CERTIFICATE OF QUALITY IN 2 COPIES ISSUED BY MANUFACTURER.
*         +BENEFICIARY'S CERTIFIED COPY OF FAX DISPATCHED TO THE
*           ACCOUNTEES WITHIN 24 HOURS AFTER SHIPMENT ADVISING AWB NO.
*           SHIPPING DATE, CONTRACT NO.
*  47A  /ADDITIONAL CONDITIONS
*         +A FEE OF USD50.00 (OR EQUIVALENT IN OTHER CURRENCY) WILL BE
*           DEDUCTED FROM THE PROCEEDS OF DRAWING FOR EACH SET OF
*           DOCS PRESENTED WITH DISCRIPANCY(IES).
*         +DOCUMENTS ISSUED EARLIER THAN L/C ISSUING DATE ARE NOT
*           ACCEPTABLE.
```

四、信用证的基本内容

不同方式开立的信用证,其形式和格式有所不同,但都包含以下基本内容:

(1)信用证的识别信息,包括:信用证的种类、信用证号码、信用证的金额、信用证有效期限和地点、交单期限;

(2)对当事人的规定,明确申请人、受益人、开证行、指定银行,说明对议付行有无限制;

(3)对货物的要求,明确品名、品质、数量、包装、价格;

(4)对运输的要求,规定装运期限、装运港(地)、目的港(地)、是否允许分批装运、是否允许转运;

(5)对单据的要求,包括发票、装箱单、运输单据、保险单(CIF条件下)、品质证、产地证、装运通知副本等;

(6)信用证所适用的国际惯例。

五、信用证的开立方式

(一)信开信用证

信开信用证(To open by airmail)一般先用纸张打印出来并由开证行签字盖章以后,用邮寄的方式送达通知行。

(二)电开信用证

电开信用证(To open by cable, telex, or SWIFT)主要通过电传或电讯两种方式,由开证行发送给通知行。

1. 简电本

简电本(Brief Cable)只是一份关于信用证已开立的通知书,该通知书只列明所开立的信用证的内容梗概。简电本只作参考,不能视为正式有效的信用证。这里的"cable"实际上已经成为"概念意义上的电报"了,进入20世纪90年代以后,电报基本上不在国际贸易中使用,信用证业务主要采用电传(telex)和电讯(SWIFT)方式传递。但是,人们习惯上仍然沿用"电报"这种称谓。根据UCP600第11条规定,银行一旦向通知行发出开立信用证的通知书,随后就必须不可撤销地开立相关的信用证,而且信用证的内容不得与通知书相矛盾。所以,在信用证业务中,那种先说了要开立,随后又因故不予开立信用证的现象是根本不存在的,也是国际惯例所不允许的(田运银,2007,p.151)。

2. 全电本

如果以全电本(Full Cable)的形式开立信用证,开证行是以电讯方式开证,把信用证的全部条款传递给通知行。全电本是一个内容完整的信用证,是受益人向银行交单以支取款项的依据。

3. SWIFT信用证

凡参加SWIFT组织的成员银行,均可使用SWIFT办理信用证业务,其安全性较普通电讯方式高。

凡按照国际商会所制定的电讯信用证格式,利用SWIFT系统设计的特殊格式(Format),通过 SWIFT 系统传递的信用证的信息(Message),即通过 SWIFT 开立或通知的信用证称为 SWIFT 信用证,也有称为"全银电协信用证"的。采用 SWIFT,必须遵守 SWIFT 使用手册的规定,使用 SWIFT 手册规定的项目代号(Tag),因而 SWIFT 具有标准化、固定化和格式统一的特性,且传递速度快捷,成本也较低(黎孝先,2007,p.219)。

SWIFT 信用证报文(Text)由一些项目(Field)组成,每一种报文格式(Message Type,MT)规定由哪些项目组成,每一个项目又严格规定由多少字母、多少数组或多少字符组成。

在一份 SWIFT 信用证报文中,有些规定项目是必不可少的,称为必选项目(Mandatory Field, M);有些规定项目可以由操作员根据业务需要确定是否选用,这些项目称为可选项目(Optional Field, O)(苏宗祥、徐捷,2008,pp.398—399)。

现将 SWIFT 信用证 MT700 报文格式各项目名称及其项目代号和相关说明列在表 5.11 中。

表 5.11　SWIFT 信用证 MT700 报文格式

M/O	项目代号	项目名称	说明	
M	27	Sequence of Total	报文页次	如"1/2"表明"该证共有 2 页,这是其中的第 1 页"
M	40A	Form of Credit	跟单信用证形式	一般为不可撤销跟单信用证
M	20	Documentary Credit Number	跟单信用证号码	
O	23	Reference to Pre-advice	预先通知编号	
O	31C	Date of Issue	开证日期	
M	40E	Applicable Rules	适用规则	跟单信用证遵循的规则
M	31D	Date and Place of Expiry	信用证的到期日及到期地点	事实上就是受益人的最迟交单日和交单地点
O	51a	Applicant Bank	开证申请人的银行	当开证行和开证申请人的银行不是同一家银行时,该项目要列明
M	50	Applicant	开证申请人的名称及地址	
M	59	Beneficiary	受益人的名称及地址	
M	32B	Currency Code, Amount	信用证的币种代码及金额	
O	39A	Percentage Credit Amount Tolerance	信用证金额上下浮动的最大允许范围	如"05/05"表示"允许上下浮动 5%"
O	39B	Maximum Credit Amount	信用证金额最高限额	
O	39C	Additional Amounts Covered	信用证涉及的附加金额	

（续表）

M/O	项目代号	项目名称		说明
M	41a	Available with...by...	兑付银行及信用证兑付方式	"Available with...Bank"或"any bank";"by"后面接付款方式,如"即期付款"、"延期付款"、"承兑"或"议付"等
O	42C	Drafts at...	汇票的付款期限	
O	42a	Drawee	汇票的付款人	
O	42M	Mixed Payment Details	混合付款细节	
O	42P	Deferred Payment Details	迟期付款细节	
O	43P	Partial Shipments	分批装运条款	
O	43T	Transshipment	转运条款	
O	44A	Place of Taking in Charge/Dispatch from.../Place of Receipt	接管地/发运地/收货地	
O	44E	Port of Loading/Airport of Departure	装货港/起飞航空港	
O	44F	Port of Discharge/Airport of Destination	卸货港/目的地航空港	
O	44B	Place of Final Destination/For Transportation to.../Place of Delivery	货物发运最终目的地/转运至…/交货地	
O	44C	Latest Date of Shipment	最迟装运日期	
O	44D	Shipment Period	装运期	
O	45A	Description of Goods and/or Services	信用证项下的货物或服务的描述	
O	46A	Documents Required	信用证所需单据	
O	47A	Additional Condition	附加条款	通常是对受益人的补充要求
O	71B	Charges	需由受益人承担的费用	如无此项,就表示除议付费和转让费外,其余概由开证申请人承担
O	48	Period of Presentation	交单期限	受益人向银行提交单据的时限
M	49	Confirmation Instruction	保兑指示	
O	53a	Reimbursing Bank	偿付行	
O	78	Instruction to the Paying/Accepting/Negotiating Bank	开证行对付款行、承兑行或议付行的指示	
O	57a	Advise through...Bank	通知行	此证将通过收报以外的其他银行通知给受益人
O	72	Sender to Receiver Information	附言	

资料来源:根据苏宗祥、徐捷(2008,pp.400—401)和田运银(2007,pp.152—153)整理。

信用证的开证方式如表 5.12 所示。

表 5.12　信用证的开证方式

开证方式		通知行证实方式
信开		印鉴
简电	电报/电传通知 + 信开	密押 + 印鉴
全电	Telegram/cable	密押
	Telex	密押
	SWIFT	SWIFT 密押

六、信用证项下的契约安排

在信用证业务中,存在着一种三角契约安排(Triangular Contractual Arrangement),这三方面契约都是独立的。

（一）买方和卖方

信用证业务中的开证申请人和受益人,分别是合同的买方和卖方,他们首先签署了一份国际货物销售合同,在合同的支付条款中规定,此次货款采用信用证方式支付。买方和卖方受到合同的约束,要履行合同的义务和责任。

（二）开证申请人和开证行

开证申请人与开证行之间受到开证申请书的约束。开证行同意为其开立信用证不是无条件的,而是有条件的。

开证行接受开证申请的条件通常有:申请人的资信是否达到开证行的要求,申请开立的信用证条款是否符合国际惯例。

（三）开证行与受益人

开证行向受益人发出信用证,保证付款。但开证行的付款是有条件的,如果受益人能够完成信用证上提出的要求,开证行才保证付款。它们之间受信用证的约束。

信用证项下的三方契约如图 5.16 所示。

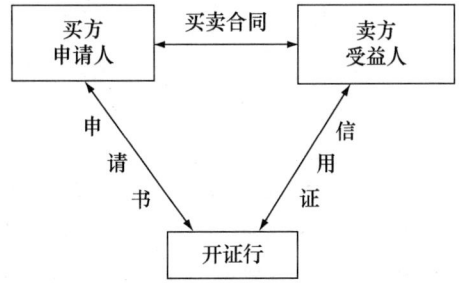

图 5.16　信用证项下的三方契约

七、信用证的类别

（一）跟单信用证 vs. 光票信用证

按信用证所要求的单据区分,信用证可分为跟单信用证和光票信用证。

跟单信用证(Documentary Credit)指信用证要求的单据中包括商业单据的信用证。目前在国际贸易中使用的信用证大部分是跟单信用证。

光票信用证(Clean Credit)指信用证要求的单据中不包括商业单据。在采用信用证方式预付货款时,通常使用光票信用证。

(二)保兑信用证 vs. 无保兑信用证

按是否另有银行为开证行的付款责任进行担保区分,信用证可分为保兑信用证和无保兑信用证。

保兑信用证(Confirmed L/C),是指在开证行开立信用证之后,有另一家银行为开证行的付款义务进行担保。对信用证加保兑的银行,称为保兑行(Confirming Bank)。保兑行一旦作出保兑,就和开证行一样承担第一性的付款责任,且保兑行在承付后,对受益人或其他前手银行无追索权。对于受益人而言,保兑信用证相当于提供了一个"双保险",开证行和保兑行同时提供银行信用,承担第一性的付款责任。由于开证行一般是买方所在地的银行,卖方对开证行的信用并不了解,因此,当受益人对开证行的信用有疑虑时,可以使用保兑信用证。

无保兑信用证(Unconfirmed L/C),是指在开证行开立信用证后,没有另一家银行为开证行的付款义务进行担保,由开证行独自承担第一性的付款责任。

在 SWIFT 信用证中,是否加具保兑要在第 49 栏(TAG-49)"Confirmation Instruction"(是否加具保兑)中注明。保兑信用证与无保兑信用证的区别如表 5.13 所示。

表 5.13 保兑信用证与无保兑信用证的区别

	有无银行为开证行担保	承担第一性付款责任的银行
保兑信用证	有	开证行、保兑行并列第一
无保兑信用证	无	开证行

(三)议付信用证 vs. 付款信用证 vs. 承兑信用证

按信用证的兑付方式区分,信用证可分为议付信用证、付款信用证和承兑信用证。

议付信用证(Credit (available) by Negotiation),是指受益人采用议付的方式兑付信用证款项的信用证。这种信用证的开证行在信用证中邀请其他银行充当议付行,即对受益人提交的单据审核无误后,买入汇票及/或单据的信用证。根据 UCP600 第 2 条的规定,议付是指指定银行在相符交单下,在其应获偿付的银行工作日当天或之前向受益人预付或者同意预付款项,从而购买汇票(其付款人为指定银行以外的其他银行)及/或单据的行为。议付行一般是受益人所在地的银行,其议付行为相当于为开证行垫付信用证金额。议付行兑付信用证款项后,如果因故遭到开证行的拒绝偿付,议付行对受益人有追索权。

付款信用证(Credit (available) by Payment),是指受益人采用付款的方式兑付信用证款项的信用证。这种信用证的开证行或其指定行只凭受益人按信用证规定提交的单据付款,一般不需要汇票。此时,指定行并不为开证行垫款,且兑付信用证款项后,对受益人无追索权。

承兑信用证(Credit (available) by Acceptance),是指受益人采用承兑的方式兑付信用证款项的信用证。这种信用证的受益人向开证行或其指定行提示汇票及单据时,开证行或其指定行审单无误后即行承兑,并于汇票到期日付款。

议付信用证、付款信用证和承兑信用证三者的区别如表 5.14 所示。

表 5.14 议付信用证、付款信用证和承兑信用证的区别

	议付信用证	付款信用证	承兑信用证
兑付方式	议付	付款	承兑
兑付行	议付行	开证行/指定行	开证行/指定行
兑付行是否为开证行垫款	是	否	否
兑付行对受益人有无追索权	有	无	无
单据中有无汇票	必须有汇票	不必含有汇票,即使有,汇票也只是附加单据	必须有远期汇票
汇票受票人	开证行/指定行	不限	开证行/指定行

(四) 即期信用证 vs. 远期信用证

根据付款期限区分,信用证可分为即期信用证和远期信用证。

即期信用证(Sight Credit),是指在受益人提交符合信用证规定的单据后,付款行(开证行、指定行或议付行)即期付款的信用证。即期信用证包括即期付款信用证和即期议付信用证两种。

远期信用证(Usance Credit),是指在受益人提交符合信用证规定的单据后,付款行(开证行、指定行或议付行)并不立即付款,而是在付款期限到期以后才付款的信用证。

远期信用证包括延期付款信用证、承兑信用证和远期议付信用证三种。其中,延期付款信用证项下的票据不能贴现;而根据贴现利息由谁承担,承兑信用证和远期议付信用证又可分为买方远期信用证和卖方远期信用证。买方远期信用证由买方承担贴现利息,卖方远期信用证由卖方承担贴现利息。

买方远期信用证,又称为"假远期信用证",是指卖方(受益人)开具远期汇票并交单、押汇时,兑付行向卖方即期支付足额票款,但买方(申请人)并不即期付款赎单;远期汇票付款期限到期后,买方才向开证行支付货款及远期汇票贴现利息。在买方远期信用证中,贴现时利息由买方负担,卖方按即期方式获得票面金额,因此,买方远期信用证实质上对买方来说是远期,而对卖方来说是即期。一般而言,当开证行不能即期垫付,买方也没有即期支付能力时,使用买方远期信用证。开证行通过贴现的方式提供融资,但贴现利息由买方承担。

卖方远期信用证,又称为"真远期信用证",兑付行只有在远期汇票付款期限到期以后才向受益人或汇票的善意持有人支付款项。如果受益人(卖方)向银行贴现远期汇票,需要由卖方自己承担贴现利息。即期信用证、买方远期信用证、卖方远期信用证的区别如表 5.15 所示。

表 5.15 即期 L/C、买方远期 L/C、卖方远期 L/C 的区别

	即期 L/C	买方远期 L/C	卖方远期 L/C
汇票期限	即期	远期	远期
兑付期限	即期	远期 提前至即期	远期 提前至即期
兑付金额	全额	全额	扣除贴息
贴现利息由谁承担	无贴现利息	申请人(买方)	受益人(卖方)
申请人付款赎单期限	即期	远期	远期

(五) 可转让信用证 vs. 背对背信用证

在有中间商的国际货物买卖中,中间商若需要对进口商和供货商实行信息隔离,或者需要一种不增加自身资金负担的融资方式,就会使用有第二受益人的信用证,也就是可转让信用证和背对背信用证。

可转让信用证(Transferable Credit),是指开证行允许被指定的转让行在受益人的要求下,将信用证部分或全部转让给一个或多个第二受益人使用的信用证。

除下列条款外,转让证的条款与原证相同:
(1) 信用证总金额和货物单价可比原证减少;
(2) 信用证效期(有效期限)、装期(装运期限)和交单期限可比原证提早和缩短;
(3) 投保的比例可比原证提高;
(4) 转让证的申请人可改为原证的受益人。

可转让信用证的业务流程如图 5.17 所示。

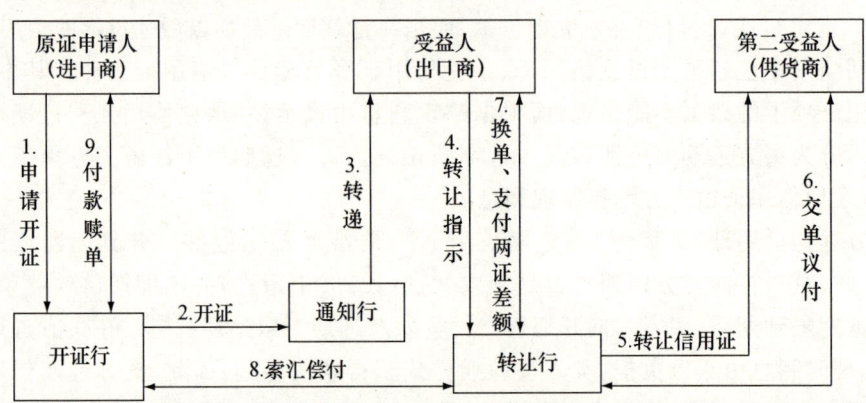

图 5.17 可转让信用证业务流程

背对背信用证(Back-to-Back Credit),是指出口商将以自己为受益人的信用证作为担保,要求银行开立以供货商为受益人的信用证。

背对背信用证的条款应该与原证相似,但下列条款可与原证不同:
(1) 信用证总金额和货物单价可比原证减少;
(2) 信用证效期、装期和交单期限可比原证提早和缩短;

(3) 投保的比例可比原证提高；
(4) 背对背信用证的申请人可改为原证的受益人。
背对背信用证的业务流程如图 5.18 所示。

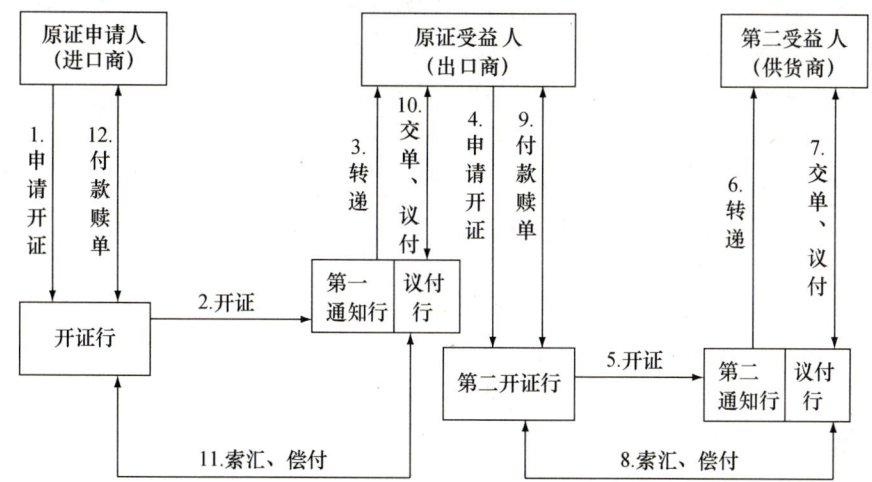

图 5.18　背对背信用证业务流程

可转让信用证与背对背信用证的区别如表 5.16 所示。

表 5.16　可转让信用证与背对背信用证的区别

	可转让信用证	背对背信用证
与原证的关系	转让的信用证是原证的延展	背对背信用证与原证是两个独立的信用证
开证行	同为原证开证行	两个不同的开证行
前提	原证必须是可转让的	第二开证行接受开证
信用证条款是否受 UCP600 第 38 条约束	是	否
付款责任	转让行不必承担付款责任	第二开证行承担独立的付款责任
中间商角色	第一受益人	原证受益人，第二证申请人
进口商与第二受益人之间的信息隔离程度	部分隔离	完全隔离

（六）循环信用证

循环信用证（Revolving Credit），是指信用证的金额在部分或全部使用后，能恢复到原金额，并能循环多次使用，直至达到信用证规定的循环次数、时间或累积金额为止。在普通信用证的基础上增加一条"循环条款"，就可以实现循环。

一般而言，如果同一份买卖合同项下分批交货，前后跨越时间较长，或累积金额较大时，可以使用循环信用证。循环信用证可以避免信用证保证金的利息损失（跨越时间长）、减少保证金金额（累积金额较大）。

1. 按时间循环

按时间循环的信用证是指信用证上规定受益人每隔某一段时间,可循环使用信用证上规定的金额。

例如:"This credit is available for up to USD15 000 per month during January 2015 to May 2015. The aggregate amount under this credit is USD75 000."2015年1月至2015年5月期间,本信用证每月兑付金额达USD15 000。本信用证总金额为USD75 000。

2. 按金额循环

按金额循环的信用证是指信用证项下的钱款付给受益人后,信用证恢复到原来的金额供受益人再度使用。按金额循环的信用证又可分为全自动循环、半自动循环和非自动循环三种。

(1) 全自动循环:是指信用证项下的钱款付给受益人后,不需要开证行通知,信用证自动恢复到原始金额。

例如:"The amount of credit (USD15 000) shall be renewable twice automatically after date of negotiation, thus making an aggregate amount of USD45 000."信用证金额(USD15 000)议付之日后自动恢复两次,总金额达USD45 000。

(2) 半自动循环:是指信用证项下的钱款付给受益人后若干天内,如开证行未提出终止循环的通知,则信用证恢复到原始金额。

例如:"Should the Negotiating Bank not be advised of stopping renewal within 7 days after each negotiation, the amount of this credit shall be increased to the original amount on the 8th day after each negotiation."若每次议付后7日内议付行未获通知停止循环,则每次议付后第8日信用证金额增至原始金额。

(3) 非自动循环:是指信用证项下的钱款付给受益人后,需要得到开证行的通知,信用证才恢复到原始金额。

例如:"The amount of credit shall be renewal after each negotiation only upon receipt of issuing bank's notice stating that credit might be renewal."每次议付后,只有收到开证行通知,表明信用证可以恢复金额,信用证金额才能恢复。

如果按照是否能够累积循环,循环信用证又可分为累积循环信用证和非累积循环信用证。累积循环信用证是指,不论是按时间还是按金额循环,凡是上次未用完的信用证余额,可以移到下次一并使用的信用证。非累积循环信用证是指,凡是上次未用完的信用证余额不能移到下次一并使用的信用证。

需要说明的是,是否累积循环与按时间循环和按金额循环是可以结合在一起的,二者并不是两种彼此独立的循环方式。

示例5.10 累积、按时间循环信用证

This credit is revolving at USD100 000 covering shipment of _____ per calendar month cumulative operation from January 2015 to June 2015 inclusive up to a total of USD600 000.

本信用证循环金额为USD100 000装运_____按日历月累积循环,自2015年1月至2015年6月(含1月和6月)直至总金额USD600 000。

示例 5.11　非累积、按金额循环信用证

> This credit is revolving for three shipments only. Each shipment should be effected at one month interval. The amount of each shipment is not exceeding USD50 000. The total value of this revolving credit does not exceed USD150 000. The unused balance of each shipment is not cumulative to the following shipment.
>
> 本信用证金额仅供三次装运循环。各次装运时间间隔一个月。每次装运金额不超过 USD50 000。本循环信用证的总金额不超过 USD150 000。每次装运的未用余额不得累积到下次装运。

八、信用证的国际惯例

随着国际贸易的发展,有关信用证使用过程中的相关当事人之间的争议和纠纷经常发生,为此,国际商会为了规范信用证的使用、减少因解释不同而引起的纠纷,拟定了《跟单信用证统一惯例》,其最早版本于 1929 年制定。随着科学技术的发展和国际贸易方式的演变,国际商会也对《跟单信用证统一惯例》进行了多次修改,目前采用的是《跟单信用证统一惯例》国际商会第 600 号出版物(Uniform Customs and Practice for Documentary Credits, ICC Publication No.600),简称 UCP600,由国际商会于 2006 年制定,2007 年开始实施。

UCP600 的适用范围体现在以下三个方面：

第一,UCP600 适用于跟单信用证。单据泛指信用证所要求的任何单据(如产地证、装箱单等),并不仅仅限于货运单据(如提单等)。

第二,UCP600 属国际惯例性质。

第三,在开证行选择 UCP600 的情况下,除非信用证另有规定,UCP600 的条款对信用证各当事人都有约束力。

UCP600 对信用证的定义[①]如下：

Article 2 Definitions

For the purposes of these rules,

…

Credit means any arrangement, however named or described, *that is irrevocable* and thereby constitutes a definite undertaking of the issuing bank to *honour a complying presentation*.

Honour means：

a. to pay at sight if the credit is available by sight payment.

b. to incur a deferred payment undertaking and pay at maturity if the credit is available by deferred payment.

c. to accept a bill of exchange ("draft") drawn by the beneficiary and pay at maturity if the credit is available by acceptance.

Issuing bank means the bank that issues a credit at the request of an applicant or on its own behalf.

---

① 英文定义引自国际商会中国国家委员会(2007)。

Complying presentation means a presentation that is in accordance with the terms and conditions of the credit, the applicable provisions of these rules and international standard banking practice.

Applicant means the party on whose request the credit is issued.

Beneficiary means the party in whose favour a credit is issued.

其中文译文如下：

第2条 定义

就本惯例而言，

……

信用证是指一项不可撤销的安排，不论其名称或描述如何，该项安排构成开证行对相符交单予以承付的确定承诺。

承付是指：

a. 即期付款，若信用证以即期付款方式兑用。

b. 承诺延期付款并于到期日付款，若信用证以延期付款方式兑用。

c. 承兑由受益人出具的汇票并于到期日付款，若信用证以承兑方式兑用。

开证行是指按照申请人的要求或以自己的名义开立信用证的银行。

相符交单是指符合信用证的条款条件、本惯例的适用条款以及国际标准银行实务的交单。

申请人是指要求开立信用证的当事人。

受益人是指接受信用证并享受其利益的当事人。

在对信用证的定义上，UCP600对UCP500有所保留，也进行了更新。主要体现在：第一，UCP500定义中银行信用证、双名信用证、不称为信用证的信用证这三项要素在UCP600定义中仍然保留。第二，UCP500在定义中将信用证分类为付款信用证、承兑信用证和议付信用证；而UCP600则在第6条"兑用方式、截止日和交单地点"中将信用证分类为付款信用证、承兑信用证和议付信用证。

九、信用证中的SWIFT报文

信用证中的SWIFT报文名称和用途归纳在表5.17中。

表5.17 信用证中的SWIFT报文[①]

SWIFT报文	用途
MT700/701 Issue of Documentary Credit MT700/701 开立跟单信用证	列明开证行开立的跟单信用证条款。 当信用证内容超过MT700报文格式的容量时，可以使用最多三份MT701传送有关跟单信用证的条款。
MT705 Pre-advice of a Documentary Credit MT705 跟单信用证的预先通知	简要通知跟单信用证的内容。

---

① 引自苏宗祥、徐捷(2008, pp.419—436)。

（续表）

SWIFT 报文	用途
MT707 Amendment of a Documentary Credit MT707 修改跟单信用证	对跟单信用证进行修改。
MT710/711 Advice of a Third Bank's Documentary Credit MT710/711 通知由第三家银行开立的跟单信用证	通知另一家开证行开立的跟单信用证条款。 当信用证内容超过 MT710 报文格式的容量时，可以使用最多三份 MT711 传送有关跟单信用证的条款。
MT720/721 Transfer of a Documentary Credit MT720/721 转让跟单信用证	通知所转让的跟单信用证的条款。 当信用证内容超过 MT720 报文格式的容量时，可以使用最多三份 MT721 传送有关跟单信用证的条款。
MT730 Acknowledgement MT730 确认	确认收到跟单信用证。
MT732 Advice of a Discharge MT732 单据已被接受的通知	通知所收到的有不符点的单据已被接受。
MT734 Advice of Refusal MT734 拒付通知	发报行认为单据表面上与信用证条款不符，故以不符点为由而拒绝接受单据。
MT750 Advice of Discrepancy MT750 不符点通知	通知收报行有关提交的单据与信用证的不符点。
MT752 Authorization to Pay, Accept or Negotiate MT752 授权付款、承兑或议付	答复用 MT750 或其他格式的报文发送的授权付款/承兑/议付的请求，通知收报行对于所提交的单据除先前列明的不符点以外在没有其他不符点的情况下，可以对受益人进行付款/承兑/议付。

十、跟单信用证的三大特点

信用证方式具有以下特点和性质：

（1）信用证是一种银行信用，开证行承担第一性且独立的付款责任。

（2）信用证是一项自足文件。信用证虽然是根据买卖合同开立的，但信用证一经开出，就成为独立于买卖合同以外的一项约定。

（3）信用证是一种单据买卖，各有关当事人处理的是单据，而不是货物、服务和/或其他行为。银行只负责审核单证、单单之间的表面相符。

单证相符是指单据符合信用证条款的规定。单单相符是指单据之间不发生矛盾。表面相符是指单据从表面上看符合规定或没有矛盾，对其实际上的真伪不予深究。例如，如果信用证要求厂商出具品质证书，那么，只要交付的单据中有看起来是厂商出具的品质证书即可，银行并不深究这份品质证书是否确系该厂商所签发。

十一、境外议付与信用证项下境内打包贷款、押汇和议付的区别[①]

打包贷款,是指信用证的受益人以信用证作为一种财产抵押品,在信用证项下的货物装运之前,向未来的议付银行获取人民币贷款的行为。贷款银行在仔细审查信用证的各项条款并完成相关借贷程序之后,将信用证金额的80%—85%人民币数额划入信用证受益人的账户。等该信用证项下的货款结汇以后,贷款银行先办理相关的结算手续,再从结汇款中扣除贷款本金和利息以及议付手续费等项费用。

押汇,是指信用证的受益人在信用证项下的货物装运之后,凭全套议付单据向议付银行获取人民币贷款的行为。议付行在借贷人民币时必须审单(田运银,2004,p.297)。押汇金额一般为信用证金额的85%—95%。押汇比例的大小,主要视议付单据是否存在不符点以及受益人、偿付行的信誉程度而定。等该信用证结汇以后,议付行先办理相关结算手续,再从结汇款中扣除贷款本金和利息以及议付手续费等项费用。

议付,按照国际惯例,是指被授权的议付行对信用证受益人的汇票及/或单据付出对价的行为。只审单不支付对价并不构成议付。目前,中国银行系统的"议付"有一些特有的规定,迄今并未与国际通行的办法接轨。在中国国内银行办理议付时,银行只是审单、寄单、收费,并不支付对价。如果受益人要求议付行支付对价,银行则要按"押汇"处理。按照中国的银行惯例,押汇只算抵押贷款,不算结汇。

境外议付与境内打包贷款、押汇和议付的区别如下:

(1)境外议付是一种真正意义上的议付;而打包贷款和押汇只是一种以议付为前提条件的抵押贷款,是一种捆绑式的贷款。

(2)境外议付,银行支付的是外汇,中国外汇管理机构视作"已结汇",出口人可以据此办理出口收汇核销和出口退税;而打包贷款和押汇,银行贷出的款项是人民币,外汇管理机构视作"未结汇",不能据此办理出口收汇核销和退税。

(3)境外议付,议付行与受益人的账目是一次性算清的;而境内打包贷款和押汇,贷款银行首先只是贷出一定比例的人民币金额,而此笔账目的最终结算,则需等到国外货款结汇到账以后才来进行。

(4)境外议付,银行支付汇票及/或单据对价;而境内议付,银行通常不支付对价。

十二、汇款、托收、信用证对比

综上所述,信用证方式继承了托收方式中银行向买方交单与买方付款/承兑之间的相互制约,实现了由银行取代进口商承担付款责任的重要转变。汇款、跟单托收和跟单信用证这三种结算方式的对比如表5.18所示。

[①] 引自田运银(2004,p.97)。

表 5.18　汇款、跟单托收、跟单信用证对比

	汇款	跟单托收	跟单信用证
付款人的信用属性	商业信用	商业信用	银行信用
支付工具流向与款项流向	一致,顺汇	相反,逆汇	相反,逆汇
向买方交单与买方付款是否相互制约	否	是	是
买方风险	预付:大 赊账:无	中	大
卖方风险	预付:无 赊账:大	中	小
卖方资金周转	预付:快 赊账:慢且把握性小	可预期但把握性小	可预期且把握性大

三种结算方式的汇票当事人如表 5.19 所示。

表 5.19　三种结算方式的汇票当事人

	汇款	托收	信用证
出票人	汇出行	委托人(通常是出口方)	受益人(通常是出口方)
受票人	汇入行	付款人(通常是进口方)	开证行
收款人	收款人	凭委托人指定	凭受益人指定

第四节　议付行索偿和开证行偿付

在信用证业务流程中,当议付行向开证行索偿时,在寄交的单据里应附上寄单索汇面函,以说明单据份数、索偿金额、费用,以及指示开证行或偿付行如何付款(苏宗祥、余捷,2008,p.254)。

一、寄单和索偿的含义

寄单(Dispatching/Forwarding/Sending Documents) 通常是指议付行在向受益人付款后,再向开证行寄送单据的行为(苏宗祥,1997,p.343)。议付行在议付单据后向开证行寄送单据,随附 BP 通知书(Outward Documentary Bills Purchased Advice),或称出口押汇通知书或寄单面函(Cover Letter/Documentary Remittance)致开证行,向它凭单索汇。

索偿(Reimbursement Claim)通常是指议付行寄单的同时要求开证行或偿付行偿付垫款的行为。

寄单和索偿是出口信用证的最后一道工序,正确制作 BP 通知书是维护安全、及时收汇的一项重要工作。

示例 5.12 是一份光大银行的 BP 通知书。

示例 5.12　BP 通知书[1]

EVERBRIGHT BANK OF CHINA
SHANGHAI CHINA

DATE JULY 15, 2015

Please always quote our BP No. 400EB151585

TO: Issuing Bank BANK OF TOKYO-MITSUBISHI LTD 6-3 NIHOMBASHI HONGKU-CHO 1-CHOME CHUO-KU TOKYO JAPAN	TO: Reimbursing Bank BANK OF TOKYO-MITSUBISHI LTD 100 ROADWAY NEW YORK NY 10005 USA

Dear Sirs:

We enclose herewith the draft(s) and following documents for your payment/acceptance pertaining to the credits and certify that all terms and conditions of the credit have been complied with unless otherwise specified below.

Credit No. 015LC104500

Draft/Inv No.	Tenor	Amount	Our charges	Total Amount
000250	At sight	USD13 176.00		USD13 176.00

The relative documents are disposed as follows: (TO DRAWEE BANK)

B/L C/R AWB	Invoice	Pack./wt Spce/Meas. List	From A Origin Cert.	Quality/ Quantity/ Anal. Cert			Draft	Forwarded by Air Mail
3/3	3/3	3/3					2	1ST
			Remaining documents					2ND

In reimbursement & remarks:
TO DRAWEE BANK:
(×) Please pay VIA CHIPS the above amount to CITIBANK, NEW YORK (ABA008) A/C UID364228 at sight under telex advice to us quoting our above BP number.

for EVERBRIGHT BANK OF CHINA

_____
Authorized signature

---

[1]　引自徐秀琼(1996,示样 8)。

二、寄单索偿路线[①]

寄单索偿路线主要有两种：

1. 向开证行寄单，向开证行索偿

（1）寄单函索，如图 5.19 所示。

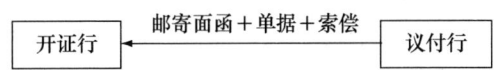

图 5.19　寄单函索的索偿路线

（2）寄单电索，如图 5.20 所示。

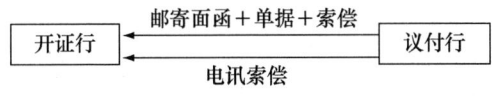

图 5.20　寄单电索的索偿路线

2. 向开证行寄单，向偿付行索偿

如本章 Q&A 5.9 所述，若开证行并不处在信用证货币的结算中心，则开证行必须借助于处在信用证货币的结算中心的往来银行来担当偿付行。这就导致向开证行寄单、向偿付行索偿的情况。

（1）寄单函索，如图 5.21 所示。

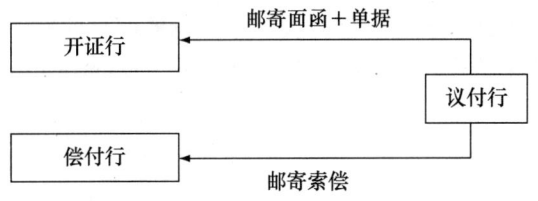

图 5.21　寄单函索的索偿路线

（2）寄单电索，如图 5.22 所示。

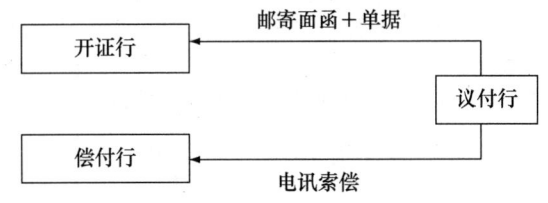

图 5.22　寄单电索的索偿路线

---

① 参考苏宗祥(1997，p.344)。

三、寄单索偿的主要步骤

寄单索偿的主要步骤是:
(1) 仔细阅读 L/C 上的寄单指示和偿付条款,明确寄单索偿路线;
(2) 充分了解开证行/偿付行与议付行之间的账户行关系,若一方是另一方的账户行,则偿付时不必经过第三家银行的账户;
(3) 缮制 BP 通知书;
(4) 寄单、索偿。

四、开证行向议付行偿付

(一) 偿付程序的决定因素

决定不同偿付程序的因素有:
(1) 信用证的偿付条款;
(2) 开证行与议付行的账户设立情况。

(二) 偿付程序

根据开证行与议付行的不同关系,偿付程序分为五种。

1. 议付行是开证行的账户行(议付行主动借记)

信用证的偿付条款是:"In reimbursement of your negotiation under this credit, we hereby authorize you to debit our account with you under your advice to us."(在本信用证项下对贵行议付的偿付中,我行谨此授权贵行借记我行在贵行的账户并提供报单给我行。)

BP 通知书的索偿条款是:"We have debited your account with us."(我行已借记贵行在我行的账户。)

偿付程序如图 5.23 所示。

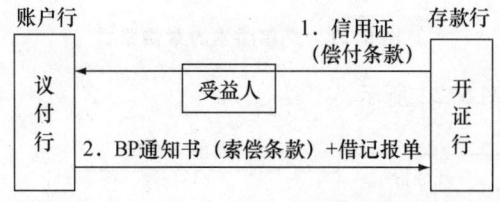

图 5.23 偿付程序:议付行是开证行的账户行(议付行主动借记)

在图 5.23 中,议付行并不是直接从开证行得到信用证,而是从受益人处"买入"信用证,下同。

2. 议付行是开证行的账户行(议付行被动借记)

信用证的偿付条款是:"Upon receipt of your negotiation advice stating that documents have been complied with, we shall authorize you to debit our account with you under your advice to us."(收到贵行的议付通知,表明单证相符,我行将授权贵行借记我行在贵行的账户并提供报单给我行。)

BP 通知书的索偿条款是:"Please authorize us by cable/airmail to debit your account with us."(请以电报/航邮授权我行已借记贵行在我行的账户。)

偿付程序如图 5.24 所示。

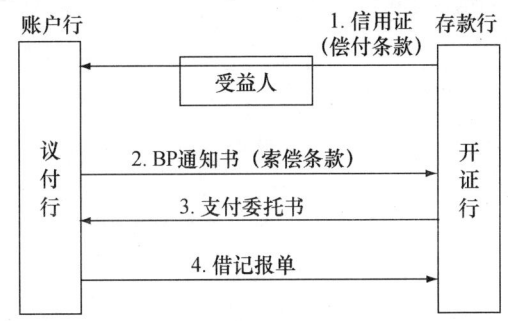

图 5.24　偿付程序:议付行是开证行的账户行(议付行被动借记)

3. 开证行是议付行的账户行

信用证的偿付条款是:"In reimbursement of your payment made under this LC, we shall credit your account with us under our telex advice to you."(在偿付贵行在本信用证项下的付款时,我行将贷记贵行在我行的账户并将报单电传贵行。)

BP 通知书的索偿条款是:"Please credit our account with you."(请贷记我行账户。)

偿付程序如图 5.25 所示。

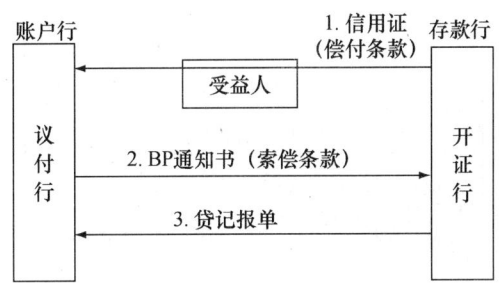

图 5.25　偿付程序:开证行是议付行的账户行

4. 开证行与议付行无账户关系

信用证的偿付条款是:"Upon receipt of your negotiation advice stating that documents have been complied with, we shall remit cover by cable/airmail to your correspondent as designated by you for credit of your account with them."(收到贵行的议付通知,表明单证相符,我行用电报/航邮将款项汇至贵行指定的账户行,贷记贵行在该行的账户。)

BP 通知书的索偿条款是:"Please pay/remit proceeds by TT/MT to C for credit of our account with them."(请以电汇/信汇汇付款项至 C 行,贷记我行在 C 行账户。)

偿付程序如图 5.26 所示。

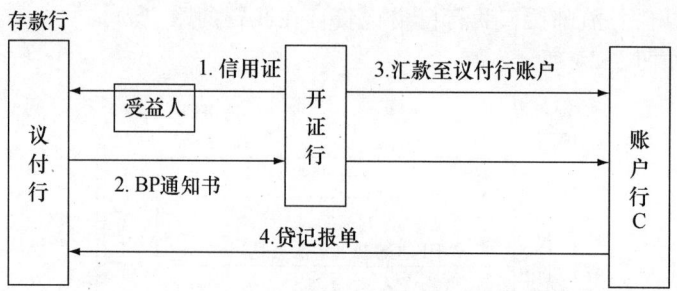

图 5.26　偿付程序:开证行与议付行无账户关系

5. 开证行与议付行有共同账户行

信用证的偿付条款是:"Upon negotiation made by you please reimburse yourselves through C by telex/airmail certifying documents complied with and requesting them to debit our account and credit your account with the same amount."(贵行议付后,请通过银行 C 进行偿付,用电传/航邮证实单证相符,要求银行 C 将相同金额借记我行账户、贷记贵行账户。)

BP 通知书的索偿条款是:"We have requested C by telex/airmail to debit your account and credit our account with the same amount."(我行已用电传/航邮要求 C 行借记贵行账户,并将此金额贷记我行账户。)

偿付程序如图 5.27 所示。

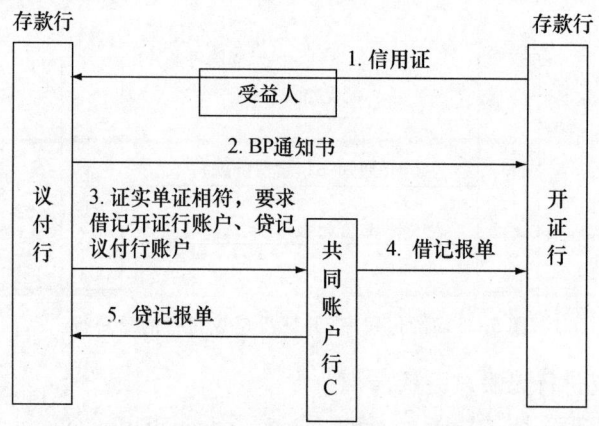

图 5.27　偿付程序:开证行与议付行有共同账户行

第五节　银行保函

银行保函是一种针对或然事件的结算方式,银行对于交易双方的一方当事人可能出现的履约落空的情况向受损害的另一方承诺给予确定数额的钱款。银行保函及下一节的备用信用证都属于银行信用,但它们只有在委托人没有履行某项义务的情况下,银行才承担付款义务,银行的付款并不具有必然性。银行保函和备用信用证的手续比一般信用证简单,银行收取的手续费也较低;同时,除国际货物买卖外,它们还被广泛应用于国际投标、国际工程承包、项目融资等业务中。

一、银行保函的定义

银行保函(Banker's Letter of Guarantee,L/G),又称银行保证书,是银行或其他金融机构(担保人),应某一交易的一方当事人(委托人)的申请,向另一方当事人(受益人)开立的书面担保凭证,保证在委托人未能履行其义务的情况下,由担保人承担一定金额的支付责任或赔偿责任。

二、银行保函的基本当事人

银行保函的基本当事人是指保函签发时的当事人,分别是委托人、受益人和担保人。

委托人(Principal),也称申请人(Applicant),即向银行提出申请,要求银行开立保函的当事人。委托人开立银行保函,旨在以银行信用作为自身商业信用的补充。委托人的主要责任是:履行合同;发生索赔时,在担保行向受益人作出赔付后,向担保行偿还全部赔付金额;承担保函项下的一切费用和利息;在担保行认为必要时,预支担保保证金,提供反担保(勒生等,2007,p.207)。

受益人(Beneficiary),即接受保函、有权按保函条款的规定向担保银行提出索赔的当事人。受益人的主要责任和权利是:履行合同;当委托人未履行合同时,有权向担保行提出索赔并得到赔付;索赔时应按照保函规定提交符合要求的索赔证明或有关单据(勒生等,2007,p.207)。

担保人(Guarantor),即接受委托人的申请或委托向受益人开立保函的银行。在开立保函前,担保人审查委托人的资信,以决定是否出具保函,并且根据付款金额和风险程度向委托人收取手续费。在向受益人作出赔付后,担保人向委托人索偿,如果委托人不能偿还,担保人有权处置保证金或抵押品。

三、银行保函的特点

银行保函在国际贸易结算中使用较多,但在很多情况下,银行保函是被作为融资工具来使用的,尤其是在涉及金额较大的国际贸易中,进口商向出口商提供银行保函成为出口商银行向出口商提供贸易融资的重要条件之一。一旦委托人未履行合同中的义务,担保人负责承担由此产生的付款义务。银行保函的特点如下:

(1) 银行保函是书面形式的付款保证承诺;
(2) 担保人是独立于委托人和受益人的经济交易之外的第三者;
(3) 担保人的义务仅限于保函所规定的钱款,不承担超额付款,不代替委托人履行未尽的义务;
(4) 担保人付款的依据是受益人的书面索赔声明或保函规定的其他单据,而不是委托人未履行某义务的事实。

四、保函属性

保函属性,是指保函与其所依凭的基础合约的关系。保函的不同属性决定保函具有不同的法律效力。在这个关系上,保函属性分为从属性和独立性。

从属性保函(Accessory Guarantee)是指保函是依附于基础合约的附属性契约,其法律效力随基础合约的存在而存在,随基础合约的变更而变更。担保人可以凭委托人对受益人的抗辩理由来对抗受益人的索赔。担保人承担第二性的付款责任。从属性使担保人易于卷入基础合约的商业纠纷。

独立性保函(Independent Guarantee)是指保函与其所依据的基础合约是相互独立的文件,具有各自独立的法律效力。担保人承担第一性的付款责任(徐秀琼,1997,pp. 193—194)。独立性保函的特性有:独立性保函是一项自足文件;担保人处理的只是保函所规定的单据,而不是基础合约是否履行或其他事实;独立性保函通常标明是不可撤销的和无条件的。

五、银行保函的国际惯例

银行保函的国际惯例主要有:

1.《合约保函统一规则》

随着银行保函在国际上使用的范围不断扩大,其内容也逐渐复杂化,为了便于研究和使用,国际商会于1978年制定了《合约保函统一规则》,国际商会第325号出版物(Uniform Rules for Contract Guarantee,ICC Publication No. 325),1978年正式颁布,通称URCG325。现在使用的是1993年修订版,即国际商会第524号出版物(Uniform Rules for Contract Bond,URCB524),于1994年1月1日正式生效。

URCB524的特点如下:

(1)要求受益人在提出索赔后的若干日内另行提供足以证明委托人违约事实的独立性证明文件,凭以索赔;

(2)保函的到期日是发生索赔的最终期限,而不是受益人提出索赔的截止日期;

(3)可以将具体的日期作为保函的限期,也可以随基础合约的终止保函自动失效;

(4)担保人在履约保函项下的责任可以是付款赔偿或安排履约,根据保函规定由担保人挑选;

(5)赔付金额不能因部分履约而递减;

(6)避而不谈担保人承担第一性还是第二性的付款责任,不解释保函与基础合约之间的关系。

2.《见索即付保函统一规则》

随着国际经济贸易的发展和变化,1991年国际商会又对《合约保函统一规则》进行了修订,并于1992年4月出版发行《见索即付保函统一规则》,国际商会第458号出版物(Uniform Rules for Demand Guarantee,ICC Publication No. 458),通称URDG458。现在使用的是2010年修订版,即国际商会第758号出版物(URDG758)。

URDG758的特点如下:

(1)强调保函是独立于基础合约而存在的文件;

(2)受益人凭以索赔的单据,可以是书面索偿声明,也可以是其他单据,但绝非委托人违约的事实;

(3)保函具有不可撤销性;

（4）受益人凭保函索赔的权利不可转让，但保函项下的款项可以让渡；

（5）明确了反担保的概念；

（6）保函的效期可以是具体的日期，也可以随某项文件的失效而失效，或者以此两者中先到期者为准。

第六节　备用信用证

备用信用证是在有些国家禁止开立银行保函的情况下，为适应对外经济往来的实际业务需要而产生的。它的用途几乎与银行保函相同，既可用于成套设备、大型机械、运输工具的分期付款，进出口交易和一般国际货物买卖的延期付款的履约保证，又可应用于国际投标保证、加工装配、补偿贸易、技术贸易的履约保证，也适用于带有融资性质的还款保证。总之，只要合约双方当事人中的一方对另一方承担义务，而另一方认为对方未必会履约时，就可以提出要求对方银行开立备用信用证向自己作出支付承诺（吴百福等，2003，p.209）。

鉴于独立保函和备用信用证这两种方式具有共同的特点，为帮助克服各种不同法律制度的不一致性，联合国国际贸易委员会于 1995 年 12 月 11 日通过了旨在将两者统一起来的《联合国独立保函和备用信用证公约》（黎孝先，2007，p.238）。

一、备用信用证的定义

备用信用证（Standby L/C）是银行根据商业合约的一方（申请人）的要求向合约另一方（受益人）所出具的付款保证承诺，开证行保证申请人将履行某种义务，并在申请人未能履行该义务时，凭受益人提交的与信用证条款相符的文件或单据，向受益人支付一定金额的钱款。

二、备用信用证的国际惯例

《国际备用证惯例》（International Standby Practice 98，简称 ISP98），最初是由美国的国际银行法律与惯例学会起草，因为备用信用证业务最初在美国开展起来，目前也是在美国使用得最为普遍。国际商会认识到备用信用证业务在国际经贸活动中的日益重要性，于是组织专门的工作小组参与了 ISP98 的制定工作，最后由国际商会的银行技术与惯例委员会于 1998 年 4 月 6 日批准了该惯例，并于 1999 年 1 月 1 日正式生效，在全世界推广。

ISP98 反映了已被广泛接受的有关备用信用证的惯例、习惯和用法，如同《跟单信用证统一惯例》（UCP600）和《见索即付保函统一规则》（URDG758）对于商业信用证和独立银行保函所起的作用一样，它为备用信用证提供了单独的规则。《国际备用证惯例》包括序言与十条正文，共 89 款。

三、备用信用证的性质

ISP98 第 1.06 款规定：备用信用证开立之后即为一个不可撤销的、独立的、跟单的及有约束力的承诺，但无需如此声明。

据此，备用信用证具有四个性质：

(1) 不可撤销性:备用信用证一经开立,开证人不得单方面修改或取消备用信用证。

(2) 独立性:备用信用证不受基础交易的约束。具体说,开证人履行付款义务不取决于:① 开证人如何从申请人获得偿付的权利和能力;② 受益人如何从申请人获得偿付的权利和能力;③ 备用信用证如何引述任何协议/基础交易。

(3) 跟单性:备用信用证必须有单据的要求。

(4) 强制性:无论申请人是否申请、开证人是否收取了费用,备用信用证都对开证人具有约束力。

四、银行保函、备用信用证、跟单信用证的对比

银行保函、备用信用证与跟单信用证的异同如表 5.20 所示。

表 5.20 银行保函、备用信用证与跟单信用证的对比

	银行保函	备用信用证	跟单信用证
是否是自足文件	从属性保函:否 独立性保函:是	是	是
银行处理的对象	单据,不是不履约的事实	单据,不是不履约的事实	单据,不是货物
单据的性质	主观单据	主观单据	客观单据
用于	委托人不履行义务的情况下付款	申请人不履行义务的情况下付款	受益人履行义务的情况下付款
银行的付款特性	具有或然性(备用性)	具有或然性(备用性)	具有必然性
银行的付款责任	从属性保函:第二性的付款责任 独立性保函:第一性的付款责任	第一性的付款责任	第一性的付款责任
付款是否有对价	并非都有对价	并非都有对价	有对价
兑付行	只能是担保人	开证行、指定行、议付行均可	开证行、指定行、议付行均可
转让性	受益人凭单索款的权利不得转让	一般不能	开证行同意即可转让
国际惯例	从属性保函:URCB524 独立性保函:URDG758	ISP98	UCP600

Q&A 5.10 结算方式的演变

Q:结算方式的演变呈现怎样的规律?

A:汇款是国际贸易采用票据结算取代金银结算后最早出现的结算方式,此后,票据结算方式沿下述四个路径演变:

其一,从付款与交单互不制约演变为付款与交单相互制约。

在汇款方式下,买方向卖方支付货款与卖方向买方交付单据这两个环节互不制约。用支付或承兑汇票与交付货运单据来相互制约,就形成跟单托收。信用证方式同样含有付款与交单的相互制约。

其二，从单纯的结算方式演变为结算方式与融资方式相结合。

如果把是否向买方提供资金融通视为是否是融资方式的判别标准的话，汇款和付款交单都不是融资方式，都是单纯的结算方式；而承兑交单和信用证则不仅是结算方式，而且是融资方式。在承兑交单中，卖方通过银行向买方提供资金融通，使买方可以先提货后付款；在信用证方式中，相当于开证行为申请人（买方）垫付款项给受益人（卖方）。

其三，付款人的信用基础从商业信用演变为银行信用。

在汇款的货到付款方式中，卖方要承担买方不履行付款义务的风险。跟单托收方式虽然实现了交单与付款的相互制约，但卖方仍然要承担买方拒绝付款、拒绝收货的风险。汇款与跟单托收的共同缺陷是，付款人的信用属性都是商业信用。继承跟单托收中付款与交单的相互制约，再把付款人从贸易公司转变为信用等级更高的银行，就形成跟单信用证。

不难看出，结算方式在上述两个路径的演变中，卖方的风险逐步减小，买方的风险逐步加大。首先，在汇款中的货到付款方式下，卖方能否按时收到货款，完全取决于买方的信用，如果买方在收到货物后找各种理由拒绝付款或拖延付款，则卖方很可能发生钱货两空的损失。因此，在货到付款方式中，卖方的风险很大。对买方来说，可以先取得货物再付款，故买方风险为零。

其次，在托收方式下，卖方在没有收到货款时已经将货物装运，将所取得的货运单据和跟单汇票一起交银行委托收款，如果此时买方拒绝付款，则卖方要承担仓储、保险、将货物转运或转卖的费用和损失。由于买方必须要进行付款或承兑才能从代收行取得货运单据，在买方付款前，货物并没有置于买方的控制之下。因此，托收相比于汇款，卖方的风险有所减小，而买方的风险有所加大。

最后，在信用证方式下，卖方在收到符合双方约定的信用证之后，才将货物办理装运。信用证是开证行以自身信用提供的付款保证，因此，对卖方而言，只要提交的单据符合信用证的规定，就可以得到货款。而对于买方而言，由于在信用证方式下，银行只处理单据而不涉及货物，因此有可能发生卖方所提交的单据符合信用证规定而所交货物并不符合合同规定的情况，这时银行也已经对卖方付款，买方也必须对银行付款。因此，信用证相比于托收，卖方的风险进一步减小，买方的风险进一步加大。

其四，从针对必然事件演变为针对或然事件。

汇款、托收和信用证这三种结算方式都针对必然事件，也就是说，在正常情况下，卖方交货的行为是必然发生的，因而，货款收付也是必然要发生的。但是，银行保函和备用信用证却是针对或然性事件的结算方式，也就是说，在正常情况下，款项收付很有可能不会发生。例如，对于买方支付给卖方的定金，需要有银行为卖方作出担保，万一卖方在收到定金后不履行交货义务，银行保证向买方退还定金及相应损失。

第七节　审核单据的一般问题

在信用证业务中，UCP600明确规定只有三家银行必须履行审单义务，即被指定银行（如已经议付单据的议付行）、保兑行和开证行。至于实务中涉及的其他银行是否需要审单,UCP600未作明确规定(苏宗祥、徐捷,2008,p.606)。

一、审单的四项指导原则

审单须遵循如下四项原则(苏宗祥、徐捷,2008,pp.606—607):
(1)审单与可能作为信用证依据的销售合同或其他合同无关;
(2)审单与受益人和申请人之间的关系无关;
(3)审单与货物/服务/行为无关;
(4)单据审核作出的决定只能取决于审单本身,单证是否相符与审单以外可能获得的信息无关。

二、表面相符

UCP600第16条a款规定,按指定行事的指定银行、保兑行和开证行在审单时必须根据单据本身确定其是否在表面上构成相符交单。首先,这里强调了基于单据本身进行判断,而不能越过单据本身去考虑基础合同或其他交易或货物情况从而影响判断,这与UCP600第4条、第5条所体现的信用证独立性原则相一致。其次,强调是否在"表面上"(on their face)构成相符交单,而对单据代表的货物是否和基础合同的约定相符,货物是否真实存在、真实出运,单据是否伪造或单据记载内容是否真实等,不负责调查核实。这里的措辞"表面上"并无单据的正面(与背面相对)之意,而是应该理解为单据直接呈现在审核者面前的表面的内容,不涉及单据的真实性和所代表的货物等(苏宗祥、徐捷,2009,p.607)。

根据UCP600第2条的规定,相符交单是指交单符合三个方面的要求:(1)信用证的条款条件;(2)UCP600的适用条款;(3)国际标准银行实务。需要强调的是,单据与信用证的规定、单据与单据之间的一致程度,即所谓单证一致、单单一致的程度,上限是达到完全相同(be identical),下限是不能相互矛盾(non conflict with each other)。

长期以来,银行在应用"单证一致、单单一致"原则时,演变为机械、刻板的规定,片面地强调单据之间以及单证之间达到完全符合的"镜像原则"。受益人提交的单据只要有任何不符,即使是不构成歧义的拼写错误或无关紧要的错误也一律当成拒付的理由,使得信用证成为拒付工具而不是付款工具,这与国际商会的初衷背道而驰。因此,国际商会在制定UCP600时采取了"非严格相符"的审单方法,强调只要单证内容"不矛盾"或者"不冲突",就是相符的。这使得银行在具体业务中能够灵活地处理单证、单据,充分体现了信用证的高效、低成本和公平。

中国自2006年1月1日起施行的最高人民法院法释[2005]13号《关于审理信用证纠纷案件若干问题的规定》中,第六条指出,"信用证项下单据与信用证条款之间、单据与单据之间在表面上不完全一致,但并不导致相互之间产生歧义的,不应认定为不符点",这与UCP600确定的审单标准本质上一致,极具实践指导性(王学惠等,2009,p.152)。

三、条款和条件

信用证项下的条款和条件是有区别的,根据国际商会出版物第511号,条款(Terms)一词可以解释为"必然发生的事件"(Events that are certain to take place),条件(Conditions)一词可以解释为未来的不确定事件(Future and uncertain events)。信用证的交单期、有效期、装运期是在实务中必然要发生的或一定要发生的事件,属于信用证的条款。若为将来不一定要发生的,属于将来不确定的事件,应视作信用证的条件(苏宗祥、徐捷,2008,p.613)。例如,信用证示例5.9中,ADDITIONAL CONDITIONS:

+ A FEE OF USD50.00 (OR EQUIVALENT IN OTHER CURRENCY) WILL BE DEDUCTED FROM THE PROCEEDS OF DRAWING FOR EACH SET OF DOCS PRESENTED WITH DISCRIPANCY(IES).

+ DOCUMENTS ISSUED EARLIER THAN L/C ISSUING DATE ARE NOT ACCEPTABLE.

信用证的交单中并非一定会出现不符点,也非一定会出现早于开证日期的单据。因此,所列出的两项都是信用证的"条件"。

四、审单标准及国际标准银行实务

(一) 审单标准

UCP600第14条规定如下审单标准(UCP600 Article 14 Standard for Examination of Documents)(国际商会中国国家委员会,2007,pp.27—31):

① 仅基于单据本身确定其是否在表面上构成相符交单。
② 审单期限:交单次日起5个工作日内。
③ 交单期限:装运日期之后21个日历日之内。
④ 单据中的数据无须与单据本身中的数据、其他单据或信用证中的数据等同一致,但不得矛盾。
⑤ 除商业发票外,其他单据中的品名可使用与信用证的描述不矛盾的概括性用语。
⑥ 提交了非信用证所要求的单据,银行不予理会,可退还交单人。
⑦ 非单据条件,银行视为未作规定并不予理会。
⑧ 单据日期可以早于信用证日期,但不得晚于交单日期。

(二) 国际标准银行实务

国际标准银行实务的行为规范包括:

(1)《跟单信用证统一惯例》(UCP600);
(2)《关于审核跟单信用证项下单据的国际标准银行实务》(ISBP681);
(3)《跟单信用证项下银行间偿付统一规则》(URR725);
(4)《2010年国际贸易术语解释通则》(INCOTERMS 2010);
(5) UCP600于2007年生效之后,历年关于UCP600的国际商会出版物。

五、非单据条件

如信用证载有某些条件,但并未规定需提交与之相符的单据,这种条件就称为非单据条件。

UCP600第14条规定如下(国际商会中国国家委员会,2007,p.28):

g. A document presented but not required by the credit will be disregarded and may be returned to the presenter.

提交的非信用证所要求的单据将被不予理会,并可被退还交单人。

以上可解读为:银行将非单据条件视同没有提出而不予理会。

非单据条件举例:

(1) The age of the carrying vessel as at the date of loading is no more than 15 operating years. 截至装运时,载货船只的船龄不得超过15年(信用证不要求提交船龄文件)。

(2) Shipment is to be made by a vessel of U. K. nationality or by a vessel flying her flag. 在英国国籍或悬挂英国国旗的船只上进行装运(信用证不要求提交船只国籍文件)。

(3) Beneficiary must immediately advise applicant of details of shipment after loading on board. 装船后受益人必须马上将装货明细通知申请人(信用证不要求提交通知文件)。

(4) Goods must not be of Israeli origin. 货物不得是以色列产地(信用证不要求提交产地证)。

 本章小结

国际贸易结算的主要方式有:汇款、托收、信用证、银行保函及备用信用证,前三种是本章重点介绍的方式。汇款和托收属于商业信用,跟单信用证、银行保函和备用信用证属于银行信用。汇款方式是最基本的结算方式,托收中代收行向托收行汇交款项,信用证中开证行/偿付行向议付行偿付款项,都要使用汇款方式。

本章阐述了三种汇款方式的演变,以及从汇款到托收到信用证再到银行保函和备用信用证的演变。结算方式的演变呈现出一定的规律。

各种结算方式的特点、类别及其业务流程是国际结算课程与国际贸易实务课程的共同内容,但以下内容却是国际结算课程的特有内容:(1) 在汇款方式中,汇出行给汇入行的付款委托书、银行间的头寸拨付;(2) 在托收方式中,托收行给代收行的托收指示、代收行向托收行的款项汇交;(3) 在信用证方式中,议付行给开证行的BP通知、开证行/偿付行向议付行的款项偿付;(4) SWIFT报文在各种结算方式中的运用;(5) 信用证的审单问题。

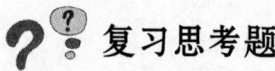 复习思考题

一、名词解释

双名信用证　T/T　M/T　D/D　D/P　D/A　D/P·T/R　L/C　议付　托收指示　收款指示　BP通知书

二、简答

1. 简述汇款方式中银行间偿付的几种情况。

2. 简述托收方式中代收行向托收行汇交款项的几种情况,写出每种情况下的收款指示。

3. 简述信用证方式中开证行向议付行偿付的几种情况,写出每种情况下信用证的偿付条款和BP通知书的索偿条款。

4. 简述即期信用证、买方远期信用证与卖方远期信用证的异同。

5. 哪些信用证是有第二受益人的信用证？什么情况下使用这种信用证？

6. 简述可转让信用证与背对背信用证的区别。

7. 银行国际业务部为进出口企业提供咨询:在以信用证为付款方式的情况下,银行应该建议进口方选择付款信用证还是选择议付信用证？为什么？

8. 简述银行保函、备用信用证、跟单信用证三者的异同。

9. 简述结算方式的演变。

三、案例与操作

1. 付款委托书如下:

FM：BANK OF ASIA,TIANJIN

TO：THE HONG KONG AND SHANGHAI BANKING CORP.,HONG KONG

DATE：1ST MARCH,2015

TEST ****** OUR REF.208TT0517 NO ANY CHARGES FOR US PAY USD20 000.00 VALUE 1ST MARCH 2015 TO YOUR HAY WAY BUILDING BRANCH 58 STANLEY STREET HONG KONG FOR ACCOUNT NO. 004-110-106028-001 FAVOUR PRECISION PHOTO EQUIPMENT LTD. HONG KONG MESSAGE CONTRACT NO. P10158 ORDER PHOTOGRAPH CO. TIANJIN COVER DEBIT OUR HO ACCOUNT.

(1) 请列出汇出行、汇入行、汇款人、收款人名称。

(2) 请分析汇出行与汇入行、收款人与汇入行之间的账户关系。

2. 托收当事人及有关条件如下:

买方:DTC Corp.,1255,Coroorate Drive,Los Angeles,CA95421

卖方:Hubei International Trade Corporation,4 Jianghan Beilu,Wuhan

品名:Particle Boards,from Wuhan,China to Los Angeles,California,USA

金额:Contract Value USD150 000.-CIF Los Angeles,USA,Incoterms 2010

付款条件:D/P at sight

代收行:Citibank of China New York Branch

托收行:The Industrial & Commercial Bank of China,Hubei Branch

托收单据一批寄单,包括:

即期汇票　　　2张,号码BE001,日期2015年11月1日,金额USD150 000.

发票　　　　　3份,号码INV001

提单　　　　　3份

保险单　　　　1份

重量单　　　　1份

产地证　　　　1份

代收行收妥款项后电告托收行;在中国的银行费用由买方承担;见票后第7天开始按5%年利率计算延迟付款利息;免除拒绝证书;托收行是代收行的美元账户行。

(1) 按上述情况填写托收指示；
(2) 按上述情况填写汇票。

The Industrial and Commercial Bank of China
Collection Instruction

ORIGINAL

To:

Date _____

Dear Sirs,

Our Ref No _____

We send you herewith the under-mentioned item(s)/documents for collection.

Drawer:	Draft No.: Date:	Due Date/Tenor
Drawee(s):	Amount:	
Goods:	From	To
By/Per	On	

Documents	Draft	Invoice	B/L	Ins. Policy/ Cert	W/M	C/O	
1st							
2nd							

Please follow instructions marked "×":

☐ Deliver documents against payment/acceptance.

☐ Remit the proceeds by airmail/cable.

☐ Airmail/cable advice of payment/acceptance.

☐ Collect charges outside _____ from drawer/drawee.

☐ Collect interest for delay in payment _____ days after sight at _____% P. A.

☐ Airmail/cable advice of non-payment/non-acceptance with reasons.

☐ Protest for non-payment/non-acceptance.

☐ Protest waived.

☐ When accepted, please advise us giving due date.

☐ When collected, please credit our account with _____.

☐ Please collect and remit proceeds to _____ Bank for credit of our account with them under their advice to us.

☐ Please collect proceeds and authorize us by airmail/cable to debit your account with us.

Special Instructions:

For The Industrial and Commercial Bank of China

This collection is subject to Uniform Rules for Collection

(1995 Revision) ICC Publication No. 522

_____
Authorized Signature(s)

EXCHANGE FOR _____			20
At _____ pay this		Second	Bill of Exchange
First of same tenor and date unpaid			to the Order of
_____			
"Drawn under _____			
US Dollars _____			
Value Received			For and on behalf of
To _____			_____

3. BP 通知书如下(徐秀琼,1997,示样8):

EVERBRIGHT BANK OF CHINA

No.2 TIAN JIN ROAD

SHANGHAI, CHINA

DATE: JAN 4, 2015

	Please always quote BP 400EB151585
	Our Ref. No. _____
TO: (Issuing Bank)	TO: (Reimbursing/Drawee Bank)
BANK OF TOKYO-MITSUBISHI LTD.	BANK OF TOKYO-MITSUBISHI LTD.
6-3 NIHOBASHI HONGOKU-CHO 1-CHOME	100 BROADWAY NEW YORK
CHUO-KU TOKYO JAPAN	NY 10005 U.S.A.

Dear Sirs:

    We enclose herewith the draft(s) and following documents for your payment/acceptance pertaining to the credits mentioned and certify that all terms and conditions of the credit have been complied with unless otherwise specified below.

Credit NO. 015LC104500

Draft/Inv. No.	Tenor	Amount	Our Charges	Total Amount
000250	At sight	USD13 176.00		USD13 176.00

The relative documents are disposed of as follows: (TO DRAWEE BANK)

B/L C/R AWB	Invoice	Pack./wt Spce/Meas. List	From A Origin Cert.	Quality/ Quantity/ Anal. Cert	Ins. Pol./ Cert./ Declar	N/N Blading	Cable/ Letter Copy	Draft	Forwarded by Air Mail
2/3	2/3	2/3						2	1ST
Remaining documents									2ND

In reimbursement & remarks:

TO DRAWEE BANK:

    (×) Please pay VIA CHIPS the above total amount to CITIBANK, NEW YORK (ABA008) A/C UID 364228 at sight under telex advice to us quoting our above BP number.

for EVERBRIGHT BANK OF CHINA

_____

Authorized Signature

(1) 请列出议付行、开证行、偿付行名称。
(2) 请列出单据名称及份数。
(3) 请分析议付行与偿付行、议付行与 CITIBANK，NEW YORK 之间的账户关系。

参考文献

[1] 顾准. 顾准文集. 贵阳:贵州人民出版社,1994.
[2] 国际商会中国国家委员会. 国际贸易术语解释通则2010. 北京:中国民主法制出版社,2011.
[3] 国际商会中国国家委员会. 跟单信用证统一惯例——国际商会第600号出版物. 中国银行培训资料,2007.
[4] 海闻、P. 林德特、王新奎. 国际贸易. 上海:上海人民出版社,2003.
[5] 贺瑛. 国际结算. 上海:复旦大学出版社,2006.
[6] 靳生. 国际结算. 北京:中国金融出版社,1997.
[7] 黎孝先. 国际贸易实务. 北京:对外经济贸易大学出版社,2007.
[8] 李元旭、吴国新. 国际贸易单证实务. 北京:清华大学出版社,2005.
[9] 李昭华、潘小春. 国际贸易实务(第二版). 北京:北京大学出版社,2012.
[10] 刘舒年、严思忆. 国际贸易结算与融资. 北京:对外经济贸易大学出版社,1996.
[11] 庞红、尹继红、沈瑞年. 国际结算. 北京:中国人民大学出版社,2007.
[12] 沈锦昶、徐秀琼、孔庆铺、朱德清. 国际支付与结算500题. 上海:上海外语教育出版社,1997.
[13] 沈瑞年、尹继红、庞红. 国际结算. 北京:中国人民大学出版社,1999.
[14] 苏宗祥. 国际结算. 北京:中国金融出版社,1999.
[15] 苏宗祥、景乃权、张林森. 国际结算. 北京:中国金融出版社,2004.
[16] 苏宗祥、徐捷. 国际结算. 北京:中国金融出版社,2008.
[17] 苏宗祥、徐捷. 国际结算. 北京:中国金融出版社,2010.
[18] 田运银. 国际贸易实务精讲. 北京:中国海关出版社,2007.
[19] 王学惠、王可畏. 国际结算. 北京:清华大学出版社,北京交通大学出版社,2009.
[20] 吴百福. 进出口贸易实务教程. 上海:上海人民出版社,2003.
[21] 徐秀琼. 国际结算. 北京:中国财政经济出版社,1997.
[22] 叶德万、陈原. 国际贸易实务案例教程. 广州:华南理工大学出版社,2003.
[23] 佚名. 关于票据无因性、文义性特征的案例. 商法网,http://hi.baidu.com/%B7%C7%CE%A8/blog/item/02f543513434502243a75b6e.html,2008年8月发表.
[24] 张东祥. 国际结算. 武汉:武汉大学出版社,1996.
[25] 张燕玲. 国际结算业务. 北京:中国金融出版社,1994.
[26] 中国人民银行会计司. 支付结算制度汇编——企业、银行正确办理支付结算指南. 北京:新华出版社,1997.
[27] 中国银行股份有限公司国际结算部. UCP600对进出口企业的影响. 中国银行内部培训资料,2007.
[28] 周继忠. 国际贸易结算. 上海:上海财经大学出版社,1997.

附录 专业词汇及术语中英文对照表

A

Acceptance for honor 参加承兑
Acceptance 承兑
Accepted 已承兑
Acceptor 承兑人
Accessory Guarantee 从属性保函
Account Institution 收款人账户行, 汇入行
Acknowledgement 确认
Additional Amounts Covered （信用证）涉及的附加金额
Additional Condition 附加条款
Advanced B/L 预借提单
Advice of a Discharge 单据已被接受的通知
Advice of a Third Bank's Documentary Credit 通知由第三家银行开立的跟单信用证
Advice of Acceptance 承兑通知
Advice of Discrepancy 不符点通知
Advice of Fate and Request for Instruction 通知单据情况并要求给予指示
Advice of Non-payment/Non-Acceptance 拒绝付款或拒绝承兑通知
Advice of Payment 付款通知
Advice of Refusal 拒付通知
Affiliate Bank 联营银行
Agency Arrangement(AA) 代理协议
Agency Office 代理处
Amendment of a Documentary Credit 修改跟单信用证
Amendment of Instruction 修改托收指示
American Bankers Association Number 美国银行公会号码
Amount 金额; 总价
Anti-dated B/L 倒签提单

Applicable Rules 适用规则
Applicant Bank 开证申请人的银行
Applicant 开证申请人
Application Header Block 应用文头
Authorization to Pay, Accept or Negotiate 授权付款、承兑或议付
Aval 保证

B

Back-to-Back Credit 背对背信用证
Bank Code 银行代码
Bank Indentifier Code(BIC) 银行识别代码
Bank Operation Code 交易代码
Banker's Acceptance Draft 银行承兑汇票
Banker's Demand Draft 银行即期汇票
Banker's Draft 银行汇票
Banker's Letter of Guarantee 银行保函, 又称银行保证书
Banker's Notes 银行本票
Basic Header Block 基本文头
Bearer 执票来人
Bearer B/L 不记名提单
Beneficiary Customer 收款人
Beneficiary 汇款的收款人, 信用证的受益人
Beneficiary's Certified Copy of Shipping Advice 受益人证实的装运通知
Bill of Exchange 汇票
Bill of Lading 海运提单
Block 区段
Book Transfer 内部转账
Booklet of Authorized Signature 印鉴
Branch Bank 分行
Branch Code 分行代码
Brief Cable 简电本

C

Cargo Receipt 承运货物收据
Carrier 承运人
Category 类别
Central Banker's Notes 中央银行本票
Certificate of Origin(C/O) 原产地证
Certified Check 保付支票
Certified 保付
Check 支票
Clean B/L 清洁提单
Clean Collection 光票托收
Clean Credit 光票信用证
Clean Draft 光票
Clearing House Automated Payment System (CHAPS) 清算所自动支付系统
Clearing House Inter-bank Payment System (CHIPS) 纽约清算所银行间支付系统
Clearing House 票据交换所
Collecting Bank 代收行
Collection Advice 托收委托
Collection Instruction 托收指示
Collection Order 托收命令
Combined Transport B/L(CT B/L) 联合运输提单
Combined Transport Document 国际多式联运单据
Commercial Acceptance Draft 商业承兑汇票
Commercial Draft 商业汇票
Commercial Invoice 商业发票
Commercial Papers 商业票据
Conditional Acceptance 有条件承兑
Confirmation Instruction 保兑指示
Confirmed L/C 保兑信用证
Confirming Bank 保兑行
Consignee 收货人
Consignor 托运人
Consortium Bank 银团银行
Control Documents 控制文件
Correspondent Arrangement 代理协议
Correspondent Bank 代理行
Cost / Value of Goods 商品的成本/价值
Country Code 国家代码
Country of Origin of Goods 商品的生产国家

Cover Note 暂保单
Covering Letter 面函
Covering Letter/Documentary Remittance 出口押汇通知书或寄单面函
Credit (available) by Acceptance 承兑信用证
Credit (available) by Negotiation 议付信用证
Credit (available) by Payment 付款信用证
Crossed Check 划线支票
Currency Code, Amount 信用证的币种代码及金额
Currency 币种
Customary Risks 惯常险
Customer Transfer Checks 客户汇款与支票
Customs Invoice 海关发票

D

D/P after sight 远期付款交单
D/P at sight 即期付款交单
D/P·T/R 远期付款交单凭信托收据借单
Date and Place of Expiry 信用证的到期日及到期地点
Date and Place of Issue 出票日期与地点
Date of Issue 出票日期,开立信用证日期
Declared Value, Freight and other Charges 申报价值、运费及其他费用
Deferred Payment Details 迟期付款细节
Demand Draft 即期汇票
Description of Goods and/or Services 信用证项下的货物和/或服务的描述
Description of Packages and Goods 小件及货物的描述
Direct B/L 直达提单
Direct Draft 直接汇票
Dishonor 退票
Dishonorable Check 空头支票
Dispatching Documents 寄单
Document of Title 货物所有权的凭证
Documentary Collection 跟单托收
Documentary Credit Number 跟单信用证号码
Documentary Credit 跟单信用证
Documentary Credits and Guarantees 跟单信用证和保函

Documentary Draft 跟单汇票
Documents against Acceptance (D/A) 承兑交单
Documents against Payment 付款交单
Documents required 信用证所需单据
Draft 汇票
Drawee 受票人,付款人
Drawer 出票人
Drawer and Signature 出票人名称及签字
Duplicate 第二份

E

Endorsee 被背书人
Endorsement 背书
Euro Access Frankfurt National Clearing System (EAF) 欧洲法兰克福清算系统
European Bank Association 欧洲银行协会
Evidence of Contract of Carriage 货物运输合同的证明
Exchange 汇票
Exporter's Name and Address 出口企业名称和地址

F

Federal Reserves Wire Transfer System (FEDWIRE) 联储电划系统
Financial Institution Transfer 金融机构头寸调拨
First Original 第一正本
Foreign Exchange 外汇买卖和存放款
Form of Credit 跟单信用证形式
Forwarder's B/L 运输行提单
Forwarding Documents 寄单
Freight Forwarder 运输行
Freight Paid 运费已付
Freight Prepaid 运费预付
Freight to Collect 运费到付
Full Cable 全电本

G

General Crossing Check 普通划线支票
Gross Weight 毛重
Groupage B/L 货物提单
GSP Certificate of Origin 普惠制原产地证书
Guarantee 保证

Guarantor 担保人

H

Header Blocks 文头
Holder 持票人
House B/L 分提单

I

Independent Guarantee 独立性保函
Indirect Draft 间接汇票
Instruction to the Paying/ Accepting/ Negotiating Bank 开证行对付款行、承兑行或议付行的指示
Instructions 指令
Insurance Agent 保险代理
Insurance Broker 保险经纪人
Insurance Certificate 保险凭证
Insurance Company 保险公司
Insurance Policy 保险单
Insurer 保险人
Interbank Settled Amount 调拨金额
Intermediary Institution 中间行
International Convention for the Unification of Certain Rules of Law Relating to Bills of Lading《统一提单的若干法律规则的国际公约》,即《海牙规则》
International Money Order 国际小额本票
International Standby Practice 98 (ISP98)《国际备用证惯例》
Invoice 发票
Issue of Documentary Credit 开立跟单信用证
Issue 出票

L

Latest Date of Shipment 最迟装运日期
Letter of Credit (L/C) 信用证
Local Acceptance 限制地点承兑
Location Code 地区代码
Long Form B/L 全式提单

M

Mail Transfer 信汇
Maker 签票人

Mandatory Field 必选项目
Manufacturer's Invoice 厂商发票
Marking is restricted to 唛头应限于
Marking should include 唛头应包括
Marks 唛头
Master B/L 主提单
Maximum Credit Amount 信用证金额最高限额
Measurement List 尺码单
Measurement 尺码
Message Type 报文格式
Mixed Payment Details 混合付款细节
Multimode Transport B/L 国际多式联运提单
Multimode Transport Document 国际多式联运单据

N

Name of Commodity and Specifications 品名和规格
Name of Document 单据名称
No. OF PKGS OR CNTNERS 大件数或集装箱数
Nostro Account 往账
not Negotiable unless Consigned to Order 不得转让，除非收货人凭指定
Notice of Dishonor 退票通知
Notify Party 被通知人

O

Ocean Bill of Lading 海运提单
On Board B/L 已装船提单
On Deck B/L 甲板货提单
on their face 表面上
One Side AA 单方委托协议
Only such markings are acceptable 仅此唛头可接受
Open Check 开放支票
Open Policy 预约保单
Optional Field 可选项目
Order B/L 指示提单
Ordering Customer 汇款人
Ordering Institution 汇出行
Original 正本
Total Number of Containers or Other Packages Received by the Carrier 集装箱总数或包装大件总数

Outward Documentary Bills Purchased Advice BP 通知书

P

Packing List 装箱单
Partial Acceptance 部分承兑
Partial Amount Acceptance 部分金额承兑
Partial Shipments 分批装运条款
Payee 收款人
Payer 付款人
Paying Bank 汇入行
Payment for Honor 参加付款
Payment in Due Course 正当付款
Payment Order 支付委托书
Payment 付款
Percentage Credit Amount Tolerance 信用证金额上下浮动最大允许范围
Period of Presentation 交单期限
Place of Taking in Charge/Dispatch from.../Place of Receipt 接管地/发运地/收货地
Port of Discharge 卸货港
Port of Discharge/Airport of Destination 卸货港/目的地航空港
Port of Loading 装货港
Port of Loading/Airport of Departure 装货港口/起飞航空港
Pre-advice of a Documentary Credit 跟单信用证的预先通知
Precious Metals and Syndication 贵重金属和辛迪加
Presentation 提示
Principal 委托人
Prior Parties 前手
Proforma Invoice 形式发票
Promissory Note 本票
Protest 拒绝证书

Q

Quantity & Descriptions 货物的描述

R

Real Time Gross Settlement Express Transfer System

（RTGS）实时总额自动清算系统
Receipt for the goods by the carrier 承运人收到并接管货物的收据
Received for Shipment B/L 备运提单
Receiver's Correspondent 收报行的代理行
Reciprocal AA 相互委托协议
Recourse 追索
Reference to Pre-advice 预先通知编号
Reimbursement Claim 索偿
Reimbursement of Remittance Cover 汇款的偿付，头寸拨付
Reimbursing Bank 偿付行
Remittance by Banker's Demand Draft 票汇
Remittance Information 附言
Remittance 汇款
Remitter 汇款人
Remitting Bank 托收行，汇出行
Representative Office 代表处
Revolving Credit 循环信用证

S

Said by shipper to contain 货物据托运人报称包括
Schedule of Terms and Conditions 费率表
Second Original 第二正本
Securities 证券
Sender to receiver information 附言
Sender's Correspondent 发报行的代理行
Sender's Reference 发报行编号
Sending Documents 寄单
Sending Institution 发报行
Sequence of Total 报文页次
Shipment Period 装运期
Shipped B/L 已装船提单
Shipper 托运人
Shipper's Load and Count 托运人装载并计数
Shipping Advice 装运通知
Shipping Marks 唛头
Shipping Statement/Shipping Declaration 装运声明
Short Form B/L 略式提单
Sight Credit 即期信用证
Sight Draft 即期汇票
Sister Bank 联行

Society for Worldwide Interbank Financial Telecommunication（SWIFT）环球银行间金融通信协会
Special Crossing Check 特别划线支票
Stale B/L 过期提单
Standby L/C 备用信用证
Statement 银行账务
Subbranch Bank 支行
Subsequent Parties 后手
Subsidiary Bank 子银行
SWIFT Authentication Key SWIFT 密押
System Trailers 系统文尾

T

Telegram 电报
Telegraphic Transfer 电汇
Telex 电传
Tenor 付款期限
Terms 条款
Test Key 密押
Text Block 正文
The Hague Rules 海牙规则
The Hamburg Rules 汉堡规则
the Insured 被保险人
The Visby Rules 维斯比规则
Third Original 第三正本
Through B/L 联运提单
Time Draft 远期汇票
Time Qualified Acceptance 改变付款期限承兑
to bearer 来人抬头
to credit 贷记
to debit 借记
To order 凭指定
To the order of 凭某某人指定
Tracer 查询
Trader's Notes 商业本票
Trailer Block 文尾
Trans-European Automated Real Time Gross Settlement Express Transfer System（TARGET）欧元实时总额自动清算系统
Transfer by Assignment 过户转让
Transfer by Delivery 交付转让
Transfer by Negotiation 流通转让

Transfer of a Documentary Credit 转让跟单信用证
Transferable Credit 可转让信用证
Transhipment B/L 转船提单
Transhipment 转运,转运条款
Traveller's Cheque 旅行支票
Triangular Contractual Arrangement 三角契约安排
Triplicate 第三份
Trust Receipt 信托收据

U

Unclean B/L 不清洁提单
Unconfirmed L/C 无保兑信用证
Uncrossed Check 一般支票
Underwriter 保险商
Uniform Customs and Practice for Documentary Credits, ICC Publication No. 600 (UCP600)《跟单信用证统一惯例》国际商会第 600 号出版物
Uniform Rules for Collection, ICC Publication No. 522 (URC522)《托收统一规则》国际商会第 522 号出版物
Uniform Rules for Contract Guarantee, ICC Publication No. 524 (URCG524)《合同保函统一规则》国际商会第 524 号出版物
Uniform Rules for Demand Guarantee, ICC Publication No. 758 (URDG758)《见索即付保函统一规则》国际商会第 758 号出版物
Unit Price 单价
Universal Identification Number 通用识别号码
Usance Credit 远期信用证
Usance Draft 远期汇票
User Header Block 用户文头
User Trailers 用户文尾
Usual Risks 通常险

V

Value Date 起息日期
Value Received 对价已收
Vessel 船名
Vostro Account 来账

W

Weight Memo 重量单

教师反馈及教辅申请表

　　北京大学出版社本着"教材优先、学术为本"的出版宗旨,竭诚为广大高等院校师生服务。为更有针对性地提供服务,请您认真填写以下表格并经系主任签字盖章后寄回,我们将按照您填写的联系方式免费向您提供相应教辅资料,以及在本书内容更新后及时与您联系邮寄样书等事宜。

书名		书号	978-7-301-	作者	
您的姓名				职称职务	
校/院/系					
您所讲授的课程名称					
每学期学生人数	_____人_____年级			学时	
您准备何时用此书授课					
您的联系地址					
邮政编码			联系电话（必填）		
E-mail（必填）			QQ		
您对本书的建议：			系主任签字 盖章		

我们的联系方式：

北京大学出版社经济与管理图书事业部

北京市海淀区成府路 205 号，100871

联系人： 徐冰

电　话： 010-62767312 / 62757146

传　真： 010-62556201

电子邮件： em_pup@126.com　　em@pup.cn

Q Q： 5520 63295

新浪微博： @北京大学出版社经管图书

网　址： http://www.pup.cn